Bruno Meissner

Ergänzung zu den assyrischen Wörterbüchern

Bruno Meissner

Ergänzung zu den assyrischen Wörterbüchern

ISBN/EAN: 9783742895707

Hergestellt in Europa, USA, Kanada, Australien, Japan

Cover: Foto ©Thomas Meinert / pixelio.de

Manufactured and distributed by brebook publishing software
(www.brebook.com)

Bruno Meissner

Ergänzung zu den assyrischen Wörterbüchern

SUPPLEMENT

ZU DEN

ASSYRISCHEN WÖRTERBÜCHERN

VON

BRUNO MEISSNER.

BUCHHANDLUNG UND DRUCKEREI
VORMALS
E. J. BRILL
LEIDEN 1898.

VORWORT.

Das Supplement will einige Nachträge zu den Wörterbüchern von Delitzsch und Muss-Arnolt bringen. Obwohl das letztere noch nicht beendet ist, habe ich doch aus dem Studium desselben ersehen, welche Literatur darin besonders benutzt wird, und mich infolgedessen von dieser nach Möglichkeit ferngehalten. Die von mir hier verwerteten, noch unpublicierten Vocabulare habe ich nach den Registrationsnummern des British Museum geordnet in Autographie beigegeben.

Berlin im October 1897.

DER VERFASSER.

א

(א$_1$ = א. א$_2$ = ה. א$_3$ = ح. א$_4$ = ع. א$_5$ = غ. א$_6$ = ו. א$_7$ = י).

אא$_1$ Plur. Fem. *aiâti. ai-i-te ipšêti šanâti mâtitân âmurma* wieviel andere Dinge habe ich rings in den Ländern umher gesehen! IV R 60*, 10a.

א$_1$א$_6$ד (III II, 1) Prt. *uš'id* heisst nicht bekräftigen, sondern um Entscheid angehen (vgl. הֵעִיד). *Ritti-Marduk ...aššu maḫâzê ...šarra bêlašu uš-id-ma šarru purussê išalma ki ina labiri maḫâzê zakûtišunu* Ritti-Marduk ging wegen der Städte seinen Herrn Koenig um Entscheid an, der Koenig fragte nach den Entscheidungen, wie es früher um ihre Freiheit gestanden hätte, 1 Neb. Freib. 1, 49. *Marduk-kudur-uṣur mâr Ur-Bêlit-muballiṭat-mîtûti šarra Meliših̬u uš-id-ma itti aḫimeš išalšunutima* M., der Sohn des U., ging den Koenig M. um Entscheid an, dieser fragte sie zusammen, Grenzstein 103, Col. IV, 18 (BA 2, 187 ff.) u. s. KB 4, 92, II Col. I, 3.

א$_1$אכה *êkâma* wo? *e-ka-a-ma ilmada alakti ili apâti*, wo lernten jemals den Weg Gottes die Sterblichen kennen? IV R 60* C 18a.

א$_1$אל I, 2. *adi bâb dišpi umallû ul a-ta-al* bis ich das Thor mit Honig (od. das Honigthor) angefüllt habe, werde ich nicht ruhen(?), II R 60, 16c. Diese Stelle scheint für einen Zusammenhang der Wurzeln אאל und נאל zu sprechen, den Delitzsch in AW statuiert, im Handw. aber aufgegeben hat.

uantu Tafel. Diese Bedeutung des viel umstrittenen Wortes, welche jedenfalls die ursprüngliche sein dürfte, liegt auch vor in der Unterschrift des astrologischen Textes K. 8510 *u-an-ti Ašur-mudammiḳ ša ilu... mâr(il) Nabû-mušêṣi (am.) aba*, Bezold, Cat. 933; vgl. ib. 1872. Auch K. 3790, 15 (s. Peiser, KB 4, 122) steht *u (am.)a[ba šâṭir u-an-ti*, womit *ṣibit danniti* (s. Delitzsch s. v.) und *ṣibit egirti* (KB 4, 120. IX, 25) wechselt.

א$_1$אר (Stamm nicht sicher) II, 1 machen. *mâta lu-u-'-ir-ru ana tili u karmi* das Land machte ich zu Ruinenhügeln und Ackerland, Nabp. ZA 4. 107 Col. I, 30.

II, 2 dass. *u-ta-'-ir-šu-ma šar ilâni (il) Marduk* es hatte ihn eingesetzt der Koenig der Götter, Marduk, V R 55, 12. Vgl. auch *mu-ut-ta-'-ir*, King Magic 6, 20.

aiar. Ein anderer bei Delitzsch HW 51 nicht erwähnter Pflanzenname ist *ai-ar ḫurâṣi* (K. 11424, 7). *aiaru* allein findet sich Nbd. 1097, 1: 32 *ai-ri ina libbi 4 robûti ištên gungupinnu*; vgl. Nbd. 1081, 5.

א$_7$אר Zu *ia-e-ri* vgl. noch die dunkle Stelle *ša me ši ia-e-rak an-ṣar-ka ša kul ume ḫilpaka addan*. K. 883, 23 (BA 2, 633).

אבב *ibbûtu* Verwüstung (Stamm und Bedeutung unsicher). *kišpiki ruḫiki rusiki ib-ba-te-ki limneti* (fem. pl.?) dein Zauber, deine Hexerei, deine Vergiftung, deine bösen(?) Verwüstungen (?), Tallqvist, Maq. 7, 72; vgl. 109.

א$_1$בב II, 1. *ubbubu* im altbabyl. Recht bedeutet regeln; s. MAP 145. Die Formen *ub-bi-ib, ub-ba-*

ab, *ub-ba-bu* finden sich auch Rm. 485 Rs. 7 ff., dessen Vorderseite ein Duplicat zu II R 38 n°. 1 (Serie *ana ittišu*) ist.

abbu ein Tier(?). *haššû ab-bu nadru ša ana ar*... der fünfte (der 7 bösen Geister) ist ein wütender...., welcher.... IV R 5, 22a. In der nichtsemitischen Columne entspricht ihm *GIR*.

אבה$_1$ *abu* Schilfdickicht. *ina šadâni dannûti ša bal(!)-ṭi ša ri-iḫ-ḫa a-bu ḫuṣabu ina libbi laššûni* in gewaltigen Bergen, wo es lebende Wesen, die übrig bleiben (? oder *šariḫḫa* als Substantiv zu fassen?), Schilfdickicht und Datteln(?) nicht giebt, III R 4, 35a (verbessert nach JRAS New Ser. 23, 148f).

אבה (א$_{3,4,5}$. od. ו) einfassen, einschliessen, wie אפה. K. 2675, 29 (S. A. Smith, Asurb. 2, 12 ff.) (*aban*) *uknî nîbiḫu ebiḫšu* mit lapis lazuli fasste ich den Fries ein. Von diesem Stamme ist auch *nibḫu*, *nibiḫu* herzuleiten, das bei Del. unter נ steht. Über die bautechnische Bedeutung dieses Wortes s. Meissner-Rost, Bauinschr. Sanh. 29.

אבט II. 1 fesseln. *ḳâtišu uṣṣilu šêpišu ub-bi-ṭu* (*kàd-kàd-e-ne*) seine Hände banden sie, fesselten seine Füsse, Zimmern Šurp. 7, 24.

אבל$_1$ *abilu*, *ablu* traurig. Das kleine Fragment K. 13575 nennt auf seiner Rückseite *a-bi-lum*(?), *ab-lum*, *al-lum* neben *bakû*, *dimtu*, *bikitu* und *nissatu*.

II, 1 traurig machen. *ša*.... *kal pagri'a ub-ba-lu* der.... meinen ganzen Körper in einen traurigen Zustand versetzt, King Magic 53, 12; vgl. auch Z. 11. *ṣinnu eribû muḫallik ašna*[*n*] *limnu zirziru mu-ub-bil ṣippâti* der..... und die Heuschrecke, die das Korn zerstören, die böse Grille, die die Baumpflanzungen verdirbt, K. 3600 Rs. 24f (Winckler Keilschr. 2, 3). Hierher gehört auch *še'u ubbulu* (II R 16, 38 ef.) und *ubbulûti* (K. 183, 28); s. BA 2, 304.

אבל$_3$ (?) *iblû* = *ablû* Grenze. [*uma*]*ndid*(?) *ib-li-e-š*[*in*] er mass ihre Grenzen ab, K. 2711, Vs. 6 (BA 3, 264). (*am.*) *dimgalê ištattum ib-li-e ukinnum kiṣurrim* die Baumeister massen die Grenzen ab, setzen fest die Marken, Nabp. Phil. Col. II, 26.

אבל$_6$ *šûbiltu* Sendung, Geschenk. *šulmâna ašpur u šu-bi-el-ta*[*ana*] *muḫḫika ultêbil*, Amarna B. 29, 12 etc.

אבן$_1$ *abnu* Stein. Pl. auch *abanâti*. *ina êkalli*... (*aban*) *a-ba-na-ti ša* (*šad*) *Izalli*... *lûbilûni* zum Palaste... möge man Steine vom Gebirge Izalli... bringen, Bezold Cat. 1676.

ubânu Finger. Die Bezeichnungen der fünf Finger und Zehen lehrt Bez. Cat. 1191. Hier ist *ubânu* jedenfalls gen. masc. *ubânu rabû* der Daumen, *ubânu šanû* der Zeigefinger, *ubânu ḳablû* der Mittelfinger, *ubânu ribû* der Ringfinger, *ubânu ṣiḫru* der kleine Finger.

abunnatu. *šumma zinništu a-bu-na-as-sa* wenn eine Frau ihr.... Bez. Cat. 771. 83, 1—18, 1330, Col. II, 9 wird *DUR* durch *a-bu-un-na-tum* erklärt.

אבס *abus*(*s*)*atu* ein Theil des Hauses, Stall(?). *lušalbi*[*ša*] *a-bu-us-sa-at-*[*su*] ich liess seinen Stall(?) bekleiden, V R 33, 32c. *šumma šiŕatsu kima a-bu-us-sa-tim ḳaḳḳadsu saḫrat damiḳ* wenn sein Haar seinen Kopf wie ein.... einfasst, ist es ein günstiges Vorzeichen, Bez. Cat. 571.

absasû ein Tier. *ṣabîtum ab-sa-su-u nimru* Gazelle,..., Panther, ZA 4, 362, 5.

אבר$_3$ *ubarru* etwa Bürger. *u-bar-ru ina âli šanimma rêšu* ein Bürger ist in einer fremden Stadt das Haupt, Bez. Cat. 1377. Es entspricht ihm das Ideogramm *LU*. (Brünnow n°. 4815).

אבר$_3$ I, 1 Prt. *îbir* fest umschliessen. *ina šêti takmiššunûtima ta-bi-ir tatabat ḳuradu* (*ilu*) *Dibbara* mit dem Netze warfst du sie hin, schlossest sie ein, vernichtetest sie, heldenmütiger Dibbara, K. 2619, Vs. Col. I, 10 (BA 2, 427).

II, 2 gebannt werden. *šunu li-te-ib-bi-ru-ma anâku lûšir* jene mögen gebannt werden, ich möge frei sein, Tallqvist, Maqlû 2, 82.

אבר$_4$ *êbir nâri* ist im Perserreiche ein geographischer Begriff, der Syrien (עבר נהרא) bezeichnet. *Uštanu* (*am.*) *paḫat Bâbili u e-bir nâri*, Dar. 27, 4; 82, 2 etc.

nîbirtu. 40 *GUR suluppu ša ni-bir-tum ŠE-BAR*, Cyr. 331, 1.

אבר$_4$ *ebûru* Erndte, Sommer, wie קַיִץ. Tell-el-Amarna B. 3, Rs. 7 *inanna ḫamutta ina libbi ebûri annî lû ina* (*araḫ*) *Du'zi lû ina* (*araḫ*) *Abi šûbilam* nunmehr sende noch in diesem Sommer, entweder im Tammuz oder Ab, Unterstützung; s. MAP 106.

ab(p)ru Flügel des Vogels, Flosse des Fisches. *nukkis kappa-šu ab-ri-šu u [ṣup]ra-šu* schneide ab seine Flügel, Schwingen und Klauen, K. 2527, 27 (BA 2, 393); vgl. VATh. 244, 17e (ZA 9, 159 ff.).

Zu *abru* Holzstoss(?) oder besser Flamme vgl. auch Bezold Cat. 1393 *šumma ana ab-ri napaḫi illik* wenn er geht, Feuer anzumachen, und ib. 1478 *šumma ina ab-ri išiti.*

abrâtu Gesammtheit. Rm. 354, Vs. 5 wird *ab-ra-a-tum* unter einer Reihe von Synonymen für Gesammtheit (*kullatu, gimratu*) genannt; vgl. auch K. 8665, 19c *ab-ra-a-tu.* Danach ist Delitzsch HW 10, zu berichtigen.

uburtu findet sich auch K. 11185, 9 (*u-bur-tum*); von der linken Columne ist nur noch das letzte *u* erhalten. Es folgt *tamḫiṣu.*

aburugiš Bezeichnung einer Örtlichkeit in Babylon. *bitu ša ina pân a-bu-ru-gi-iš*, Camb. 117, 1.

אבשׁ₃ *abâšu* binden. Prs. *abbaš. kima kipi ana a-ba-[ši-ia]* um mich wie ein .... zu binden, Tallqvist, Maq. 2, 151; ib. 162 *kima kûpi ab-ba-su-nu-ti* wie ein .... werde ich sie fesseln.

abšu etwas aus Leder gefertigtes. (*mašak*) *ab-še-e*, Cyr. 214, 3 (vgl. BA 1, 636). Hierher gehört auch *abšânu* (Jensen), das von Delitzsch HW 117 fälschlich *apšanu* gelesen wird.

u-bi-iš-tum, Boissier. Doc. ass. 43, 18.

אבת₁ II, 2 zu Grunde gehen. *ina nablišu u-tab-ba-tu šadâni mar(!)ṣuti* vor seinem Feuer gehen die schwer gangbaren Gebirge zu Grunde, Craig Texts 43, 15.

abittu pl. *abtâti* das verfallene. So ist anstatt *aptâti* (Del. HW 120) zu lesen; s. auch unter קשׁר

igibrû Sturm. *i-gi-ib-ru-u* wird III R 69, 56 unter den Synonymen *ašamšutu, siḫmaštu, meḫû* (!), *tešû* und *nagab nuḫše* erwähnt.

אגג *uggu* Zorn. 83, 1—18, 1331, Col. II, 8 (PSBA 11, 54 ff.) wird das Zeichen *UK* durch *ug-gu, ag-gu* erklärt.

אגה *egîtu* Pl. *egâti* Sünde. *mamît e-gi-tu epišu upaššar* Bann infolge des Begehens einer Sünde löst er, Zimmern, Šurp. 3, 129.

אגה *egû* (Delitzsch AW 16) bedeutet nicht einschliessen, sondern eine Art Specerei; s. *guḫlu.*

egu Horn. II R 23, 33ef wird *e-gu-u* als Synonym von *ašqu* genannt, s. auch Del. HW s. v. *ašqu.*

אגח *aguḫḫu* Brustschmuck(?) oder Panzer(?). *k-tu amelu a-gu-uḫ-ḫa ina irtišu labiš* er hat eine Meschenband und ist an seiner Brust mit einem Panzer bekleidet, Rm. 279, 15 (ZA 9, 408).

egengiru eine Pflanze. In der Gartenliste des Merodachbaladan (ZA 6, 291) wird Col. II 15 auch *e-gi-en-gi-ru* SAR genannt. Vielleicht darf man הנרגרא vergleichen; vgl. aber auch *gingiru* (Strassm. AV 8579).

אגף *aguppu. ina eli ḫurâṣi ša ṣupur a-gap-pi ša šarru bêli išpuranni aḫtiaṭ* inbetreff des Goldes für die Kralle des a., worüber mir mein Herr Koenig geschrieben, habe ich nachgewogen, K. 573, 4 ff. Harper, Letters n°. 180).

אגר *egirtu.* Das Wort *egirtu* Brief lässt sich, soweit ich sehe, sicher erst seit Sargon nachweisen: s. KB 4, 120. Die Fassung der Stelle Baw. 57 als *e-gir-tiš* seitens Delitzsch HW 717 unterliegt schweren Bedenken. Meissner-Rost, BS 85 glaubten *e-zib ṣa-ti-iš* emendieren zu müssen, was durch Sarg. Berl. Rs. 24 empfohlen wird.

igru. 80, 11—12, 9. 23 (s. JRAS 1894, 830) *PU* mit der Aussprache *ḫa-ab* = *ig-rum*; vgl. III R 61, 17a.

igirû ein Vogel. Sanherib erzählt, dass er neben anderem Getier auch *KI-SAG-SAL-HU*-Vögel in seinem Parke losgelassen (*umaššir*) habe, III R 13, 36. Dieses Ideogramm wird in dem vierspaltigen Syllabar K. 4174 + 4583 Col. IV, 34 erklärt. Zu sehen ist noch

...*gi-ru* | *KI-SAG-SAL-HU* | ...... | ..*gi*(?)-*ru-u.*

Vor dem letzten *gi* sind noch zwei wagrechte Keile zu sehen. Wie zu ergänzen sei, lehrt Bezold Cat. 1465, wo ein Omentext anfängt *šumma KI-SAG-SAL-HU*, das dann phonetisch wiedergegeben wird *šumma iṣṣur (šu) i-gi-ru-u.* Eine nähere Bestimmung dieses Vogels ist, soweit ich sehe, noch unmöglich.

egirtu unsicher. *e-gir-ti ušipiša kirbušu*, Sarg. Ann. 177.

id'idu Furcht(?) Wohl reduplicierter Stamm; Wurzel unsicher. *pulḫu u id-'-du ki ušalmedu niššu* Furcht und Verehrung liessen sie nicht ihre Menschen lernen, IV R 60*, 18a.

אדד *iddû* glänzend(?); s. Del. HW 21a. Daher wohl mit *uddu* etc. zu combinieren. *nûš karnâti id-di-e-ti lâbiš namurrat* (Sin), der glänzende(?) Hörner trägt, mit Glanz gekleidet ist, Bez. Cat. 1047. Ob vielleicht *iddišêti* zu lesen ist?

edadu Glanz(?). Sehr unsicher. *bîtu e-da-di ḫe-galli lûšablil*(?) das Hauss liess ich mit reichlichem Glanze(?) überschütten(?), V R 33, 43e; s. KB 3, 1, 146.

iddatu. K. 643, Rs. 2 (Harpers Letters n°. 11) *mû ša miḫri id-da-a-ti lu gamir lipuš mû id-da-a-ti ammâti kî annimma lipušu*. K. 1197 Rs. 5 (Harper ib. n°. 15) *id-da-a-ti bêli (am.) ŠU-I-SU lipuš.*

אדל *edêlu* verschliessen Prs. *iddil*. *ummu eli mârti bâbša id-dil* die Mutter wird vor ihrer Tochter ihre Thür verschliessen, Bezold, Cat. 640. In den Amarnabriefen findet sich bekanntlich die Form *iddul.*

אדם *adamumatu* eine Pflanze(?), wohl identisch mit *edumatu*. *a-dam-mu-ma-a-te* (so mit Craig gegen Strong) *ana šarbi utîra* die Stachelpflanzen werde ich in.... verwandeln, K. 883, 16 (BA 2, 633 = Craig, Rel. Texts 26).

edamukku ein Körperteil(?). II R 40. 4b *e-da-muk-k*[*u*]. Ideogramm und Synonymum weggebrochen. Es folgen *rêmu, ipu* etc.

אדן III, 2 Prm. 1 pers. *šutâdunaku*, Bedeutung unsicher. *šu-ta-du-na-ku ina puḫur ummâni* ich halte mich auf(?) in der Versammlung der Künstler, Lehmann, Sams. L[1] Col. I, 14.

אדן₁ *adannu* scheint auch eine bestimmte Tageszeit zu bezeichnen, den Nachmittag: vgl. wenigstens Boissier Doc. ass. 25, 17 *ina ûm 4 (KAN) adî šimîtân* (Mittag) *ina ûm 5 (KAN) adî a-dan-ni ina ûm 6 (KAN) adî maṣṣarti* (die erste Nachtwache) etc.

idinnu ein Beamtenname. *Šullumu mâr (am.) i-din-nu*, Dar. 450, 14. Ist vielleicht *isinnu* zu lesen?

אדף II, 1. Delitzschs *uddubu* ist jedenfalls von *adâbu* zu trennen. S. 6, 7 ff. werden Formen von *e-di-pu* aufgeführt, mit denen der obige Stamm identisch ist. *edêpu ša ki-e* (Z. 7), *ša mimma* (Z. 11), *ša šâri* (Z. 12), *ud-du-pu ša ûmi* (? UD) (Z. 17), *e-dup-pa-tum*. Der Stamm ist also als אדף anzusetzen.

אדק I, 2 Prt. *itêdiķ* anziehen. [*a*?]*lû zumri i-te-di-iķ ṣubâti kima šuškalli ukattimanni rittu* der Daemon(?) hat meinen Körper wie ein Kleid angezogen, wie ein Netz hat er mir die Finger bedeckt, Bezold Cat. 923.

II, 1 Prt. *uddiķ* anziehen. *têdiķ ilûti ud-di-iķ-šu* ein Göttergewand zog er ihr an, Nab. Const. Col. IV, 27.

אדר₁ *addiru* furchtbar(?) = אַדִּיר. *ana iâši rûṣi banât ad-di-rat* eile zu mir, rein und furchtbar(?) bist du, Craig, Rel. T. 67, 24.

אדר. IV, 3, *šumma Samaš it-ta-na-'-dar* wenn die Sonne sich verfinstert, Bezold Cat. 1538; vgl. auch die folgenden Zeilen.

adirtu Pl. *adirâti* Bedrängnis. *anâku akû a-dir-ti ma'dat* ich bin schwach, meine Not ist gross, Craig, Rel. T. 13, 13; vgl. Tallqvist, Maq. 5, 76, 78; 7, 128. *liptaṭiru a-di-ra-tu ša libbi'a* es mögen gelöst werden die Bedrängnisse meines Herzens, King Magic 30, 13.

adaru. *ištên-it iršu ša a-da-ri* Ner. 28. 29.

אדש₃ II, 2. Inf. *uteddušu* erneuern. *u-te-id-du-šu mêsê ilâni ušaškin ķâtûa* die Erneuerung der Göttergemächer liess er meine Hände vollführen, Nab. Const. Col. X, 6.

edišu Spross. Synonym von *pirḫu;* s. Delitzsch AW 539b.

אדש *edištu* ein Name der Thür. II R 23, 64 ef. wird *e-di-iš-tum* unter den vielen Synonymen von *daltu* erwähnt.

izi Lehne. II R 23, 10ab wird *i-zi* durch *amarti ša*(*iṣ*) *kussî* erklärt.

אזב₁ III, 1 verpachten. Camb. 253, 2 *bîtu.... ša Itti-Marduk-balâṭu ina muḫḫi Arad-Bêl u-še-zi-i-ib* (geschr. *TUM*) das Haus...., welches I. dem A. verpachtet hatte; vgl. Nbd. 578, 5. Der Amtsname *mušêzib* kommt Nbd. 1028, 4; Dar. 276, 13 vor.

IV, 1 verlassen werden. *in-ni-iz-bu* MAP n°. 5, 8.

אזם II, 2 sich beklagen. In den Briefen Dušrattas.

ahi'a lû bi ut-ta-az-za-am mein Bruder möge nicht zürnen, Amarna. Berl. 24 Rs. 63. Vgl. auch Winckler KB 5 Wörterverz. s. v.

אזן, *uznnatu* (*uz-nu-na-tum*) wird in dem Pflanzenverzeichnis 79, 7—8, 188, 8 [*šal*?]-*lu-ru* gleichgesetzt.

אזר, *uzâru* ein Gewand (vgl. אֵזוֹר). *3 mana šipâti ana* (*ṣubat*) *u-za-ru*(!), Nbd. 514, 2; vgl. Nrgl. 19, 2 ...*mana šipâti ana* (*ṣubat*) *u-za-ri ša muḫḫâ*.

אחז, I, 2 erfassen. *kal pagria i-ta-ḫaz rimûtu* meinen ganzen Körper hat.... erfasst, Bez. Cat. 923.

iḫzûtu Einfassung *4 šiḳlu ḫuraṣi iḫ-zu-us-su-nu* 4 Sekel Gold bildet der Bilder Einfassung, IV R 40, 16c.

אחל *uḫulu. 1 ša u-ḫu-li ḫuraṣi 14 šiḳlu* [*ina*] *šuḳultišu* ein Gefäss für u. aus Gold, 14 Sekel schwer, Amarna. Berl. 25 Col. II, 54 (s. Winckler KB 5).

אחר, *aḫâru* kommen(?). Stamm und Bedeutung nicht sicher. *mâr-aḫi-abišu ša Giriman* ...*ša ana šarri bêli iḫ-ḫa-ru-u-ni* der Neffe des G., der zu meinem Herrn Koenig kommt(?), K. 625, 10 (Harper Letters n⁰. 131). *ana šarri bêli'a la-aḫ-ḫur*, K. 63b, 11 (ib. n⁰. 108); vgl. Rs. 8, 12; K. 582, 11 (ib. n⁰. 107) *ina irtišunu attalak a-ta-ḫir a-ta-ḫa-ar*; vgl. K. 546 Rs. 3 (ib. n⁰. 75) *li-ḫu-ru* und die Amarnabriefe, wo *uḫḫuru* sich verspaeten bedeutet (s. Winckler KB 5 Wörters. s. v.).

אחר *ahurû. ina aṣanni a-ḫu-ru-u šurû u šamḫu*, ZA 10, 11, 231. Der Sinn der ganzen Stelle ist noch unklar.

aḫarsigu ein Vogel. Bezold, Cat. 570 wird ein *a-ḫar-si-gu* (*iṣṣur*) neben *uršânu, kâšid tibni* etc. erwähnt.

אטר I, 2, bezahlen. Camb. 110, 3 ff. *suluppu mâla zittišunu Itti-Marduk-balâṭu Nergal-iddin u Zamama-iḳiša ana Nabûa-gabbi* ....*u Nubtâ*.... *i-te-ṭi-ru* die Datteln haben je nach ihrem Anteil I., N. und Z. dem N. und der N. abgegeben; vgl. Dar. 379, 64 *i-te-iṭ-ru*.

IV, 1. Neben *inniṭir* scheint auch die Form *i'iṭir* vorzukommen, wie *i'alid* neben *immalid*. *kasap Itti-Marduk-balâṭu ana Nâbû-kaṣir lâ i-'-ṭir* das Geld des I. ist dem N. nicht ausgehändigt worden, Dar. 70, 7.

IV, 3. *kaspu aki uantimli Marduk-*...*-nu* ...*ina kit Marduk-nâṣir-apli ut-te-en-ṭi-ir* das Geld in der Hohe des Schuldscheins hat M. von M. erhalten, Dar. 266, 9.

aṭiru eine wohlriechende Pflanze. In dem Spezereienverzeichnis Rm 367 + 83, 1—18, 461a wird Rs. 22 ff. ed *GIŠ-A-AM* durch *SU* (d. i. wohl *illaḳ*) -*ḳu* und *a-ṭu-ru* erklärt. Es folgt *GIŠ-A-AM-KUR-RA* = ditto *šad-i*; vgl. auch K 165, Vs. 7 *GIŠ-A-AM*. Hiermit ist der Pflanzenname *aṭiru*, *aṭirtu* und *aṭartu* (Delitzsch HW 47) identisch, aber auch das *aṭiru* des Züricher Voc. III, 17—19, das Delitzsch HW 29 *adiru* liest und als Wasserbehältnis erklärt.

ikkibu. Neben *ikkibu* Schuld giebt es noch ein anderes, gleichlautendes Wort, dessen Bedeutung noch nicht sicher feststeht. *alḳut ḳuturkunu ik-kib šamê*, Tallqvist, Maq. 5, 80; *mukil ik-kib(il)Bêl*, der hält den.... Bels, BA 3, 230, 30. *ša ṣibê kidinu ik-kib(il)Anim u (il)Dakan kakkêšunu tazaḳap* die Waffen der Hörigen des Besitzes(?) Anus und Dagons richtest du auf, BA 2, 428, 25. *šurraḳu ik-ki-bu-u-a mimmû amiru ul ezib bûbûta rabaku* mein Besitz(?) ist gestohlen(?), es ist nichts mehr zu sehen, ich habe grossen Hunger, II R 60, 13c. Ein Verbum von dem Nomen *ikkibu* scheint vorzuliegen Nab. Const. Col. II, 35. Messerschmidt (Mitteilungen der vorderas. Gesellsch. 1) übersetzt die Stelle *šar Babili šipir(il)Marduk ša šillati ik-kib-šu* jedenfalls richtig: Der Koenig von Babylon, das Verhalten Marduks, welches in Plünderung [bestand], schmerzte ihn. Doch kann dieses Verbum nicht Prt. von *ekêbu* (so S. 44) sein, sondern muss von einer Wurzel נכב herkommen. Also steht *ikkibu* vielleicht für *inkibu*.

אכד, II, 1 Prt. *ukkid*, Prtp. *mukkidu*, Inf. *ukkudu*. Vgl. dazu VATh. 244 Col. III, 32 ff. (ZA 9. 159 ff.) *PIŠ-PIŠ* *uk-ku-du*, *PIŠ-SA-PIŠ* = *mu-uk-ki-du*, *SUH-SUH-PIŠ-GI* *uk-ki-du-an-ni*.

ikdu Fem. *ikditu* stark. *bêlit dadmê râ'imat nišê tâlimat* ....(*il*) *Minû-anni ik-di-tù bu* ...(*il*) *Minû-ulla elijatu*.... die Herrin der Wohnstätten, die liebt die Menschen, die Schwester....., die Göttin Minû-anni, die starke....., die Göttin Minû-ulla, die hohe..., Bezold, Cat. 1053.

ikdûtu Jugendkraft. *ultu.... mal-lim* (?) *libbišu u ik-du-ti imḫuru* seitdem er seines Herzens Begehr und Jugendkraft erlangt hatte, Salm. Bal. Col. VI, 5.

mikdu, Kraft. VATh. 244, Col. III, 31 *PIŠ* = *mi-ik-du* (s. o.).

אכד *akkadû* akkadisch. Eine besondere Geldart, welche jedenfalls dort geprägt war, wird Neb. 38, 1, 6 (*kaspu ak-ka-du-u*) genannt. Ferner giebt es eine besondere Art von Bettgestellen, die nach dem Lande ihren Namen führen, Nbk. 441, 1 (*ištén-it iršu ak-ka-di-i*), Dar. 301, 3, Nbd. 258, 9 (*1-it iršíti ina libbi 1-it ak-ka-di-tum*). Danach ist auch K. 4338a Col. III, 21 *ak-k*[*a-di-tum*] zu ergänzen.

Ein Amtsname *ak-ka-du-a* wird Nbd. 923, 3 erwähnt.

akkadattu scheint eine besondere Art von Urkunde gewesen zu sein. *a-ri-ti* (?) *u ak-ka-da-at-tum u.... la-ba-at-ti*[*ana*?] *šum Itti-*(*il*) *Marduk-balâṭu šaṭratum*, Camb. 143, 8.

אכה II, 1 *ukkû* Mangel. *uk-ku-u ša zunni* Regenmangel III R 51, 45c.

ukû. *u-ki-e bilamma* bring die..., Grenzst. 102 Col. IV, 21 (BA 2. 171 ff.).

akati. K. 4200 Vs. 7 (ZA 4, 159) folgt auf ditto *ša ba'iri* ditto *ša a-ka-ti*. Die linke Spalte ist weggebrochen.

אכך I, 3 Prt. *itúnkik*. Bedeutung unsicher, vielleicht toben. II R 28, 13a wird *i-te-ni-ki-ik* neben *ḫadir, itanamdar, itanarar, itenikil* erwähnt.

akûkûtu Sturmwind (? s. Del. HW 53a), *rîmtu mu*(!)*nakkipat kibrâti a-ku-ku-tum ša kabla kablat* eine Wildkuh (?), die die Weltgegenden niederstösst, ein Sturm, der einen Kampf kämpft, Craig Rel. T. 15, 8.

אכל₁ *âkil lime* (*a-kil li-me*) ist ein Beamtentitel (K. 2012 Vs. 16); vom Ideogramm sind nur Spuren von *PA* zu sehen.

mâkalû Mahlzeit. *u ina ma-ka-li-e* (*il*) *Ištarri lâ zakrû* bei der Mahlzeit rufen sie die Göttin nicht an, IV R 60*, 13a. *ana ma-ka-li-e ilâni rabûti išîmki* (*il*) *Bêl* zur Mahlzeit der grossen Götter hat dich Bêl bestimmt, Tallqvist Maql. 6, 94; vgl. Craig, Rel. T. 3, 10. Auch S^c. 93 ist *TE-UNU* zu *ma-ka-*[*lu*] zu ergänzen, wie Bezold Cat. 1741 zeigt.

אכל₃ *ekêlu* Prt. *ikil* finster, traurig sein. *ša... i-ki-lu šikinšun* deren Aussehen traurig geworden war, Bu. 88-5-12, 77 Col. VI, 12 (BA 3, 248).

akkullu, Wehgeschrei (?), Verderben (?). *abnê ak-kul-lu ina muḫḫišunu azunun* Steine des Verderbens regne ich auf sie herab, BA 2, 628, 21.

a-kul-lu-u ša abî'a maḫrak die Bestrafung (?) für meinen Vater empfange ich, K. 1101, Rs. 10 (Harper, Lettres n⁰. 152).

iklallû. II R 23, 30cd wird *ik-lal-lu* (?)-*u* unter den Synonymen von *tarimu* aufgezählt.

אכם₁ *akámu*. Die Bedeutung «herannahen» (so Delitzsch) ist sehr unsicher. K. 4583 Col. II, 38 wird *a-ka-mu* zwischen *râdu, imbaru, irpitu, šûtu iltanu, šadû, amurru* und *ašamšûtu* genannt (s. Rost, Tigl. III, 89). 81, 4—28, 327 (s. ZA 9, 274), finden sich Rs. 12 f. die Geichungen:

a-ru-u	*ka-ri-tum*
a-ka-mu | ditto | *a-ra-ru-u*	*ka-ru-u*[?].

akmu (?). S^c 2, 3 wird *IB* durch *uk-mu* (?) erklärt. So bietet Delitzschs Edition in AL³ 77, nach Strassmaier AV 533 scheint noch ein Zeichen dahinter zu fehlen.

ikkimu, Fem. *ikkimtu*. In Rm. 2, 26, einem Verzeichniss weiblicher Amtsnamen, wird Z. 6 auch *ik-ki-im-tu* erwähnt. Das Ideogramm ist vielleicht [*SAL-KAR*]-*RI* zu ergänzen.

akâna so (= aram. הָכְנָא). *anâku a-ka-na ipšéku* ich thue also, Amarna B. 166 Vs. 24 etc.

ikkanû. *ik-ka-nu-u alânikunu pi-e-gu*, K. 619, 13 f. (Harper, Lettres n⁰. 174).

iknitu Thür. II R 23, 66e wird *ik*(*g, k*)-*ni-tum* unter den Synonymen von Thür genannt.

ikkuratu eine Zeitbestimmung. Dar. 348, 5 *ina ik-ku-ra-tum u û*(?)-*mi-it-ti* 5 *A-AN* ½ *mana ....inniṭir*.

אכש. Zu *akâšu* (I, 1; I, 2; II, 1; II. 2) vertreiben s. Zimmern, Šurp. S. 56.

אלב III, 2 lang sein von der Zeit, lange dauern. *lîriku li-iš-te-li-bu palûa ana dârâti* dauern und währen mögen meine Regierungsjahre bis in Ewigkeit, Neb. O'Connor Col. III, 9. Ebenso wird mit Winkler KB 3, 2, 62 auch Neb. Winckler ZA 2, 129 Col. II, 6 *lipua ina šarrūti li-[iš]-te-el-li-bu likūn ina māti* mein Spross möge lange bleiben im Koenigtum, er möge fest stehen im Lande, zu verbessern sein.

illabra ein Vogel. *iṣ-ṣur ša-di-i (iṣṣur)* = *il-lab-ra-a*, Sp. 131, 49 (ZA 6, 244).

elligu ein Stein. In der sehr schlecht erhaltenen Steinliste K. 4232 wird Col. I, 9 (*aban*) *el-li-gu* durch (*aban*) *ḳa-nu-u* erklärt.

algamešu ein Stein (= אלגביש) wird VATh. 251 Vs. 28 9 (Abel-Winckler Chrestom. 51) erwähnt.

אלד, I, 1 Inf. auch *ulâdu*. *ina ûmê u-la-di-ia* am Tage meiner Geburt, BA 2, 634, 8.

II, 2 geboren werden. *ina ḳibikama u-tal-la-da tênišēti* auf deinen Befehl werden die Menschen geschaffen, King Magic n°. 19, 13.

IV, 1 dass. *ḳirib Ešarra bit zârišunu kiniš im-ma-al-du* in Esarra, dem Hause ihres Erzeugers, wurden sie rechtmässig erzeugt, BA 3, 236, 35; vgl. ib. S. 281.

littu auch junger Stier. *šim (alpu) lit-tu*, Ev. Mer. 12, 2.

אלה, *šûlû* hoch. *ina ḳirib šamâmê šu-lu-tu* inmitten des hohen Himmels, Nab. Const. Col. VI, 33; vgl. Ev. M. 20, 3: *4 alpu burûtu šu-li-e-tum*.

elinitu ein Kleid. Ner. 28, 11 *ištên-it (ṣubat) e-li-ni-tum*. Ein anderes e. liegt vor Dar. 370, 6b.

elâti hat im altbabylonischen Recht eine specielle Bedeutung, die noch nicht sicher feststeht, Meissner APR 16; Peiser KB 4, 19. Vgl. auch für das neub. Recht, Kohler-Peiser, Rechtsl, II, 61.

elattu das hinzukommende. *girru ana e-lat-ti-šu Bêl-ḳaṣir ul illak mim[ma] e-lat-ti-šu ina girri ša Marduk-nâṣir-apli ûl nu* ein Nebengeschäft soll B. ausserdem nicht unternehmen, aber sonst soll auch M. keinen besondern Vorteil haben, Dar. 134, 7 ff.; vgl. auch Ner. 66, 15.

אלך, Neben Prt. *illik* scheint auch die Form *illuk* vorzukommen, wie neben יֵלֵךְ auch יַהֲלֹךְ. Camb. 19, 8: *50 ṣibe ittišunu .... il-lu-ku-nu*; vgl. auch d. Citat aus K. 574, 13 bei Delitzsch HW 70.

ilku. Im altbabyl. Gesetz bedeutet *alāku ilku* einen Gang gehen, dann Pflichten (und Rechte) jmnds auf sich nehmen, K. 4223, 5a. Vgl. auch K. 1239, 6 (Harper, Letters n°. 219) *ilku ana I..ula ana eli abi'a kunnak* in meinen Verpflichtungen gegen Ezida bin ich schon meines Vaters wegen getreulich. Dass das in den neubabylonischen Contracten vorkommende *ilku* von Delitzsch HW 70 fälschlich durch Befehl übersetzt sei, beweist Dar. 323, 42 *kaspu ša ana il-ki ša šarri nadna*, wo von einem Befehl des Koenigs gar keine Rede ist. Ich vermute, dass dieses Wort etwa durch Kurs wiederzugeben ist; vgl. Nbd. 741, 1. 962, 2; Cyr 89, 3, Camb. 398, 3.

alikûtu das Gehen. *a-li-kut maḫri pân ummâni mu'irrûtu puḫri* herzugehen vor der Front des Heeres, die Leitung des Ganzen, Weltsch. I, 127 (ed. Delitzsch).

milliku Weg (?). *adi 2 KAS-BU mi-il-li-ku dik-šunu apruṣ* 2 Doppelstunden Weges lang befahl ich ihre Verfolgung, Sanh. Tayl. Col. VI, 13.

אלך Prs. *illuk*. Bedeutung unsicher. *šamna ṭâba išar-riḳu nikê ippušu riḳḳê il-lu-ku* feines Öl sollen sie spenden, Opfer darbringen, Spezereien verbrennen(?), Craig, Rel. T. 23, 31.

אלל, *tallultu* Geschirr. *ina eli sisi danni ša tal-lul-ti ša (mât) Kûsi ri-šu-u-ni*, K. 527, 14 (Harper Letters n°. 32).

אלל, *allalû* stark. (*il*) *Gibil al-la-lu-u muabbit akki u zalpê* Feuergott, du starker, der die listigen und Frevler zu Grunde richtet, Tallqvist, Maql. 2, 129.

ullulu 1) stark. *ul-lu-lu rabû šu[pû?]* ... stark, erhaben, gewaltig ...., Bezold, Cat. 1105. 2) Panzer. V R 32, 34a (ergänzt nach K. 4547, s. Zimmern BB 59) wird (*mašak*) *ul-lu-lu* = *siriam* gesetzt.

אלל, *ellu* Schnee. V R 24, 9cd wird als Synonymum von *ḫalpû el-lum* genannt. *malîšu ina mê kima il-li limsi* seine Schwären möge er im Wasser weiss wie Schnee waschen, NE 11, Col. V, 31 vgl. 37.

אלל₂ *illatu* Jubel. *rêšâta il-la-tu u ḫidûti* Jubel, Jauchzen und Freude, ZA 4, 12, 44.

illû ein purpurartiger Stoff. Nbd. 467, 1 ff. $^1/_3$ *šiḳlu tabarri parsu 5 šiḳlu il-li-e naphor* $5^1/_3$ *šiḳlu tabarri ana pitḳa ša tunšânu* $^1/_3$ Sekel Purpurstoff..., 5 Sekel *illû*-Stoff, zusammen $5^1/_3$ Purpurstoff zur Verfertigung von Turbanen. Eine Vergleichung mit Nbd. 415 macht es wahrscheinlich, dass *tabarru* die Aussprache von *TUK-ZA-GIN-KUR-RA* und *illû* die von *TUK-SAG-ME-KAN-DU* sei.

alluḫappu. Von *alluḫappu* ist jedenfalls ein Verbum denominiert mit der Bedeutung in einem Netze fangen. *uš-ta-na-al-hap* (III, 3) *kîma ur*..., IV R 58, 42d.

ellammû vorn befindlich (*il*)*Sin el-lam-mi-e likattâ pagarki* Sin, der voransteht (?), vernichte deinen Leib, Tallqvist, Maql. 3, 100.

alamgati Bedeutung unsicher. *a-lam-ga* (!)*-a-te* (!) *annâti*... I R 6 n°. VI, 4 (s. JRAS 1892, 339).

elammâku. Man beachte, dass in der Parallelstelle zu den Stierinschriften im Bellinocylinder für *elammaku buṭnu* steht, dass dagegen das darauf folgende *sindû*-holz ausgelassen ist, s. Meissner und Rost, BS 10. (*iṣ*)*e-lam-ma-ku* findet sich auch in der Baumliste K. 165 Vs. 6 (vorhergeht *duprânu*) und in den Amarnainschriften.

אלמן₁ *almanûtu* Wittwenschaft. *bêl bîti imûtma bîtu šuati al-ma-nu-tu illak* wenn das und das passiert, wird der Herr des Hauses sterben und dieses Haus wird in Wittwenschaft kommen, Boissier, Doc. ass. 5, 2.

elmeštu (*el-meš-tum*) ist der Name einer Pflanze, 79, 7—8, 188, 3. Vom Synonymum ist nur noch.... *ša* (?)*-ru* zu sehen.

allânu ein wohlriechender Baum. In dem Specereienverzeichnis Rm. 367 + 83, 1—18, 461a, Rs. 17cd wird *GIŠ-AL-LA-AN* durch *al-la-nu* erklärt. Er findet sich auch in dem assyrischen Contract K. 317, 6 (Peiser KB 4, 130) (*iṣ*) *al-la-an*.

elpitu. Ob Delitzsch mit der neu statuierten Bedeutung «Verschmachtung» für *elpitu* Recht hat, ist sehr zweifelhaft. Ich glaube, dass man mit *elpîtu* Dornengestrüpp an allen Orten auskommt. Schon die Ideogramme, die stets mit einem *U* anfangen, sprechen dafür, dass *elpitu* eine Pflanze sei. Ferner wird in dem vierspaltigen Vocabular K. 4583 Col. I, 14 hinter lauter andern Pflanzen *U-GUG* durch *ku-kul*(?)*-tum*, *ur-ba-tum*, *ru-pa-tum*, *el-pi-tum* erklärt. Auch IV R 22, 30a und 3, 69a Add. wird *U-GUG* durch *urbatu* übersetzt, das an diesen Stellen unzweifelhaft eine Rohrart bedeutet, s. Delitzsch HW 128a. *rubatu* V R 27, 62gh bedeutet daher jedenfalls nicht Hunger, sondern ist eine Nebenform von *urbatu*.

אלין II, 2 *u-tal* (geschr. *pi*)*-lu-ṣu* = *aš*(?) ... K. 2020 Vs. 12.

ilṣu Jubel. *il-ṣu* = *tab*(?)..., *il-ṣu* = *a*..., ib. Rs. 23f.

אלר *alluru* ein Schmuckgegenstand. *1 ul-lu-ru* (*aban*) *HI-LI-PA*, Amarna Berl. 25 Col. II, 16 vgl. 14.

iltaḫḫu. II R 32, 30gh wird die Gleichung *man-na*... | *il-taḫ-ḫu* gegeben.

אם₁ *ummu-ummi* Grossmutter. *mâmît abi-abi mâmît ummi-ummi upaššar* Bann durch Grossvater, Bann durch Grossmutter löst er, Zimmern, Šurp. 3, 4. — Durch *ummu* (*iṣṣur*) wird eine Vogelhenne bezeichnet, Camb. 194, 4; 239, 1; 421, 3; Dar. 8, 4 etc.

ema Conjunction mit dem Prs. wann, indem. *e-ma bîtu šuati uštaklaluma tarâmim* wann dieses Haus vollendet ist und du darin wohnst, Neb. Col. II, 13 (ZA 2, 145 ff.). *ana bêlûti mâti annašima e-ma uzammaru abi mâtima šinini ul iši* ich wurde zur Herrschaft des Landes erhoben während sie riefen: Vater des Vaterlandes, der seines gleichen nicht hat, Nab. Const. Col. V, 11; vgl. auch Delitzsch HW Nachträge.

amme'u Bedeutung unsicher. *pîka am-me-u ša ṭâbi*, Craig, Rel. T. 5, 13; ib. 6, 26 *pi'a am-me-u ša ṭâbi iktanârabka ina puḫur ilâni rabûti* mein Mund wird mit allem möglichen (?) guten dich segnen in der Versammlung der Götter.

amagallu Wald. II R 23, 49ef wird *ama-gal-lum* unter den Synonymen von *kištu* genannt.

אמד₁ *emêdu* stützen. *te-im-mi-id ana allaki ša šupšukat u*[*ruḫšu*] du stützest den Boten, dessen Weg beschwerlich ist, ZA 4, 9, Col. II, 7. — Die Erklärung Delitzschs von *emêdu KUR-šu* als «unterjochen» ist falsch, vielmehr bedeutet die Phrase, wie Winckler zuerst gesehen hat, irgendwie sterben. Besonders die Stelle V R 2, 81 ist instructiv dafür. Z. 68 zeigt, dass sich Jakinlu unterworfen hat. Z. 81 berichtet sein *emêdu KUR-šu*, und darauf kommen seine Söhne, um sich Asurbanipal als Kronpraetendenten zu praesentieren, von denen (Z. 88) Aziba'al seine Zustimmung erhält. — Statt *e-mid kal malkê* (I R 6 n°. VIII A, 4; I Neb. Fr. Col. I, 2) wird *etil* zu lesen sein.

imduḫallatu eine Pflanze. K. 4152 Rs. 3a

(*šam*) *ḫa-šu-u* | *im-du-ḫal-la-tu*

(*šam*) *ḫa-šu-u* | *ur-lam*(?)-*tu*.

Ib. Vs. 29a wird zu ergänzen sein (*šam*)*a-nu-[nu-tum*(?) *im-d*]*u-hal-la-tu*. Vgl. auch *anduḫallatu*.

אמה, *tumâmitu* Bann. *duppi arnišu ḫiṭîtišu ḳillatišu mimâtišu tu-ma-mu-ti-šu ana mê linnadû* die Tafel seiner Sünden, seiner Übertretungen, seiner Missethaten, seiner Banne und Banden werde ins Wasser geworfen, Zimmern, Šurp. 4, 59 (vgl. BA 2, 412).

Zu *aminû* Verläumder s. auch II R 35, 13a, wo *a-ma-nu* = *lim-nu* gesetzt werd.

amû. K. 2034, 6 = 80, 7—19, 308, 7 wird *KUR-KU* durch *na-ka-pu ša a-mi-e* erklärt, s. auch Strassmaier, AV 3957.

amûtu ein Körperteil(?). Vgl. dazu die von Bezold, Cat. 572 citierten Auszüge aus K. 3868.

אמל, *amêl-(il)Šamaš* ein Wurm. Die Lesung dieses *UR-AN-UD* geschriebenen Wortes ist nicht sicher, wohl aber seine Bedeutung. *šumma kakkabu ana amêl-(il)Šamaš itûr* wenn ein Stern sich in einen Sonnenmannwurm(?) verwandelt, II R 49, 63. Vorher geht *nibi*, es folgen *sâsi*, *kulmati*.

אמל(?) *ni'milu*. *ni-'-mil niḫlu guḫḫu ḫaḫḫu ru'tu*, Šurp. 7, 97. Zimmern übersetzt zweifelnd Unruhe.

amalu ein Baum. Hierher gehört vielleicht auch die Notiz Nbd. 441, 5 f. *ina(araḫ)Araḫsamna gušuri a-ma-lu-tum pitinûtu ina bît Bêl-ibni inamdin*.

amiltu ein hölzerner Gegenstand. Ner. 28, 12: *3 ḫu-ṣanu ša a-mil-tum*, Z. 25 *ištên-it (ṣubat) nu-r-a-am ša iṣ)a-mit-tum*.

amumû bedeutet nicht Einschliessung Delitzsch HW 85a, sondern ist der Name für eine Spezerei; s. *guhlu*.

ammamumu ein Gefäss. K. 11109, 4 (= 10452, 8) finden sich die Gleichungen

[*k*]*i-ir-ru* = *ḫa-ru-*[*u*]

[*am*]-*ma-um-mu* - *ditto*.

Vorhergehen *pisannu*, *amrummu*, *alallu* (s. o.).

אמם, *ammat šarri* die koenigliche Elle. Dar. 391, 10: *150 muš-šal-lu-u ša 1 ammatu 2 ubânu ina 1 ammat šarri* 150 Bilder(?), die 1 Elle 2 Zoll nach der Koenigselle lang sein sollen.

ammatu. K. 4172 (s. MAP 105) befindet sich *am-ma-tum* (Id. *GIŠ-ŠI-IK*) unter einer Menge von Holzgegenständen. Ob man hier an Elle denken darf, ist fraglich. Vgl. auch V R 18, 32cd *kur-rušu ša am-ma-ti*.

Noch ein anderes *ammâtu* liegt vor King Magic 11, 5 *am-ma-te-ia ina libbi'a uštêṣima* meine.... hat er aus meinem Herzen herausgeben lassen.

ummanûtu Kunst. *kalê (am.)LUL-MEŠ ša gimir um-ma-nu-tu ḫammu maḫaršun ušziz* Tempelpriester und Tempelknaben, die die ganze Kunst verstehen(?), stellte ich zu ihrer Verfügung, BA 3, 250 Col. VI, 26. Ebenso wird Lehmann, Samass. L[4] Col. III, 28 zu ergänzen sein [*ša gimir*] *um-ma-nu-ti ḫa-am-m*[*u*].

ummatu. Zu den verschiedenen *ummatu*, deren Bedeutungen teilweise noch sehr unklar sind, vgl. noch *ṣalmu Rammân-eṭir (am.)naš paṭri (il) Marduk um-mat* (ohne *amêlu*-Zeichen) (*il*) *Sin* (*il*) *Šamaš* (*il*) *Nergal pitiḫ* (*il*) *Nabû u* (*il*) *Marduk*, Grenz-t. d. Marduk-balatsu-iḳbi (JRAS 1892, 345ff). *šumma um-ma-a-tum* (*il*) *Marduk iraḫiṣ šumma kuṣṣu* (*il*) *Rammân iraḫiṣ*, Bez. Cat. 543. Auch Rm. 2, 522 Rs. Col. II, 19 wird eine nicht ganz deutliches Zeichen durch *um-ma-a-tum* erklärt. Die Notiz V R 31, 10 f. scheint mir so aufzufassen zu sein, dass *ummat* durch *upḫaru* erklärt wird.

אמן, *imnu* rechts. Zu *imnu* rechts vgl. noch die vorläufig etwas unklare Notiz *ḳatu elitu im-na* | *ḳâtu šap-lit* | *šu-me-lu*, ZA 6, 243, 38.

immitu Mutter. *im-ni-tu* wird II R 36, 37c neben *ālittu* genannt.

אמצן, *umṣatu* eine Krankheit, speciell Geschlechtskrankheit. *šumma ina libbi* (od. *pî*) *UŠ-šu um-ṣa-tum* wenn inmitten (oder an der Mündung) des männlichen Gliedes eine Krankheit existiert, so ... Bezold, Cat. 587.

אמר, *amirtu* Pl. *amrâti* lauteres. *lâ a-mir-ti iḳtabi* unlauteres hat er gesprochen, Zimmern, Šurp. 2, 40. *lâ am-ra-a-ti lummudu la naṭâti šûhuzu* hat er unlauteres gelehrt, ungeziemendes unterwiesen?, ib. 65. Vgl. dazu Zimmern, Šurp. S. 54, der zeigt, dass Delitzschs Artikel *birati* HW 185b zu streichen und ferner, dass II R 35, 8 ab *lâ na-ṭa-a-tum*, nicht *lâ mu*(?)*-da-a-tum* zu lesen ist.

amurtu Geschenk(?). *ša Melišiḫu šar kiššati Hasardu a-mur-ti-iš irîmu* welches Melischichu, der Koenig der Welt, dem Ḫasardu als Geschenk gegeben, Grenzst. n°. 101, Col. I, 15 (Belser BA 2, 165 ff.; Peiser KB 4, 58). *a-mur-ti-iš irîmšu* als Geschenk gab er ihm IV R 38 Col. II, 29. Wenn diese Bedeutung sich als richtig erweisen sollte, ist natürlich auch *tamartu* von demselben Stamme abzuleiten und eine Vergleichung mit מאר₂ abzuweisen.

אמר, *immertu* Kälbchen. *im-mir-tum ina ṣêriša* das Kälblein auf seiner Flur, Craig, Rel. T. 14, 5. 80. 11—12, 9 Rs. Col. IV, 12 wird das Zeichen *GANAM* (Brünnow 10256) durch *im-mir-tum* erklärt.

אמר. II, 1 *ummuru* anfüllen(?). *ša uddušu ešrêtišunu um-mur maḫâzi ina uzni'a ibšima* die Renovierung ihrer Heiligtümer, die Ausstattung der Städte hat mir im Sinn gelegen, BA 3, 244 Col. III, 8.

אמר *amâru* (= *amartu*) Seitenlehne. *ina eli ḳakḳadi* (*iṣ*)*a-ma-ri ša irši* am Ende der Seitenlehne des Bettes, K. 164, 11, 26 (BA 2 635 f.).

אמר. Für *aḫa*(*u*)*rrû* Westen ist *amurrû* zu lesen (= אריא).

umrummu ein Gefäss. Für dieses Wort vgl. noch die Vocabularangabe K. 11409, 2 (= K. 10452, 5)

[*p*]*i-sa-an-nu* = ...
am-ru-um-mu = *ditto ša* ..
[*a*]*-lal-lu-u* = *ditto ša* ....
und ib. Z. 6 [*am*]*-ru-um-mu* = *nam-ḫ*[*a-ru*]
[*er*?]*-si-su* = *ditto*.

imriḳḳu. K. 4583 Col. II, 49 wird *im-rik-ku* genannt; von den drei übrigen Columnen ist fast alles weggebrochen. Vorher gehen *ašamšûtu*, dann folgt drei Mal *šu*. Vielleicht bedeutet es auch einen Wind (*IM-RIG*).

אמש. Ein Verbum *emêšu* gehen scheint doch vorzuliegen S. A. Smith, Asurb. 3, 24 *ša nîš šumika rabâ ḳališ izkuruma i-me-šu šalṭiš* der die Nennung deines grossen Namens laut ausgesprochen hatte und als Sieger einherging; vgl. sonst *šalṭiš ittallaku* u. *etêtuḳu*. Vgl. auch *itmušu* = *alâku*; aber auch נמש.

Anu. Himmel. *ilâni âšibu* (*il*) *A-nim anni puṭra* Götter, die ihr den Himmel bewohnt, löst meine Sünde, King, Magic 11, 35.

inu e. Baum oder ein Gegenstand von Holz. (*iṣ*) *i-ni* (*iṣ*) *sa-am-me-e*, ZA 4. 231, Obv. 1 = Craig, Rel. T. 30, 28.

אנב, *inbu*. *i-ni-ib ka-ra-ši* bezeichnet nach Rm. 339 Vs. 15 einen Stein, sein Aequivalent heisst *aš-diš-ku-u*. Hierdurch wird II R 40 17cd ergänzt *i*(!)*-ni-ib ka-*[*ra-ši*]; das Ideogramm wird (vgl. auch II R 37, 68g) entweder *TAG-GA-RAŠ-SAR* oder *TAG-GURIN-GA-RAŠ* gelautet haben; doch scheint II R 37, 68g für das zweite Ideogramm beinahe nicht genug Platz zu sein.

ambu e. Pflanzenname(?) 81, 11—12, 9 Col. IV, 11 f. wird das Zeichen *ŠU* (Brünnow 10292) durch *am-bu* erklärt. Vorhergeht *zirḳu*.

inguru. Vgl. noch die unverständliche Stelle *ḫallalatti en-gur-a-ti atta taḳubbi mînu ḫallalatti en-gur-a-ti ḫallalatti ina* (*mât*) *Muṣur erab en-gur-a-ti uṣâ*, K. 883, 17 ff. (BA 2, 633 = Craig, Rel. T. 26).

ingurinu ein Hausgerät. Bei der Aufzählung von Hausgeräten Camb. 330, 4; 331, 12 figuriert *1 in-gu-ri-nu* neben *iršu*, *kussû*, *paššûru*, *sirapu* (Scheere), *marri* (Hacke), *zirmû* (id.) etc. Vgl. dazu Amarna Berl. 25 Col. III, 15 ... *ŠU* (Paar) *an-gur-i-*

in-nu und ib. Col. IV, 62 und Berl. 26 Col. IV, 24 *an-ku-ri-in-nu*.

ingirašu ein Baum. In der Baumliste K. 165 wird Vs. 13 hinter (*iṣ*) *gi-kil-lum* ein (*iṣ*) *in-gi-ra-šu* erwähnt.

ingirašu ein Hausgerät, das Nbd. 258, 31 (*ištén in-gi-ri-šu*) erwähnt wird; vgl. *ingurinu*.

endu eine Spezerei(?). (*riḳ*)*en-di*, BA 3, 264, 23.

andu wann. Die aus den Amarnabriefen so bekannte Bedingungspartikel *umdu* (so für *pu-zu-du* zu lesen s. Winckler KB 5), findet sich auch Tallqvist, Maql. 8, 77 *an-du kaššaptu ebir nâri LUH ḳâti* wann die Zauberin am Flusse die Hände wäscht.

andullu Schutz, Schirm. *an-du-ul dadmê ṭâir*(!) *niši bêl ešrêti* Schirm der Wohnungen, der Beschützer der Menschen, der Herr der Heiligtümer, King Magic 22, 7.

anduḫallatu ein Tier niederer Ordnung. *kaššaptu kîma kalbi ina* (*iṣ*) *ḫaṭṭi kîma an-du-ḫal-lat ina kirbanni* die Zauberin sei wie ein Hund (ängstlich) vor dem Stabe, wie ein a. im Stalle(?), Tallqvist, Maql. 5, 43; s. Del. HW s. v. *ṣurarû*.

אנח, *anûtu* Gerätschaft(?). *20 mana kaspi ša a-nu-ut bîti namurâti ša šarri ša ummi šarri isiniš itesi* 20 Minen an Gerätschaften des Hauses und Pretiosen des Koenigs und der Koenigin-Mutter hat er zusammen weggenommen, K. 1101, Rs. 6 (Harper Letters n°. 152).

אנח, II, 2 *uttanni* sich lagern(?). (*aban*) *ašnan* ... *ina šêp* (*šad*) *Nipur šadî ramânuš ut-tan-ni* der Ašnanstein .... lagerte sich von selbst (d. i. wuchs) am Fusse des Nipurgebirges, I R 7 E 7.

anitu unsicher. *a-na-a-te šaptêka li ennaḫâ ana mitaḫḫuri'a* die .... deiner Lippen werden nicht schwach werden bei meinem Empfang, Craig, Rel. T. 5, 9.

inzuri... eine Art Purpur. K. 10050, 5ff werden als Synonyma eines bis auf .....*ṣu*(?) weggebrochenen Wortes *in-zu-ri* ..., *ar-ga-ma-nu* und *argamânu ar-ḳu* genannt. Vgl. noch die Angabe des Vocabulars K. 4152, Rs. 29ab *di-ru* = *in-zu* ....

אנח, *anḫu* winselnd. *kîma mûrê an-ḫu-te* wie winselnde, junge Tiere, Lehmann, Sam. L[4] Col. III, 18.

אנח, *anaḫtu* Ohnmacht. *iršu a-na-aḫ-tu ultu ṣir ṭakkarîš imḳut* er wurde ohnmächtig und fiel von seinem Pferde zu Boden, III R 4, 49a.

אנך, *anâku* Blei. Beachte, dass in den neubabylonischen Contracten immer *an-na-ku* geschrieben wird, Nbd. 471, 2; 721, 2; 924, 2; Dar. 240, 2. Diese Schreibung spricht auch wohl für Wincklers Lesung Sarg. Ann. 421 *an-na-a-ku* gegen Delitzschs HW 9 *AN-NA A-BAR*

ankullu Morgenröte(?). *pitû ikliti mušnammir irṣiti rapašti mušaklû ûmu mušrid an-kul-lu ana irṣiti ḳablu ûme* der öffnet die Finsternis der erleuchtet die weite Erde, der den Tag erleuchtet und die Morgenröte(?) mitten in den Tag herabsteigen lässt, ZA 4, 12, Col. IV, 10.

enlu ein Teil des Stuhles K. 4338a Col. II, 55 f. wird *GIŠ-EN-GUZA* und *GIŠ-BAD-GUZA* durch *en-lum* (Var. *lu*) erklärt. Vorhergeht *ṣupru* d. i. die Klaue, in welche die Füsse des Thrones meistens enden. Auch Col. III, 68 wird *GIŠ-BAD-BANŠUR* = *en-*[*lu*] zu ergänzen sein.

anumma. Bu. 89, 4—26, 165 Vs. 16f def finden sich die Gleichungen *ID* = *ŠE* = *su-niš* und = *a-nu-um-ma*. K. 10014, 12 wird ein Substantiv *a-nu-um-m*[*u*] erwähnt; vorhergeht *abbuttu*.

anamaru Sünde(?). *ḫiṭa ša epušu ... arni ša uḳallilu ... an-ṣilla ili'a u ištaria ša ... a-na-ma-ru ukallisu ....* die Sünde, die ich gethan ...., das Vergehen, das ich verbrochen ...., die Schuld gegen meinen Gott und meine Göttin, welche ..... die Sünde, die ich begangen .... Craig, Rel. T. 14, 4.

אנן, *unnanu* Gebet(?). *ša kallamari un-na-ni-ka uṣur uṣur uppuška* allmorgentlich schütze (? man erwartet will ich schützen) dein Gebet(?), schütze deine Thaten(?), K. 883. 24 (BA 2, 645 = Craig, Rel. T. 27, 10).

אנן *enênu* Prt. *enin* zürnen(?). *ana mâti ša e-ni-nu iršû salimu* als ... er sich zu dem Lande, dem er zürnte, zuwandte, BA 3, 242, 18. *Ninib lit-r li-ni-in-šu* Ninib möge sich wenden und ihm grollen, K. 382, 17 (KB 4, 154). Für *anânu* Vergehen ist, wie Zimmern ZA 10, 12, nachgewiesen hat, *an ṣ(z)illi* zu lesen.

innintu Vergehen. *in-nin-ti puṭri*(!) *kasîti li*[*ppa-šir?*] löse meine Strafe, mein Bann werde gebrochen (?), King Magic 30, 11.

אנן, Ein dritter Stamm wird vielleicht für die folgenden Formen anzusetzen sein. *duruš kêni tu-un-na-an-ma tukûn išdi* den Fussboden des gerechten befestigst (?) du, setzt fest das Fundament, Bezold Cat. 905, wenn nicht, wie auch meine Copie bietet, besser *tu-dan-na-an* zu lesen ist. *innintu* stark (?). *in-nin-na-at ilâni .... Ištar šurbûtu* die stärkste des Götter, ... Istar, die hehre, Bezold, Cat. 1335.

annanna irgend jemand, N.N.(?). VATh. 244 Col. IV, 8 (ZA 9, 159ff) wird das aus der Beschwörungsliteratur so bekannte *PUL-PUL* durch *an-na-an-na* erklärt. Indes ist es noch unsicher, ob thatsächlich dieses *annanna* die oben statuierte Bedeutung hat. Die Schreibung *PUL-PUL-tum* für Feminina spricht nicht gerade für diese Lesung. Das Zeichen *PUL-PUL* hat übrigens auch die Aussprache *ninnu*, wie die oben citierte Stelle und 82, 5—22, 915, Vs. 6 beweist, wo *PUL-PUL* (*ni-in-nu*) *ḪU* durch *eššebu* erklärt wird.

anṣu. K. 4201, Vs. 6 steht *a-an-ṣu* hinter *a-an-nu* und bildet mit ihm einen Paragraphen. Von dem Ideogrammen ist nur *RI-IG* ganz erhalten, das erste Zeichen ist vielleicht zu *GU* zu ergänzen.

אנק, *unḳu* Ring. Durch *unḳu* wird auch das in Ringform geprägte Geld bezeichnet, s MAP 147. Den Münzdirector nannte man *rab unḳâtu*, Dar. 280, 8.

anaḳḳu ein Gefäss. II R 44, 47e wird *DUG-A-NAK* durch *ŠU* (d.i. *anaḳ*)-*ḳu* erklärt. Von der dritten Columne ist nur das Dittozeichen erhalten. Z. 48 folgt dann *DUG-A-NAK-MAH* = *ŠU* (d.i. *anaḳ-maḫ*)-*ḫu* = *ditto ka-ra-*[*ni*] ein Weingefäss.

annuri soeben (?). *an-nu-ri Abnî rab ṣibti ša* (*mât*) *Arpadda ina pân bêlî'a illika* soeben ist Abni, der Steuerdirector von A., vor meinen Herrn, gekommen, V R 53, 58ffa *an-nu-ri ušaṣbat*, K. 472, 7 (Harper Letters n⁰. 17). Das Wort is jedenfalls ein Compositum.

antu. 83, 1—18, 1332, 5b (vgl. II R 29, 71ab) wird *AN* durch *an-tum ša še-im* erklärt. Vielleicht ist *il-tu* zu lesen, indes muss II R 7, 21gh *an-tum* gelesen werden.

antašubbu Hexerei (?). *ana alû limnu u an-ta-šub-ba nasaḫip* den bösen Daemon und die Hexerei werden wir austreiben, K. 629, 9 (Harper, Letters n⁰. 24).

asu, Myrthe. In dem Verzeichnis von Specereien, Rm. 367 + 83, 1—18, 461a wird Vs. 10cd *GIŠ-ŠIM-GIR* durch *a-su* erklärt. Danach ist auch NE. 11, 149 zu lesen. *asu* ist natürlich gleich syr. ܐܣܐ

אסא, *asû* heilen. *a-sa-ku-ma bulluṭa ak'* ich heile, verstehe ins Leben zu rufen, Bezold. Cat. 1486. Eventuell ist diese Form auch direct von *âsû* Arzt gebildet, wie *šarraku* etc.

assû Helfer (?). *ina puḫur ḫadanutia lâ tumaššaranni* (*il*) *Nabû ina puḫri bêlî'a as-si-ia lâ tumaššara napšâti'a* in der Versammlung meiner Feinde verlass mich nicht, Nebo, in der Versammlung (?), mein Herr und Helfer (?) verlass nicht mein Leben, Craig, Rel. T. 6, 5. — Für *issû* s. noch K. 4465, 15 (NE. 8ff) (*il*) *Aruru is-su-u rabitu.* 80, 11—12, 9 (IRAS 1894, 830) wird *PU* mit der Aussprache *tu-ul* durch *bur-tum*, *is-su-u* etc. erklärt. — *is-su* (IV R 4, 10b) steht für *idsa* ihre Hand (sum. *ID-NA*).

isitu. *ḳan apparê ana bît i-si-te-ia laššu*, K. 903 Rs. 3 (Harper Letters n⁰. 124); auch Z. 9 ist *i*(!)-*si-te* zu lesen.

אסח. Ein Verbalstamm von *isḫu* scheint vorzuliegen King, Magic 53, 18 (*ḳin*) *PUKLU* (vgl. für dieses Zeichen Delitzsch HW 536b) *e-siḫ-šu akal ḫarrâni addinšu* mit Speise ... habe ich ihn versorgt, Wegzehr ihm gegeben. *is-ḫi-ku SU-BIR* (*tukkanu*) *ša šipat* ... ich gebe einen Beutel ... Bezold Cat. 1486. Diese Formen lassen auf א₃, ו, י, ב, oder א₇ schliessen.

אסך *assukku* scheint wie *šallaru* (s. ZA 9, 272) etwa Keller zu bedeuten. Die Gleichung *as-suk-ku* = *kir-ba-nu* findet sich auch Boissier, Doc. 39, 11.

bît asûki Keller (?). *narû ultu ašrišu lâ tadaki ina ašri šanimma lâ tašakan ana bît a-sa-ki lâ tušêrib* die Stele sollst du von ihrem Platze nicht wegnehmen, an einem andern Orte nicht aufstellen, nicht in den Keller (sonst steht dafür *ašar ki amiri*) bringen, Masperos Rec. 16, 176 ff. Z. 24.

usukku scheint auch einen Teil des Scorpions zu bezeichen *šumma akrabu ina u-suk-ki-ša imni* (resp. *šumili*)... Bez Cat. 1581.

iskimmu Vorzeichen. *is-kim-ma damiktim ušaklima ša erêb Esagila* ein gnädiges Vorzeichen liess er sehen, Esagila zu betreten, BA 3, 234, 6; vgl. 244, 5. *iššaknanimma iditi damikti ina šamâme kakkari išira is-kim-mu-uš* es geschahen gnädige Zeichen auf Himmel und Erde, und es war günstig sein Vorzeichen, BA 3. 220, Col. III, 14. Möglich wäre auch eine Lesung *gišgimmu*.

uskaru ein Gegenstand aus Stein. *išt-en us(?)-ka-ru* (*aban*) *par-rum*, Nbk. 250, 1.

ussulu. V R 20, 8ab steht *us-su-lum* zwischen *ku-uṣ-ṣu-du* und *pu-us-su-lum*. Das Ideogramm begann jedenfalls mit *ID*, das letzte Zeichen ist *TAR*.

אסם. *simanû*. ...[*šikl*]*u kaspi ana si-ma-nu-u* .... *še-e-nu ša(am.)ṣabê ša(iṣ)kašti*, Dar. 4, 8.

asmaru Speer. Neben *asmarû* scheint auch die Schreibung *aš-ma-ru-u* (Nbd. 241, 2) und *ar-mar-ru-u* (Camb. 93, 2) vorzukommen; vgl. ZA 7, 179.

asnû eine Art Pfahl(?). K. 8240, 4abff finden sich die Gleichungen

[*GIŠ-SA*]*G-DAN* = *za-ki-pu*
[*ditto*] *NI-TUK-KI* = *dil-mu-nu-u*
[*ditto*] *NI-TUK-KI* = *as-nu-u*

Es folgen *makkanû*, *meluḫḫû*. Ob man hieraus schliessen muss, dass *Asnu* ein Ortsbezeichnung ist? Ein Land Asnu ist mir nicht bekannt, dagegen kommt ein Wort *asnû* (= אסנא e. Dornenfrucht) in den neubabylonischen Contracten häufig vor. Die Ansetzung der Wurzel mit ס beweist die Schreibung *as-sa-ni-e* (Camb. 12, 2) und *is-sa-ni* (Camb. 332, 7). Ob auch *aṣ-ṣa-ni-e* (Camb. 171, 1) hierher gehört, ist ungewiss.

Neben *assinnu* scheint auch (*am.*) *i-sin-nu* vorzukommen. BA 2, 428, Col. II, 9.

אסף *asuppu* Bezeichnung eines Hauses. *bît a-su-up-pu*, Nbd. 499, 1. Dass so gegen Tallqvists, Sp. Nbd. 35 und Delitzschs HW. 35 *azubbu* zu lesen sei, beweist Dar. 25, 11 f. *ina elitum ša eli a-su-up-pu* und Dar. 163, 2 *ebullu ša ina a-su-up-pu*; vgl. Kohler-Peiser, Rechtsl. II, 51.

aspu. Ob Delitzsch mit seiner Auffassung von *aspu* = Machwerk Recht hat, ist sehr fraglich nach Amarna Berl. 25, Col. IV, 58 *nam-har* Pl. *as-pi*, wo das Wort eine Art Metall zu bedeuten scheint.

aspastu Luzerne ist, wie mich Prof. Nöldeke belehrt, aus einem eranischen Idiom entlehnt und bedeutet Rossspeise, s. Nöldeke Tabariübers. S. 244.

אסק Zu *esêku* einritzen(?) s. noch *musarê* ..., *tamšil šiṭir šumi'a e-sik ṣiruššun* Inschriften... wie meine Namensschrift grub ich auf ihnen ein, BA 3, 256, Col. IX, 29.

אסר, Neben *esir* scheint auch das Prt. *esur* vorzukommen. *eliša zirmu li-su-ru* über der Hexe möge man ein Hacke anbinden, Tallqvist Maqlû 5, 49 vgl. 47 f.

mêsiru 1) Einschliessung. *šumma ûm 9 KAN atalû šakin mâtu me-si-ra immar*, wann am 9ten des Monats eine Finsternis eintritt, wird das Land eine Einschliessung sehen, Bezold Cat. 1529. 2) Schuh, Sandale. *šênu labirtum me-si-ru* (*SU-E-SIR par'u* eine alte Sandale, ein zerrissener Schuh. K. 246 Col. 1, 46. *ṣubâtu ana litbušišu mêsiru* (*SU-E-SIR*) *ana šêpi*[*šu!*] ein Kleid sich zu bekleiden, ein Schuh für seine Füsse, King Magic 53, 16. Auch Amarna Berl. n⁰. 26 Col. II, 23 werden 1 *ŠU SU-E-SIR* = 1 Paar Schuhe aus *taḫšu*-Fell erwähnt; vgl. Z. 33, 35.

אסר *asurrû*. Dass die Form *ašurû* besser sei als *asurû*, lässt sich nicht erweisen. Nbd. 500, 8. Cyr. 228, 8; Dar. 25, 6; 330, 12 kommt die Schreibung mit *s*, dagegen wird nur Camb. 97, 9 *a-šu-ru-u* geschrieben, welches leicht ein Schreib- oder Editionsfehler für *a-su-ru-u* sein kann. *asurru* bedeutet, wie Meissner-Rost, BS. 24 nachgewiesen ist, die Grundmauer, dann erst spaeter allgemein Mauer. Daher wird auch 81, 4—28, 327 Rs. 17 [*i*]*š-di bîti* und *a-sur-ru-u* gleichgesetzt. Zur Schreibung s. auch Delitzsch HW Nachtr.

אפא. II, 1 Als II, 1 ist *uppû* doch wohl (gegen Delitzsch IV R 26, 17a zu fassen wegen V R 39, 14ab. Die Bedeutung ist aber noch unsicher.

III, 2 (schwach) zu sehen sein (von Gestirnen). *AN-SAG-ME-GAR ibanma ina (araḫ)Simani uḳarribma ašar (il) Šamši ultappû izziz* der Jupiter ging glänzend auf (?), näherte sich dann der Sonne, verblasste und verschwand, K. 2801 Rev. 4 (BA 3, 234) etc.

apû umwölkt, dunkel. *ênâ a-pa*(Var. *ba*)*-tu ênâ ašûtu* umwölkte, verstörte Augen, IV R 29*, 28a, 9b, 21b.

uppaiata eine Ortsbezeichnung (?); wohl aus dem Persischen entlehnt. *ina kâri ša šarri ša up-pa-ia-a-ta*, Dar. 244, 4.

אפל, III, 2 Perm. *šutâpulu* sich entsprechen, sich die Wage halten. *šumma .... damḳâtiša u limnêtiša šu-ta-pu-lu* wenn das und das ist, halten sich sein Gutes und sein Schlechtes die Wage, Boissier, Doc. *ass.* 40, 16. Vgl. *šutapultu* ib. 37, 12; 45, 1.

אפל *apiltu* Tochter. *a-pi-i*[*l-tum*] wird II R 29, 67g unter andern Synonymen von Tochter aufgeführt; vgl. WZKM 6, 209. Es folgen *ap-la-*[*tum*] und *ta-pa-la-*[*tum*].

iplu. In dem Vocabular Rm. 2, 588, das geordnet ist nach der Aussprache der Ideogramme, wird Rs. Col. II, 18 das Zeichen *BAD* mit der Aussprache *eš* durch *ip(b)lum* erklärt. Z. 24 folgt es noch einmal, doch ist hier das Ideogramm weggebrochen.

upnu Faust. So lesen Jensen-Zimmern Šurp. 6, 123; K. 890, 9; V R 3, 17. «Ein Plural *arnû* Sünden (Delitzsch HW 135a) existiert demnach nicht».

uppu. *pîn alpi êliḍi* (sic!) *ina up-pi* (*MUD-KU*) *tarappis*, II R 16, 29bc. K. 4338a Col. VI, 62 wird *GIŠ-UR-MUD* durch *ditto* (= *gisallum*) *up-pi* erklärt. 80, 11—12, 9, 13 (JRAS 1894, 830) steht *up-pu* als Aequivalent von *PU* zwischen *tâmtu* und *ḫubbu*.

appatân ist, wie Jensen ZA 7, 219 überzeugend nachgewiesen hat, eine Dualform und bedeutet wie *ṣirratân* und *ṣinnitân* die Zügel. Der Plural *appâti* begegnet uns K. 1356 Vs. 8 (Meissner-Rost, Bauinschr. Sanh. 98 ff.) (*il*) *Rammân ša ana mukîl ap-pa-a-ti ittišu rakbu* Ramman, der als Lenker mit ihm fährt; vgl. auch *mukîl appat* Nbk. 40, 1.

appu ein Teil des Hauses. *šuššu ammat ap-pa DA-LUM ana Sippar akṣur* 60 Ellen fügte ich ein festes ... gegen Sippar zusammen, Nebk. Ball Col. III, 16 (PSBA 11 159 ff., 320). Ebendieselbe Bedeutung wird *appu* IV R 15* Rs. Col. I, 15 haben (s. Del. s. v. *išdu*).

upḳu Gesamtheit. Rm. 354, Vs. 6 wird unter einer Reihe von Synonymen für Gesamtheit (*kullatu*, *abrâtu*, *gimratu*) auch *up-ḳu* erwähnt.

אפר *epêru* unterstützen. *e(?)-pi-rat enši šâpikat zêri* die den schwachen unterstützt, den Samen ausbreitet, King Magic 9, 37.

epiru reif (?) Dar. 313, 1 werden *suluppu e-pi-ru-tu* im Gegensatz zu *tuḫalla* (unreife Dattel), *gipû*, *mangaga* und *libbi libbi* genannt.

aprû ein Tier. Camb. 422, 7 *kaspu ša (imêr)ap-ri-e*. Zu dem dunkeln *ippiru* vgl. auch *šumšu Laḫmu ip-pi-ru* ZA 9, 407 A 10.

אפש *mušêpišu* Bezeichnung einer Örtlichkeit *ina eli nâri ina mu-še-pi-šu ša ḫubur inaddin*, Dar. 214, 5.

uppašu. *uṣur up-pa-aš-ka* schütze deine ...., K. 883, Vs. 10 (Craig, Rel. T. 27 = BA 2, 663).

אין *iṣu*. Dass *iṣu* in den neubab. Contracten Hanf, Werg bedeute s. BA 1, 534.

אצא6 *ṣitaš*. Neben *ṣitân* findet sich auch die Schreibung *ṣi-ta-aš u ši-la-an*, King Magic 9, 41.

אצד3 *êṣidu* Schnitter. *ša(am.)e-ṣi-di* für die Schnitter, K. 373, 7 (Peiser, KB 4, 150).

אצן IV, 1 gerochen werden. *IR-SI-IM-NU-HAR-RI* = *erišu ul in-ni-ṣi-in* ein Geruch wird nicht gerochen, Bezold Cat. 1741.

אצן II, 1. Vgl. noch *uṣ-ṣi-iṣ-ma (il)Igige* ZA 4, 239, 27 und 83, 1—18, 1335 Col. III, 33 *TAR* mit der Aussprache *ta-ar* = *uṣ-ṣu-ṣu*.

אצן *uṣṣu* Huf (?). *ḳurâdêšu sisê ṣimitti nîrišu ina uṣ-ṣi uššakbis* seine Krieger liess er von den Pferden seines Gespanns mit den Hufen (?) niedertreten, Sarg. Ann. 334.

אצר1 aufhäufen (?). Ein hebr. אצר entsprechendes Verbum ist vielleicht V R 39, 59ef *TA* = *a-ṣa-rum*. Es folgen *A* = *banû*, *DIR* = *malû*.

II, 1 dass. *šar mâti ina maḫâzê rabûti kaspa uṣ-ṣar* der Koenig des Landes wird in den grossen Städten Geld aufhäufen, III R 52, 38a.

אצר *iṣṣuru. iṣṣur širi* bezeichnet K. 4338a Col. I, 13 einen hölzernen Gegenstand. Die Ideogramme sind *GIŠ-UḪ*, *GIŠ-IM-ŠIŠ* und *GIŠ-IM-ID-LAL*. Vgl. auch Bez. Cat. 925.

אצר, II, 1 *uṣṣuru* mit einem Zeichen versehen. *uṣ-ṣu-ru ša uzniša* mit einem Zeichen an den Ohren, Camb. 290, 3. Vgl. ZA 9, 121, 15.

aṣurru ein Gegenstand aus Holz. K. 4338a Col. I, 12 wird *GIŠ-KI-ID-LAL-BI* durch *a-ṣur-ru* erklärt. Vorhergeht *maštaktu*, es folgt *iṣṣur širi*.

uṣurpinnu eine Art Kohlenbecken. 82, 8—16, 1 Rev. 26 wird *u-ṣur-pi-in-[nu]* als Aequivalent von *KI-BIL-NIN-NA* genannt.

אקב, *iḳbu*; Lesung und Bedeutung unsicher. Unter den vielen Aequivalenten von *TAR* (83, 1—18, 1335 Col. I, 29 ff.) figuriert Col. II, 16 auch *iḳ(g, k)-b(p)u*. Bei Lenormant, Choix de textes 76, 26 findet sich die Gleichung *aš-pu-tum* = *iḳ-bu*.

akkabanu. 2 *ma-a-na* (od. *mana a-na*) *aḳ-ḳa-ba-ni ša gamedate*, II R 53, 44c.

אקל II, 2 Inf. *uteḳulu*. *u-te-ḳu-lu* findet sich K. 2020 Rev. 13. Von dem Aequivalent ist nur *ka* … zu sehen. Es folgen *lību*, *šibu*.

אקר, Der Stamm von *aḳiru* scheint im Assyrischen פ״י nicht פ״נ gewesen zu sein, wie die Formen *eḳir* etc. beweisen. Prs. *iḳḳir*. *Muštabarrû-mûtânu* (*kakkab*) *DIB-BAD issanaḫur še'im iḳ-ḳir* wenn der Mars den Planeten umkreist, wird das Getreide teuer, III R 53, 32b. Dasselbe Schwanken zwischen Verben פ״נ und פ״י findet sich auch bei יתר in der Form *ittir*, die in der neubabylonischen Contractliteratur häufig vorkommt.

eru ein Kleid. (*ṣubât*) *e-ri ša* (*il*) *Bêlit Sippar*, Cyr. 253, 9; *ṣubâti u e-ri-e ša* (*il*) *Anunitum*, Camb. 158, 3; vgl. Nbk. 418, 2 (*iṣ*)*e-ri* (s. Delitzsch HW 125) und Camb 277, 11 *ir-ri*.

(*aban*) *e-ru-u* vielleicht = Bronce wird Camb. 223, 2 erwähnt. Zwei dunkle Stellen mögen hier vereint werden. *epriti* (*âl*) *Sušan* (*âl*) *Madaktu* (*âl*) *Haltemaš u sitti maḫâzêšunu e-riš alḳa ana* (*mât*) *Aššur* die Erde von Susan, Madaktu, Haltemas und ihren übrigen Städten brachte ich wie … nach Assyrien, V R 6, 98. *ina e-ri-e suluku yiššmmaru*

ubbalu iluḳ!i, II R 15, 48d. Ob *URUDU* *nama* Maql. 8, 56, 60, 65 Waschgefäss bedeutet, wie Tallqvist annimmt, ist noch sehr unsicher.

ארב₁. Von diesem Stamme finden sich 83, 1—18, 1330 Col. IV, 21 f als Erklärung von *KAR* *nar-ru-bu* (Inf. IV, 1), *ir-ri-bu*, *ar-bu*. Da auch IV R 30*, 9b *munnarbu* das Ideogramm *KAR-RA* hat, ergiebt sich daraus, dass Delitzsch's Ableitung von *munnarbu* von נרב (HW s. v.) gegenüber der von Meissner-Rost, Bauinschr. Sanh. 118 vorgebrachten aufzugeben sei.

ארב₂. Zu *erib la narbiti* vgl. *šuk* *šadd-ti e-rib la baṭili*, K. 5382b Vs. 12 (Winckler, Keilschr. 2, 12). Zu *erbu* s. noch Bezold, Cat. 643.

urbu (Einkommen)steuer = *irbu*. *ur-bu u tešitu*, VA. 208, 4 (Peiser KA 2).

ארב, *eribu* vermehren. Von diesem Stamm leitet Messerschmidt jedenfalls mit Recht *i-ri-ba tukti* mehrte die Vergeltung Nab. Const. Col. II, 13ab.

arabû ein Vogel. ZA 6, 244, 48 wird *a-ra-bu-u* durch *iṣṣur meḫû*, Sturmvogel erklärt. Ob dieser mit *âribu* identisch sei, ist nicht sicher.

arabanû ein Vogel. *šumma* …. *a-ra-ba-nu-u*(*iṣṣur ultu imni amêli ana šumêli amêli etiḳ* wenn …. der arabanû-Vogel von der rechten Seite des Mannes nach der linken kommt, Bezold, Cat. 585; vgl. auch 951.

arabbu. *a-ra-ab-bi-eš nadriš*. Tallqvist Maql. 2, 138.

urbatu. Das V R 40, 24ab genannte *urbatu* bedeutet ebenso wie *elpitu* etc. eine Pflanze, nicht wie Delitzsch HW 126a will Verheerung. Das beweist schon das Determinativ *U*, und K. 4583 Obv. 29 steht *ur-ba-tum* unter lauter Pflanzennamen, vorhergeht *aš-lu*, es folgen *ru-pa-tum*, *el-pi-tum* (Ideogr. *U-GUG*. Vgl. noch IV R 3, 71 (Add.) *kima ur-ba-ti nil*.

urballu. Für *urballu* vgl. noch ZA 6, 244, 44, wo ein Ideogramm durch *ur-bal-lum* und *ḫa-aḫ-ḫu-[ru]* (q. v.) erklärt zu sein scheint.

(*am*.) *UR-GAM*. Nbd. 37, 5 wird ein *Arrabi* (*am*.) *UR-GAM* genannt. Da dieser Mann sonst (*am*.) *KU-KAL* oder *mukabbû* (s. Tallqvist, Nab. 84) genannt wird, ist *UR-GAM* vielleicht auch *mukabbû* zu lesen.

argamânu. Nach K. 10050, 7 gab es auch gelben Purpur (*argamânu arku*); s. u. *inzuri* . . .

argânu eine Art von Wohlgerüchen. Rm. 367 + 83, 1—18, 461a Rs. 1, 2cd wird *GIŠ-ŠIM-MAN-NU* durch *ár-ga-nu* und *GIŠ-ŠIM-AR-KAN-NU* durch *ŠU* erklärt; vgl. Vs. 8, 9 ab *GIŠ-AD-AR-MAN-NU* = *ŠU* und *GIŠ-AD-AR-GA-NU* = *ŠU*.

ארד$_6$. *arad-ekalli*, von dem vielleicht aram. ארדכלא entlehnt ist, kommt wirklich als Titel vor. *Ša-pî-kalbi* (*am.*) *arad-êkalli* Nbd. 784, 6; vgl. 981, 6; 1003, 4, wo Erdpech an *Šamaš-zêr-ibni* (*am.*) *arad-êkalli* geliefert wird. Ferner Camb. 149, 6; 202, 5.

arzallu 1) ein Stein. II R 40, 51ab wird (*aban*) *EL* durch *ár-zal-*[*lu*] erklärt; s. Strassmaier AV 737. (*aban*) *EL ša zêršu nasku*, V R 33, 41b; vgl. auch Nbd. 1067, 2; 1081, 6. 2) eine Pflanze. II R 41, 26b wird eine Pflanze (*šam*) *ar-zal-lum* genannt. Vielleicht ist auch das Ideogramm *U-EL* (z.B. IV R 57, 9a) *arzallu* zu lesen.

urzunu tapfer. Sm. 2052 Vs. Col. II, 30 wird [*ur-*] *zu-nu* = *karradu* gesetzt.

ארח$_2$. *lû e-ri-ta lâ tallaka lû ṣallata lâ tetibbâ* wenn du schwanger(?) bist, sollst du nicht gehen; wenn du liegst, sollst du nicht kommen, Tallqvist Maq. 5, 12. Der Singular von *eriâti* findet sich Surp. 4, 24 *e-ri-tu tulû ṭâbu* [*nadânu?*] der Schwangeren süsse Milch zu geben.

ארח$_6$. III, 2. *muš-ta-ru-u Sippar Nippur u Babili* der Sippar Nippur und Babel recht leitet, Berl. Mer. Col. II, 8.

ארח Für *arîtu* = Bogen spricht auch S. 279, wo Z. 2 in einem Waffenverzeichnis auf [*a*]*-ri-tu* sofort [*k*]*a-ba-bu* folgt und Amarna Berl. 26, Col. III, 42, 44, wo es immer das Determinativ *maška* hat. Vgl. auch noch *8 a-ri-tu kaspi* Bez. Cat. 1421.

ארח *úru* Balken. Die von Delitzsch statuierte Bedeutung Gehege wird sich nicht bewähren. Das Ideogramm *GUŠUR* deutet auf die oben angegebene hin, auch 81, 7—27, 200 (sic!) Rev. 23 bedeuten sowohl *gušuru* wie *karitu* (s. d.) Balken; vgl. noch II R 15, 10ab *adî ina balti ašbu u-ur bîti i-š*[*a-ak-kan*] *asurrâ* [*ippuš*] solange er im Hause wohnt, hat Reparaturen an Balken und Wänden auszuführen.

arû (*a-ru-u*) wird 81, 4—28, 327 Rev. 12 ebenfalls durch *ka-ri-tu*[*m*] erklärt.

urû. K. 2096 Rs. 13 wird Nebo *bêl u-ri-e* genannt (Craig, Rel. T. 58). Bedeutung unsicher.

urû ein Art von Wohlgerüchen. In Rm. 367 + 83, 1—18, 461a Vs. 26cd wird *GIŠ-ŠIM-SUN* durch *u-ru-u* erklärt. Ob hiernach *ŠIM-SUN* überall *urû* nicht *rikkê* zu lesen sei, ist fraglich, da *GIŠ-ŠIM* thatsächlich durch *rikku* (s. d.) erklärt wird. Ob unser Wort mit *urû*, einem Teil des Baumes (s. Delitzsch HW 130b) identisch ist, ist unsicher.

ארח$_7$. Neben *arḫâta* monatlich kommt Nbk. 189, 5 auch die Form *araḫmanû* vor. *araḫ-ma-nu-u 1 šiklu kaspi ina muḫḫišu irabbi.*

iarḫu. bîtu ina libbi kirî ia-ar-ḫu, K. 317, 8 (KB 4, 138).

urṭû. Name eines aus Akkad (oder Armenien) herstammenden Wohlgeruches. Rm. 367 + 83, 1—18, 461a, Rs. 9cd wird *GIŠ-URI* durch *ur-ṭu-u* erklärt. Die Sm. 60 genannte gleichnamige Pflanze ist hiermit identisch.

arṭabi = ἀρτάβη (persisches Lehnwort) wird erwähnt Camb. 316, 1, 6, 9 etc.

ארך$_1$ II, 1 verlängern d. h. hinzuverdienen. *mimma mûla Nabû-aḫê-iddin ina libbi itti Ḫaḫḫuru u Bunânu ur-ra-ku u ukarrû* alles was N. davon mit H. und B. entweder dazuverdient oder verliert, Nbk. 235, 12. *ana eli ur-ru-ku ša mûši mârâti Esagila ana Ezida itallakûni* um die Nacht zu verlängern gehen die Töchter Esagilas nach Ezida, ZA 6, 241, 6.

Zu *arraku* vgl. noch II R 60, 16c *ina kurêti ina ar-ru-ka-a-ti.*

ארך$_6$. *urku* die Hinterseite. *ur-ka-ia ubbalu šêrêia išammanu* meine Hinterseite bringen sie in Unordnung, mein Fleisch vergiften sie, King Magic 53, 11. *âlik ur-ki* Knecht, K. 2012, 7. Vom Ideogramm ist nur noch *UŠ* erhalten; es folgt *ridû*, wohl mit demselben Ideogramm.

urkû neben *arkû* Nbd. 1024, 1: $^1/_3$ *mana kaspi maḫrû* $^1/_3$(?) *mana 5 šiklu ur-ku-u.*

arkîtu die Thür (eig. d. hintere). II R 23, 8cd

wird *ar-ki-tum* gleich *daltu* gesetzt. Von *arku* scheint ein neues Verbum abgeleitet zu sein (ארכא), von dem IV, 3 Bezold Cat. 1698 (*it-ta-na-ar-ki*) vorkommt.

irkallu. V R 16, 80gh wird *SAR-DA* durch *ir-kal-lum* erklärt. Auch II R 29 add. wird *GIŠ-SAR-DA* nach Strassmaier AV 3856 *ir-kil-lu* (?) *ša mari* gleichgesetzt. Ob das richtig ist, ist nicht sicher, da Jensen ZA 1, 179 *irritu* (vgl. II R 24, 15ab) ergänzt. Ob mit diesem Worte der Gott Irkalla etwas zu thun hat?

urukmânu ein Teil des Schildes. *9 (mašak) aritu ša u-ru-uk-ma-an-ni-šu-nu şiparru.* Amarna Berl. 26 Col. III, 44, vgl. ib. 42.

arallu Unterwelt. *ina şariri rušši nabnit a-ra-al-li* mit Rotgold, dem Erzeugnisse der Unterwelt, BA 3, 236, 86.

ארל *urultu. mušamşu ša libbi u-ru-la-ti-šu ikkib ilâni kalama niš'* der die .... des Herzens, den .... der Götter, finden lässt alle Menschen, ZA 4, 240, 11.

armu junge Gazelle. *şênu immiršu şabitu ar-ma-ša atânu mûrša* das Schaf sein Schäfchen, die Gazelle ihr Junges, die Eselin ihr Füllen, Tallqvist, Maql. 7, 25.

irmeanu eine Holzart. (*iş*) *ir-me-a-nu* (*iş*) *musukkânu* (*iş*) *şidarê* K. 1794 Col. X, 24 S. A. Smith, Asurb. II, 19). Auf den Autographien steht nur (*iş*) *ir-me*, dann folgt eine Lücke, in der Transscription liest Smith aber ohne Fragezeichen wie oben.

crimtu Einfassung. K. 4338a Col. II, 51 *e-rim-ti ditto* (d. i. *kussi*). V R 28, 78cd bedeutet *e-rim-tum* ein schwarzes Kleid (*naḫlaptu şalimtu*); vgl. noch *e-rim-ta* K. 5413a, 10 (Meissner-Rost, Bauinschr. Sanh. 94).

arannu. Unter allerlei Hausgeräten (*udê*) wird Camb. 330, 6 auch *1 a-ra-an-nu* genannt; vgl. auch Nbd. 1118, 1 f. *a-ra-nu.*

arantu. Rm. 122, 38 beweist (s. Del. HW s. v.), dass *U-KANKAL* = *arantu.* Aus der Maqluserie lernen wir, dass es eine weisse Pflanze war (1, 25), die am Ufer von Canälen wuchs (3, 178; 6, 77). Es wird gewöhnlich neben dem *lardu*-Kraute genannt: Rm. 122, 40; Maql. 1, 25 f.; K. 4583, Col. I, 21 f.

arnabam eine Weinsorte. II R 44, 10h wird *karan ar-na-ba-ni* unter verschiedenen Weinsorten genannt.

ארב *urasu.* Neben *urasu* kommt Nbk 104, 4, 8 die Schreibung (*am.*) *u-ra-šu ša ... Šamaš* vor. Der Pluralis lautet K. 636 Rs. 1 (Harper, Letters n°. 209) (*am.*) *u-ra-sa-te.* — Zu dem unklaren *uršu* der neubabylonischen Contracte (Delitzsch HW 141) vgl. noch Camb. 88 = 419, 1 (von Strassmaier übersehen) ½ *mana kaspi ša u-ra-šu-šu*; Camb. 260, 1 *kaspu ša ištên u-ra-šu* und Dar. 84, 2 *2 šiklu kaspi pişû kalû ša itti u-ra-šu Šamaš-iddin ... ina kat Šum-ukin .... mahir.*

arsubbu ein Art von Wohlgerüchen. In Rm. 367 83, 1—18, 461a, einem Verzeichnis von Specereien, wird Vs. 15ab *ir-su-ub-bu* zwischen *šuguša* und *tinanû* aufgezahlt. Vom Ideogramm, das mit *GIŠ* anfing, ist nur noch .... *GUD* erhalten.

ארץ *urşitu* eine Pflanze. 79, 7—8, 19 Col. II, 23 wird (*[šam]*) *ur-şi-tum* genannt.

irku. malil ir-ku, ZA 10, 9, 185.

arkabînu eine Art Thür. II R 23, 22cd wird *ar-ka-bi-in-nu* durch *daltu lâ katitu* (eine nicht fertige, oder geschlossene (?) Thür) erklärt.

arri'i. ar-ri-'-i und *ar-ru-bi-e* in dem allitterierenden Hymnus DT 83 Vs. 9 und 6 (Pinches, Texts 15) stehen für *ana rê'i* dem Hirten und *ana rubi* dem erhabenen.

ארר *ararû. a-ra-ru-u* wird 81, 4—28, 327 Rs. 13 durch *ka-ru-u* (?) erklärt. — Das *ararû*-Kraut liegt vielleicht auch Maql. 5, 37 vor; jedenfalls wird eine Ableitung der Wurzel ארר für das Ideogramm *HUL-KIL-SAR* verlangt (s. Tallqvist Maql. 140). Wenn das richtig ist, werden wir in *ararû* eine Gurkenart erblicken dürfen; vgl. *HUL-SAR* = *kiššû*, *HUL-TI-GI-LA* = *tigilu* etc.

irruru. ana ir-ru-ri ša 1 M 1 M šanati um zu .... 1000 und 1000 Jahre, V R 53, 30b.

Zu *arurtu* vgl. Tallqvist Maql. 5, 75, 77, wo das Wort neben *ašuštu, ḫuş, kaş libbi* und *gilittu* steht.

ururatu. *DUB-KA-KAK-KAK* = *u-ru-ru-tum.* VATh. 244, 23d (ZA 9, 164).

arrûtu. In der Inschrift Asur-bêl-kalas (I R 6, VI) Z. 5 ist nach JRAS 1892, 339 *ár-ru-te Pl.* zu lesen.

eršu. Nach Bezold Cat. 963 fängt ein Omentext an *šumma e-ri-eš bíti*. Nach dem Context erwartet man einen Teil des Hauses.

uršânu ein Vogel. Ein Vogel *ur-ša-nu* (*iṣṣur*) wird Bezold, Cat. 570 erwähnt; hierher wird auch der Vogel *ursânu* (Delitzsch, AS 107) gehören. Ob er identisch ist mit talm. אורשנא? Vgl. aber Rev. sem. 3, 91 und Hilprecht, Am. Exp. 2, 17.

araššânu. *2 natkilâtu ša maški*(?) *ša ki a-ra-aš-ša-a-an-ni burrumu*, Amarna Berl. 26 Col. I, 22.

aršûtu Dunkelheit(?). Wenn Craig Rel. T. 30, 35 (in ZA 230 fehlt dieses Fragment) richtig edirt hat, wird *ubbabû ar-šu-ti ušaḫlû* .... wohl als sie erhellen die Dunkelheit, machen hell... aufzufassen sein.

artu die Blume. In dem von Pinches PSBA 1894 Dec. 4 publicierten Vocabular Sp. III, 6 wird Z. 23 *GI-AZAG-GI* durch *ár-tum ditto* (d. i. *ḳanê*) erklärt. Vorhergehen *išdi ḳanê*, *libbi ḳanê*. In dem Rohrverzeichnis 79, 7—8, 21, 10 entspricht [*GIŠ-PA*]-*GI-ZI* assyr. *ar-ti ki-i-*[*si*]; vgl. Rm. 367 + 83, 1—18, 461a Vs. 6 f. ed *GIŠ-PA Ù-KU* = *ṣip-pa-*[*tum*], *GIŠ-PA-Ù-KU* = *ar-tum*.

iritu. *lâ išû i-ri-tu*, ZA 10, 13, 263.

uritu. *ina bábâti ša u-ri-te ekur ši usim* mit Thoren von... habe ich diesen Palast verziert, V R 70, 8.

arittu Canal(?) *ḫar(!)-ri u a-ri-it-tum*, Dar. 341, 7.

arattû 1) Thronsessel. *ana* (*il*) *Ea bêlia a-rat-te-e ḫurâṣi ḫušši ša šarru maḫrî lâ epušuš kîma ša ûm maḫri epušma* dem Ea, meinem Herrn, habe ich den Thronsessel aus glänzendem Golde, welchen kein früherer Koenig gemacht hatte, wie in früheren Zeiten wiederhergestellt, Nab. Const. Col. VIII, 17. 2) In der Bedeutung Würde (s. Del. s. v.) kommt das Wort vielleicht KB 4, 142, 22 vor, wenn dort Peisers Ergänzungen richtig sein sollten.

אשׁ, *išâtu*. *ša išâti* Feuerbecken. *1 ša išâti kaspi 1 šûši 6 šiḳlu ina šuḳultišu* ein silbernes Feuerbecken 1 Soss 6 Seckel schwer, Amarna Berl. 26 Col. III, 21, vgl. Col. IV, 22.

išu ein Beamter. Dar. 345, 15 wird ein (*am.*) *i-ši* erwähnt.

אשׁב, *išbu* scheint eine bestimmte Pflanze zu bedeuten. (*am.*) *išparê ša ekur iš-bi-šu-nu lâ iḳṣurûni* die Weber das Tempels haben ihren Flachs(?) noch nicht verarbeitet, K. 636, 8 (Harper, Letters n°. 209).

ašibu eine Belagerungsmaschine *ina* (*iṣ*)*a-ši-bi danni dûrânišu dunnunûti uparrir* mit einer starken Belagerungsmaschine rannte ich seine festen Mauern ein, Sarg. Ann. 37.

ušbattu(?) ein broncener Gegenstand. *ša eli uš-bat-te erî*... diese Inschrift steht auf einem broncenen u., Bezold. Cat. 1815.

ešgu. 83, 1—18, 1330, 15a wird das Zeichen *ŠU-KAD* mit der Aussprache *pi-eš* neben *napûšu*, *pazadu*, *nipšu*, *nuppušu* durch *eš-gu* erklärt. Dass dasselbe Wort wie *eš*(*s*)*ḳu* vorliegt, ist sehr unwahrscheinlich.

אשׁד, *ašâdu* II, 1 fest fügen (?). *u-uš-ši-id rikissa* ich fügte fest(?) sein Gefüge, Neb. ZA 2, 128, Col. II, 10. Das Verbum ist jedenfalls von *išdu* denominiert.

ušḫu ein Gefäss. *10 uš-ḫi siparri*, Amarna Berl. 26 Col. IV, 19 vgl. 31.

išḫilṣu. 83, 1—18, 1331, Col. II, 2 wird LA neben *ḫaṣbi* durch *iš-ḫi-il-ṣu* erklärt. Ebenso findet sich K. 55 Rs. 16 unter andern Gefäss namen auch die Gleichung *LA-TUK* ?)-*DA* = *iš-ḫi-il-ṣu*.

uš(*s*)*ḫamu*. K. 4338a Col. VI, 58 wird *GIŠ-TIM-GAL* durch *uš-ḫa-mu* (Var. *us-ḫa-mu*) erklärt. Nach dem Ideogramm bedeutet es grosse Stange. Es folgen *gimuššu* und *parisu*, zwei Worte für Ruder.

אשׁט *ašâṭu* II, 1. Ein Verbum *uš-šu-ṭu* wird K. 12846, 7 erwähnt. Vorhergeht *ša-ka-ṣu*, es folgt *aš-ša-bu*. Die linke Columne ist weggebrochen.

אשׁך *ašakku*. Unter lauter Krankheitsnamen steht *ašakku* (*ID-PA*) Craig, Rel. T. 18, [19] [20]. — Eine andre Bedeutung scheint jedoch das *ašakku* zu haben, durch welches ZK 2, 83, 9 *KUBABBAR* erklärt wird; vgl. auch 83, 1—18, 1332, 18b und BA 3, 240, 3.

iššikku. ZA 10, 12, 250 *ušalḳû iš-šik-ki ša pisnuḳu te'ûtu* und ZA 4, 13 Col. I, 12 .... *naṭê iš-šik-ki tatturri*.

iššakûtu Machthaberschaft. *ša* ... *iš-šak-ku-su-un eli* (*il*) *Aššur iṭibuma* deren Regentschaft dem Assur gefallen hatte, BA 3, 232, 50.

ašukullânu ?) ein Hausgerät aus Rohr. In der Aufzählung von Hausgeräten (*udê*) Camb. 330 wird Z. 7 auch ein (*ḳan*) *u-ša-kul-la-a-nu* (? oder *tu*?) genannt.

aškapu der Schuster. Vgl. ausser Jensen, Kosmologie 345 noch Dar. 321, 4.

iškiru. Von der ursprünglichen Bedeutung Joch hat sich speciell im neubabylonischen Recht die Bedeutung (jährliche?) Abgabe entwickelt. Cyr. 326, 1 *iš-ka-ri ša ultu* (*araḫ*) *Aiar* [*šatti 7*] *adi* (*araḫ*) *Aiar šatti 8 Šulâ* ... *Bunene-ibni u gibilšunu ana Ebabbara iddinu*; Camb. 194, 5 So und so viel Hühner *iš-ka-ri ša šatti 3* (*KAN*) *ana šatti 4* (*KAN*) *Ubar ušêribiamma* hat als Abgabe für das Jahr 3 auf 4 Ubar eingebracht. Dar. 43, 12 *ina šatti 3* (*gubâti*) *gu-li-en iš-ka-ri ana* (*il*) *Šamaš ultu ramânišina inamdina* jährlich als Abgabe für den Sonnengott sollen sie 3 Kleider aus freien Stücken stiften: Nbd. 163, 9; 839, 9. Eine andre Bedeutung hat das Wort jedenfalls IV R² 55, 30 *unût elippi kalâmu iš-ka-a-ri u nêribi*; vgl. auch K. 546 Rs. 4 (Harper Letters n°. 75).

אשׁל, *ašlu*. Zu diesem Worte vgl. BA 3, 358. In der Bedeutung Strick begegnet es Maql. 3, 133 *bâtiḳ a-ša-al-ša* der des Schiffes Tau kappt; vgl. K. 890, Vs. 2 (BA 2, 634) *ki batuḳu aš-li-ki* (Mittheilung Zimmerns) und Nbd 836, 7; 1017, 8. Als Maassbezeichnung findet sich jedenfalls noch ZA 4, 363, 1 *aš-la TA-A-AN*. Die Pflanze *aš-lum* wird noch K. 4583, Col. I, 10 erwähnt. Das Ideogramm ist $U\frac{TIR}{TIR}$, welches also auch V R 40, 23a herzustellen ist.

ašlaku. Aus K. 11890, 5 geht hervor, dass der *ašlaku* auch ein *nimsû*, Werkzeug zum Waschen (*nimsu-u ša* (*am.*) *ašlaki*), zu seiner Arbeit gebraucht. Darf man vielleicht an den Färber denken? Vgl. auch Camb. 66, 4 und Rm. 353, 7.

ašlukatu, das jedenfalls nicht Verbeerung bedeutet (s. o. S. 15b) kommt noch S. 896, 9 (ZA 4, 160) vor, wo in einem Paragraphen *aš-lu-ka-tum*, *ki-ri-e-tum* und *giš-rum* genannt sind: vom Ideogramm ist nur noch ... *DA* erhalten.

אשׁלפ, *mušlipu* der Beschwörungspriester Sm. 54 Rs. 10 wird *muš-li-pu* neben *maḫḫu*, *mašmašu*, *šêpu* und *mušlaḫḫu* genannt, vom Ideogramm ist noch ... *NA-SU-UL* erhalten.

išparu. Damit, dass *MULLA-US-BAR* nur *išparu* zu lesen sei, wird Delitzsch recht haben, wenigstens wird 80, 7-19, 129 Rev. 2 *MULLA-US-BAR* durch *iš-[pa-ru]* erklärt. Die Weberinnen werden K. 125, 24 (Harper Letters n°. 196) *SAL-US-BAR-MEŠ-te* geschrieben; vgl. auch Grenzst. 102 Col. IV, 23 (BA 2, 171 ff.).

ušparu muss neben Webstuhl noch eine andre Bedeutung gehabt haben, schon das von D. citierte Syllabar II R 28, 59gh beweist das; vgl. auch Nab. Const. Col. VII, 27 *ḫaṭṭi išarti uš-pa-ru kini muruppišat mâti* ein gerechtes Scepter, ein fester Herrscherstab, der das Land erweitert; s. auch Delitzsch HW Nachtr. 729.

išparru. *AN iš-par-ru*, 83, 1—18, 1332, Col. II, 14.

אשׁק *ašâḳu*(?). II, 1. Prt. *uššiḳ*. *temenna labiri uš-šiḳ addima* das alte Fundament befestigte(?) und legte ich, I R 69, Col. III, 45.

IV, 1. *in-niš-ḳu aḫu u aḫi ina puḫri* .... sie stärkten sich, einer den andern, in der Versammlung .... Weltsch. 3, 132.

uškû Wächter. *mînâme ur-gu u lâ ištemu awâti šarri* warum hört der Wächter nicht die Worte des Koenigs, Amarna London 52, 13; 53, 18; 58, 16 wird er *uš-gu* geschrieben. Dass der Stamm mit ק anzusetzen sei, beweist auch K. 594, 10 (Harper Letters n°. 90), wo (*am.*)*uš-ḳa-ti ša* (*am.*) *ša maḫar êkalli* erwähnt werden. In den neubabylonischen Contracten tritt uns die constante Schreibung *ušku* entgegen. Nbk. 13. 8 (*am.*) *uš-ku-u imêri*; vgl. Bezold Cat. 1873.

uškutu Bewachung(?) *pût uš-ku-tum ša imêri* (!) N.N. *naši* die Garantie für die Bewachung des Esels trägt N.N., Nbk. 360, 5; vgl. Nbd. 680, 13; Camb. 99, 22; Nergl. 42, 7(?).

uškitu (monatliche? Abgabe(?). Nbd. 569, 2 *uš-ki-tu ša* (*araḫ*) *Šabaṭu*; Camb. 183, 1: *2 mana šipâti uš-ki-tum*.

אשׁר, *ešrû* der Zehnte. Delitzsch HW 149 hätte aus

ZA 7, 25, 32 entnehmen können, dass V R 40, 55cd *uš-ri-e-tum* zu lesen ist; vgl. Dar. 351, 7.

Von *ešrû* Zehnt, Abgabe wird wahrscheinlich ein Adjectiv weitergebildet zum Zehnten gehörig: Camb. 410, 5 *suluppu eš-ru-u-tu;* Dar. 280, 16 *ulê eš-ru-tu;* vgl. Nrgl. 54, 2.

אשר₇ *išarûtu* Geradheit, rechte Leitung. *ana i-šu-ru-li-ia*, Nrgl. Budge (PSBA 10 pt. 3), Col. I, 22.

šûšuru recht geleitet. *tuštêšir la šu-šu-ru ekû ekûti* du leitest recht den, der sich nicht auf dem richtigen Wege befindet, der in Elend ist, King, Magic 2, 20; 3, 16.

eširtu. Das vorausgesetzte *eširtu* findet sich jedenfalls 81, 4—28, 327 Rs. 18b, wo *ZAG-GA* durch *i-ši-ir-t[um]* erklärt wird; vgl. IV R, 9, 30a. Der Singularis liegt auch noch vor IV R, 30*, 16b *ina eš-rit (il) Ea* (für *AN-BIT*=*Ea* s. noch IV R, 6,49b).

aššaru. aš-ša-ru ša tenga šûkuru, ZA 10, 9, 167; vgl. vielleicht Nbk. 457, 9.

ašaridu. Die Ideogramme für *ašaridu* in V R 42, 58—63gh sind zu ergänzen nach 79, 7—80, 30 und seinem Duplicat 79, 7—8, 37 (s. u. d. Autogr.) *SAG*, *SAG-KAL*, *EN-ZI*, *A-GA-ZI*, *SIBTU-SAG*, *PAP-SAG*.

ašrukkâti ein bautechnischer Ausdruck. *aš-ruk-ka-ti šu-a-ti* Rm. 3, 105 Col. I (b) 4, 6; vgl. Col. II (b) 3, Unterschrift (JRAS 1892, 305 ff.) *musar ša aš-ruk-ka-ti ša dûri Ezida.* Das Wort findet sich auch Nebk. Wadi Br. A Col. VI, 45 (*aš-ru-ka-a-ti*) und P. Col. III (b), 16 (*șululu aš-ru-uk-ka-a-ti*).

אשש₃ *DIR* wird 83, 1—18, 1331 Col. IV, 8 durch *a-ša-šu ša uš-ša-ti* erklärt; ebenfalls ZA 9, 219 (Sch. 2, 2) durch *a-ša-šu-u.*

uššatu Leid, s. o.

ašuštu, dass. *a-šu-uš-tu iškuna*, IV R 10, 56a. *ZI-IR* (sic!)... *KA* = *ina a-šu-uš-ti-šu* (?), V R 24. 40ab; *a-šu-uš-tum arurtu ḫuș kaș libbi*, Tallqvist Maql. 5, 75. *iddû a-šu-uš-tum nissat[um]* er brachte Leid und Trauer, ZA 4, 237 Col. IV, 16. Vgl. auch Delitzsch HW Nachtr.

ešêštu Leid. *bêlum palkû muk-kal-li* (für *mukalli*) *e-še-eš-tum* der kluge Herr, der aufhören macht das Leid, ZA 4, 237, 33.

אשש₄. In I, 1 scheint *ašâšu* halten zu bedeuten. *rapša uzni a-ši-ši šukâmu* der kluge, der hält das Schreibrohr, ZA 4, 237, 34; vgl. dazu *âḫizu šukami* I R 35, Nr. 2, 4.

aššišu botmässig. Unter lauter Synonymen für Rebell etc. wird II R 27, 42ab *li aš-ši-šu* neben *lâ šemû*, *lâ mâgiru*, *lâ sanḳu* aufgeführt; vgl. auch II R 48, 43—45ab. Vom Ideogramm ist nur noch .... *MAŠ* erhalten.

ašašu scheint speciell ein Insect zu bedeuten, das bei Gazellen vorkommt *kima a-ša-ša șabîti ḳuturšu libli* wie eine Gazellenlaus möge sein Rauch vergehen, Tallqvist, Maql. 5, 50; *a-ša-ša șabîti* Bezold, Cat. 760.

eššešu. ibțilu ûmu ili i-šat(nat)-tu eš-še-ši die vergessen den Feiertag, ... IV R 60*, 16a, BA 3, 232, 40.

ištânu. Die vier Winde werden auch personificiert, und zwar sind Süd- und Nordwind weiblich, der West- und Ostwind männlich *muḫri šûtu narâmti(il) Ea ditto ištânu narâmti (il) Sin muḫur šadû narâmu (il) Anim, ditto amurrû narâmu (il) Ea u (il) Anim*, Bezold Cat. 1045, vgl. auch ib. 923.

אשת, *ištên.* Beachte die merkwürdige Form *ištenâta* (*išt-en-na-a-ta*) *ilḳû* ein Schriftstück nahmen sie, Cyr. 211, 8; Dar. 257, 12. Vgl. *arḫâta* Nbd. 282, 6 etc.

aštapiru. Die Form *aštabiru* kommt auch Winckler, Keilschr. 2, 3, 8 vor *maḫar aš(?)-ta-bi-ri ḳâssu ma-ti....;* sonst vgl. *duppi šupîltu ša eḳli bîti u aš-ta-pi-ri*(!) Tauschvertrag über ein Feld, Haus und Gesinde, Camb. 349, 1.

אשתר, *ištaritu* die der Göttin Istar geweihte, Hierodule. *ḳadištu âšiptu (il) ištar-i-tum zermašitu*, Tallqvist, Maql. 3, 45. *iš-ta-ri-tu .... ZAG .... zermašîtu ša ḳiribša ma'da*, Bezold, Cat. 908.

aštartu. Eine andre Bedeutung als gewöhnlich hat das Wort Dar. 80, 17 *aš-tar-tu libbi eḳli* und Z. 18 *zêru a-di aš-tar-tu.*

ataburu (?). *a(?)-ta-bu-ru rabûtum ul-da..šu u bikîtu maruštu*, V R 52, 47b. Das Ideogramm ist *KI-BUR*. Ich vermute, dass man anstatt *A-TA* werde *ḲI* lesen müssen und dass das Wort ein sog. sumerisches Lehnwort sei. Dann hätte aber dieses *ḳiburu* eine andre Bedeutung (etwa Syn. von *bi-ššu, marušłu*) als *ḳiburru* Vogelnest.

itguru. Zu diesem dunkeln Worte vgl. noch *ṣalmê sipurri it-gu-ru-ti*, Tallqvist, Maql. 2, 36 [*ša*] .... *it-gu-ru-ti kima ḳi ušallituma* Tiglatpileser, welcher die .... wie einen Knoten entzweihieb, PSBA 1896 May 158. *šarku ana amelût it-gu-ru* (Var. *ru*) *dulaba*, ZA 10, 12, 257 und vielleicht auch .... *ša imitti šu-te-gu-rat-ma*, ZA 9, 407, A 1, 5. Auch ein Vogel heisst *itguru*. *šamma it-gu-ru* (*iṣṣur*) *ana biti*, Bezold Cat. 1422.

אתה *atû* sehen. Dass Delitzschs (HW 155) Übersetzung von *atû* durch sehen richtig ist, beweist auch K. 4587 Rs. 8—10cd, wo sich folgende Gleichungen finden

a-tu-u = *a-ma-*[*ru*]

a-tu-u = *da-ga-*[*lu*]

a-tu-u — *nap-lu-*[*su*].

atû Wächter. *ina maḫar am.*) *a-tu-u ša abu'bi aḫameš im-gur*(!)*-ru-u* vor dem Thorwächter haben sie sich gegenseitig geeinigt, Nbk. 52, 20.

אתה III, 2. Zu *šutatû* vgl. noch VATh. 244 Col. I, 14, wo *I-GI-IN-ZI* unter anderem durch *šu-ta-tu-u* erklärt wird.

utappu. Maql. 3, 178 *kima* (*šam*) *arinti ina ubi u-tab-bi* hat eine Var. *u-tap-pi* vgl. 6, 77. Auch K 7856 Rs. Col. II, 2 steht die Form *a-tap-pi*; ferner spricht dafür auch syr. ܛܦܐ (Jensen bei Brockelmann Lex. syr. s. v.). Gegen Delitzsch.

uturtu ein hölzerner Gegenstand. II R 46 add. (Strassmaier AV 2774) wird *GIŠ-TIK-BIL* durch *u-tur-tum* erklärt, und auch V R 26, 45b ist *u-tur-*[*tum*] zu ergänzen.

ב

באא Das assyrische Verbum *bâ'u* ist als ע״י anzusetzen, nur so erklärt es sich, dass *ibâ'* als Imperfectum gebraucht werden kann (vgl. *inâr* etc.). Als Praesens kommt noch *ibba'* vor, *bit bi-ri-iš-ti nakru ib-ba-'* (*BA-AB-DIB*) in das Haus der Entscheidung kommt der Feind, V R 52, 63a.

bi'u Eingang. *MUL* = *bi-'-u*, 83, 1—18, 1332 Col. II, 39. *ṣalmêia ina bi-' ša dûri tupḫâ* meine Bilder habt ihr am Eingang der Mauer eingeschlossen, Tallqvist, Maql. 4, 35. *ina iddi bi-ia iphi* mit Pech verschloss sie meinen Eingang, III R 4 n⁰. 7, 5. Wie verhält sich בִּאָה (Ez. 8, 5) zu diesem Worte?

bâbu. *bâb nâri* Schleuse. *bâb nâri u narpasu ana ramanišu ippitima* die Schleuse und die Thür (?) öffnete sich von selbst, Sanh. Baw. 30. *bâb nâri* auch Nbd. 506, 2 und Camb. 23, 2, vgl. *ultu Sippar adi bâb nâr mar-rat*, K. 1028, 19 (S. A. Smith in den Acten des Wiener Orientalisten-congresses), K. 1374 Rs. 14 (Winckler Keilschr. 2, 21), K. 1550, 34 (ib. 30).

bidu. *ana* (*il*) *Ninkigal rubât ṣirtim ašibat E-uru-gal ša za'eri'a la râ'imi'a idikkû bi-i-di-ia Eš-uru-gal bîtsu ina Kutû eššiš epuš* für die Ninkigal, die hohe, erhabene, welche in Eurugal wohnt und meine Gegner, die mich nicht lieben, vernichtet, meine ..., habe ich Ešurugal, ihr Haus, in Kutha neu erbaut, PSBA 11, 198.

באל. Die Bedeutung mächtig sein erhellt auch aus II R 29, 48e f., wo auf *rabû ba-u-lum* folgt: dann werden weiter *ra-bu-u*, *lit* ..., *ba-'-u-*[*lu*] und *kab*[*tu*] erwähnt. Der Stamm *ba'âlu* ist im Assyrischen ein westländisches Fremdwort. K. 2040 (d. i. II R 29 n⁰. 3, aber erweitert) sagt Z. 12, dass *ba-'-u-lu* = *ru-bu-u MAR-*[*TU*] das Syllabar enthält auch viel elamitische Worte) sei. Von dem Adjectiv *ba'ulu* ist *ba'ulât* (*il*) *Bêl* Pl. f. g. mit zu ergänzendem *niši*, ähnlich wie bei *ṣalmat ḳaḳ-*

kadi. — Eine astronomische Bedeutung hat *bu'ûlu* III R 59, 41a *šumma (kakkab) SAG-ME-GAR ba-'-il šarru ašaridûtu*(!) *illak* wenn der Jupiter herrscht(?), wird der Koenig in Macht einhergehen. Bezold Cat. 1928 *(kakkab) Muštabarrû-mûtânu ba-'-il.*

II, 1 mächtig machen. *(il) Anum (il) Bêl u (il) Ea u-ba-'-lu-ši* Anu, Bel und Ea haben sie mächtig gemacht, Bezold Cat. 1053.

בָאן *bînu.* Neben IV R 26, 36b lehren besonders die Stellen Maql. 1, 21; 4, 39; 6, 47 etc., dass *bînu* ein Baum sei. Man wird ihn wohl, gestützt auf den Vergleich mit ܒܝܢܐ als Tamariske erklären können. *zêr bini* in dem Pflanzerverzeichnis S. 60, 6b.

באן. Ein neues Verbum in der Bedeutung aufhängen scheint vorzuliegen ZA 6, 242, 19. Vgl. *mašak alpi ... ša ina rêš (am.) marṣi i-be-en-ni* mit ib. Z. 21 *mašak alpi ... ša ina rêš (am.) marṣi zu-ug-gu-pu* (זקף) eine Kuhhaut, ... welche zu Häupten des Kranken aufgehängt ist. — Für die astronomische Bedeutung des Verbums *bânu* s. BA 3, 278.

בָאן *bêṣu* Ei(?) Das Wort liegt bis jetzt nur vor V R 18, 9ab ff., wo 3 Ideogramme durch *bi-e-ṣu* und *ditto ša iṣṣuri* erklärt werden.

bûru eine Bezeichnung des Eponymats. *limmu Bêl-dan (am.) šakin (al) Kalḫi ina šanê bu-ri-šu* Eponymat des B., das Statthalters von Kalach in seiner zweiten Amtsführung d. i. 744 (Bezold Cat. 1637 = KB 4, 104, II). Peiser macht ib. S. 106 sehr wahrscheinlich, dass auch Salm. Ob. 174 *ina 31 palê'a šanuti šanîtu bu-u-[ru] (il) Ašur (il) Rammân agruru* in meinem 31 Regierungsjahre übernahm ich zum zweiten Male das Eponymat (828) zu ergänzen sei. Ähnlich Nbd. 787, 9, 10. Möglich ist auch die Lesung *pûru.*

biru junger Stier. *ištên (alpu) bi-i-ri ša ina libbi ima-al-la(!)-ad-du* ein junger Stier, der von ihr geboren wird(?), Camb. 257, 6.

באש. Zu diesem Stamme scheinen die Verbalformen *bêšu* gestellt werden zu müssen. 83, 1—18, 1332, Col. I, 17 [*HAL*] = *bi-e-šu;* 82, 1—18, 4154, Col. IV, 7 [*BAR*] = *bi-e-šu ša ditto;* vgl. II R 29, 54b, das durch K. 13608 ergänzt wird, *bi-e-šum, nussuru, zumšu.* Das *e* in der Mitte ist als Fa'ila-form zu erklären entsprechend syr. ܒܐܫ.

bišu. zêru bi-i-šu u kurbanû itti aḫameš išâku iššipilu das Getreide, das verdirbt oder zu Abgaben verwandt wird, werden sie je nach der Höhe gemeinsam tragen, Camb. 217. 9; cfr. Nbd. 17, 12; Dar. 432, 3. Unsicher ist die Stelle Nbk. 194, 6 *ki lâ iddannu 4 GUR ŠE-BAR be-iš-tú ina Babili inamdin* wenn er (das Geld) nicht bezahlt, muss er 4 Gur Getreide als Entschaedigung(?) bezahlen.

באש *bâštu* Ansehen. King, Magic 19, 24 *šukunma eli'a ba-aš-ta-ka rabîtu* lege auf mich dein grosses Ansehen; ib. 12, 56 *ba-aš-ti tablatu* mein Ansehen ist verschwunden. *Bêlit ša (âl) Gubla tidin ba-aš-ta-ka ina pân šarri bêlika* die Herrin von Gubla gebe dir Ansehen vor deinem Herren Koenige, Amarna London 15, 5. Damit wechselt. Berl. 72, 5 Lond. 21, 4 *UR.* Daraus geht hervor, dass auch *baltu* = *bâštu* (s. Delitzsch HW 177) von dieser Wurzel abzuleiten ist; für das weibl. Geschl. s. o. Nicht sicher ist das allerdings bei *baltu* = Scham.

באש. Der Stamm scheint als ע״י angesetzt werden zu müssen. Vgl. ausser Asurb. B Col. IV, 15 noch Maql. 5, 167 *bi-e-ša bi-e-ša* werdet zu Schanden, zu Schanden. ib. 172 *ina zumri'a bi-e-ša* in meinem Körper werdet zu Schanden.

bultu. ummu âlidâti atti eṭiri ina bu-ul-ti du bist die Mutter der Gebärenden, schütze vor dem Zuschandenwerden, K. 890, 10 (BA 2, 634). — Ein anderes *buštu* liegt vor Dar. 257, 1; 276, 2; 348, 2, welches sich immer in Verbindung mit *alpu (1 alpu bu-uš-tum)* findet.

באת. *bît kâti* Vorratshaus oder etwas ähnliches. S. BA 3, 280 und Bezold Cat. 922 *bît kati (am.) ša-maḫar-êkalli;* vgl. ib. 1298.

kirib biti Harem(?). In S. 293 wird Z. 9 hinter einem *sukkal šarri* und *sukkal bîti* ein *sukkal kirib biti* erwähnt.

bitânu in der Bedeutung Palast existiert im Assyrischen, Camb. 63, 4 *bit-ta-nu ša (il) Bêlit Sippar;* 133, 4; Dar. 98, 2; 179, 7. Ob aber auch Asarh. Col. V, 32 so zu lesen ist, ist noch fraglich: s. BA 3, 212.

bibu ein bautechnischer Ausdruck. *bi-bu-a-ni gabbu*, K. 499 Rs 3 (Harper Letters n°. 119); vgl. K. 1461 Rs. 8 (Harper ib. n°. 120).

bubû 1 Bedeutung unbekannt. *itti mamît hasbi (iṣ) KU-HAR bu-bu-u miṣru kudurru u musari*, Zimmern, Šurp. 8, 34. 2) Name eines Monats. (*araḫ*) *Bu-bi-e*, BA 3, 238, 42.

bubul(?) eine Krankheit. *u bu-bu-ul adru ina zumur amêli ibaši, u bu-bu-ul piṣû ina zumur amêli ibâši*, Bezold, Cat. 977. Eventuell ist *BU-BU-UL* ein Ideogramm.

bibru ein Gegenstand aus Silber. *1 bi-ib-ru kaspi*, Amarna B. 18 Rs. 11, 12.

buginnu ein Hausgerät zum Aufbewahren von Speisen, vielleicht Schüssel oder Korb. 80, 11—12, Col. III, 7 wird das Zeichen *bugin* (s. Brünnow 10289; dasselbe wird aber wohl, besonders wenn man den Parallelismus mit *bunin* beachtet, jedenfalls *NIGIN* mit hereingesetztem *GAR* sein; vgl. *KA* + *GAR* = essen, *KA* + *A* = trinken) durch *bu-gin-nu ša ukûli* (sic) und *sussulu* (s. d.) erklärt. K. 4138 Vs. 4 werden hintereinander *buninnu*, *bu-gin-nu* und *sussullu* erwähnt. *ittûr mâtu ana musarî kiri*(?) *u tâmtum rapaštum mâlu bu-gi-in-ni* das Land war zu einem Gartenbeet geworden und das weite Meer zu einer Schüssel(?), BA 2, 397, 24.

badi vorher(?). *ina timali ki ba-di BAD-MEŠ ma'du ittalku* gestern wie vorher(?) sind viele .... gekommen, K. 519 Rs. 5 (Harper Letters n°. 108). *ina timali ki ba-di širṭu ša ina libbi ṣabituni aptaṭar* gestern wie vorher(?) habe ich den Verband, den man darum gelegt hatte, gelöst, K. 1064, 16 (S. A. Smith, Asurb. 2, 58). *ûm 6 KAN ana ba-a-di egirtu annîtu ina muḫḫi'a isapra* 6 Tage vorher(?) hat er diesen Brief an mich geschrieben, K. 561, 11 (Harper Lettres n°. 101).

budduru, *bunduru* etwas aus Rohr gefestigstes. *GI ... ASKA* (Brünnow 10258) = *bu-un-du-ru* = *bilti ša ḳanâti*, V R 32, 52def. *ASKA* allein wird durch *ku-tul-lum bu-ud-du-ru* 80, 11—12, 9 Col. IV, 6 erklärt.

בזה. II, 2. K. 12021 Vs. 6 wird *bi-te-iz-zu-u* erwähnt, das Synonymum ist weggebrochen. Vgl. auch ZA 10, 7, 126 *ub-t-iz-za-am-ma*.

bazzû. 1 (am.) ba-iz-zu-u ša abni 1 b.-Mann aus Stein, Amarna B. 28 Col. III, 60.

בחה *baḫu. Ṣabit nir ili la ba-ḫi ṣa-bu akâlu* der das Joch des Gottes zieht, sei ...., der ordnet seine Speise, ZA 10, 10, 218.

baḫûtu. In Sm. 387, einem Pflanzenverzeichnis, wird Vs. 6 *ba-ḫu-tu* erwähnt, vom Ideogramm ist nur noch .... *SAR* sichtbar.

בטה *baṭû* ein Hausgerät. In der Aufzählung von Mitgift Nrgl. 28, 16; Camb. 331, 5; Dar. 301, 8 figuriert auch *ba-ṭu-u*, meist mit dem Zusatz *ša siparru*. Da es neben *ḫaṣbu* und *kasu* steht, wird es wohl auch ein Gefäss bedeuten; vgl. syr. ܒܛܘܬܐ.

בטל Prt. *ibṭil*. trans. aufheben, in Wegfall kommen lassen. *ib-ṭi-lu ûmu ili* um einen Festtag kümmern sie sich nicht, IV R, 60*, 16a. *mannu arkû ša Ašur .... šumšu inambû uma'aru mâta anḫût maḫâzi ekur šuatu udiš iska nindabu ša ilâni šunûti lâ ta-ba-ṭi-il* du, dessen Namen Assur zur Beherrschung des Landes nennt, erneuere den Verfall der Stadt und dieses Tempels und das Einkommen und Opfer dieser Götter schaffe nicht ab, Masp. Rec. 16, 176 ff. 18 KB 4, 102 ff.

III, 1. *adi kispi naḳ mî ana ekimmi šarrâni âlikût maḫri ša šub-ṭu-lu arkus* die Anordnungen für Speis- und Trankopfer für die Manen der Koenige, meiner Vorgänger, welche ausser Gebrauch gekommen waren, gab ich, Lehmann, Šum. L³ Rs. 1.

baṭlu d. Aufhören. *ba-aṭ-lu iškunûni* sie haben aufhören lassen, K. 14, 22 (S. A. Smith in d. Verhandl. d. Wiener Oriental. Congr.) vgl. auch Z. 33.

בטן *buṭunnu*(?) Mine, Bergwerk (?). *bu-ṭun-šu-nu emur* ihre Minen(?) fand ich, Sarg. Ann. 206 (so Winckler).

buṭuttu (*bu-ṭu-ut-tum*) wird auch 83, 1—18, 461 Col. III, 20 erwähnt; das Ideogramm ist *GIŠ-LAM-GAL*.

בכה *baki* wird auch von dem Zwitschern der Vögel gebraucht. *šumma* (*zinn.*) *iṣṣuru ba-ki-tû ša ki summati eli âli u namêšu idmumma* (!) wenn ein zwitscherndes Vögelchen, welches wie eine Taube über die Stadt und ihre Umgegend singt, III R 52, 39a; ebenfalls vom Winseln der Hunde *ana kalbu ša ina bît amêli i-bak-ku u idammumu* zu einem Hunde, der im Hause eines Menschen bellt und winselt, Bezold Cat. 1557.

biklitu. *bi-ik-li-tum* II R 30, 75 f. Das Ideogramm s. ebenda.

בכר *bukratu* junges Mädchen. II R 29, 65g wird *bu-uk-r[a-tum]* unter mehreren Synonymen von *mârtu* erwähnt; s. WZKM 6, 209.

bêlu bezeichnete ursprünglich sicher eine bestimmte Waffe. Camb. 93, 1 werden *32* (*mašak*) *be-la* neben *tartaḫu* (!), *ḳaštu* und *armarû* (= *asmarû*) aufgezählt.

בלח *baliḫu.* *itti mâmît ba-li-ḫi iḳi ḳuppu naḫlu u maḫazu* von dem Banne durch...., Wassergraben, Quelle, Schlucht und Stadt [mögen sie dich lösen, retten, befreien], Zimmern, Šurp. 8, 37.

baluḫḫu eine Specerei. In dem Specereienverzeichnis 83, 1—18, 461a wird Col. II, 23 *GIŠ-ŠIM-TAR* durch *ba-lu-uḫ-ḫu* und *GIŠ-ŠIM-A-DAN-TAR*(!) durch *ḫi-il baluḫḫi* erklärt.

בלט *muballiṭtu.* In einem Verzeichnis von Schiffen K. 8239 wird Z. 13b *GIŠ-MA-TI-LA* durch *mu-bal-liṭ-tum* erklärt. Ausserdem bedeutet das Wort einen Toilettengegenstand, Amarna B. 28 Col. II, 7 *mu-bal-li-iṭ-du ṣiḫru ša ḫurâṣi.*

nablaṭu Entkommen. *miḫiṣ lâ nab-la-ṭi*, Asarh. K. Rs. 42.

bulṭu. *ina elî bu-ul-ṭi ša* (*šir*) *uznâ ša aṣbutu gabbu liššakin* inbetreff des b., den ich mir zugezogen habe, möge alles geschehen, Bez. Cat. 932. *ina elî bu-ul-ṭi ša šarru išpuranni rêšu anašši* bei dem b., wie mein Herr König schreibt, lasse ich den Kopf nicht hängen, K. 532 Rs. 1 (Harper, Letters n°. 109). Zu vergleichen ist vielleicht syr. ܦܠܚܐ.

Ein Baum *be-liṭ*(*d, t*) findet sich in dem assyrischen Contract K. 317 (s. Peiser KB 4 136) *kirû ina* (*mât*) *Singara ina bît* (*il*) *Ištar 1000* (*iṣ*) *be-liṭ* ein Garten in Singar, zum Istartempel gehörig, mit 1000 b.-Bäumen.

בלכת III, 1. *eliš ana šapliš uš-bal-kit* das obere verkehrte er zu unterst, Asarh. Schw. St. Col. II, 19.

nabalkattu eine Belagerungsmaschine. S. 279, 13 steht [*na*]-*bal-kat-tu* unter lauter Waffen; es folgt *sir-ia-am. ina pilši niksi u na-bal-kat-ti alme*, Asarh. Berl. Rs. 43. Wenn in der Bavianinschrift Z. 45 wirklich *ina pilši* (!) *u na-bal-ḳa-te* zu lesen ist, wird man die Wurzel als בלקת ansetzen müssen, doch ist eine Verlesung zwischen *ḳa* und *kat* nicht ausgeschlossen.

בלל III, 1. *ki šub-lul ṭênšina*, ZA 10, 7, 87.

bunbullu. *Ninua bu-un-bu-ul-lu šakin ša ina libbi....* Ninive ist als.... gemacht, worin...., Craig, Rel. T. 7, 3.

bunbanû (?). *bu-un-ba-ni-e* (*il*) *Nin-ḫar-sag-mal riḫût* (*am.*) *iššakki ša zârûšu ellu....* der Göttin Ninharsagmal, das Erzeugnis des Priesters, dessen Erzeuger rein ist, Craig Rel. T. 64, 26.

בנה. Ein Substantiv *tabnû* (so Delitzsch) giebt es nicht. Die Eigennammen *Bêl-tabni-bulliṭ* etc. sind aufzufassen als Bel erhalte am Leben, was du geschaffen; vgl. Meissner-Rost, Noch einmal das *bit-ḫillâni* S. 6.

bunzirru. *ina bu-un-zir-ri* (*am.*) *mudû imaḫarka* auf der.... betet der Weise zu dir. Es folgt *ina sulê ṣêri muttagišu imaḫarka*, ZA 4, 11, 30. Ein *bu-un-zir-rum* wird auch K. 12056, 3 erwähnt Vom Ideogramm ist nichts sichtbar; vorhergeht *ṣu-lu*... Nbd. 1098, 3, Peiser BV 81, 91 *bu-un*(*nu*) *ŠE-ZIR* (= *zêri*) scheint nicht hierher zu gehören.

bennu wird II R 35, 41e f = *ṣibtu* gesetzt. Dieses Wort findet sich auch häufig in assyrischen Contracten. Peiser KB 4, 133 übersetzt es nicht unwahrscheinlich durch Kopfsteuer.

buninnu Schüssel (?). 80, 11—12, 9 Col. III, 4 wird das Zeichen *bunin* (s. Brünnow 10299) durch *bu-nin-nu ša me-e* erklärt. K. 4138 Vs. 3 kommt [*bu*]-*nin-nu* ebenfalls vor; s. auch *buginnu.*

buṣu. II R 33 n°. 2, dessen vierte Spalte durch den Rs. von Rm. 609 ergänzt wird, bietet Z. 15 *ŠE UD-E-NE* = *še'u bu-ṣi.* — Ein anderes *buṣû* s. BA 3, 208, Col. II (?), 15.

baṣu und *baṣṣu* werden nicht zu trennen sein. Berl.

Asarh. Rs. 37 findet sich die Schreibung *ba-ṣi dannûti* und Bab. Chron. Col. VI, 5 wird dasselbe Ereignis als *ṣab Aššur ba-aṣ-ṣu iṣṣabtu* die assyrischen Soldaten zogen nach der Wüste beschrieben. Dass *baṣṣu* nicht die Bedeutung feste Lehmmauer hat, zeigt Nab. Bez. (PSBA 1889, 104) Col. I, 36 *ba-aṣ-ṣu u turaba šipik epiri rabûti elišu išiapkuma* (!) Sand und Staub, ein Haufe grosser Erdmassen, waren darauf aufgeschüttet. *ammîni ikkalkunûši ba-a-ṣu ša nâri* warum verzehrt euch (die Augen) der Sand des Flusses? IV R 29*, 11b. — In der Stelle V R 42, 28gh bedeutet das Wort jedenfalls ein Gefäss.

בצר. II, 2 *ub-te-ṣi-id nišê* . . . ZA 10, 7. 129.

בצר. *maṣadi u ba-ṣu-a-ri ina eli memêni lâ iḳrib*, K. 991, 11 (Harper, Letters n⁰. 117 = Lehmann Šams. XL).

בצר. In der Pflanzenliste K. 8667 wird in einem Paragraphen, der nur Allienarten enthält, Z. 12 . . . . . *bi-iṣ-ru*, *GAR-EŠ-SAR* = *bi-iṣ-ru* erwähnt. Ob man trotz *ḫabaṣillatu* an בְּצָל denken darf? Vgl. auch S^c 56 *MUD* = *bi-iṣ (z, s)-rum* und 83, 1—18, 1330 Col. II, 31 (PSBA 11, 54) *ṬU* (mit der Aussprache *tu-un*) = *bi-iṣ-rum*.

ברה III, 2 *šubarrû* Überfluss. *ša mârê Babili (am.)ṣab kidinnu* (!) *šukun šu-bar-ru-šu-nu*, IV R 40, 32a; ebenso wohl auch Craig, Rel. T. 1, 25.

biru. Ob die von Delitzsch vorgenommene Scheidung von *birûtu*, *birîtu* und *biru* richtig ist (s. Meissner, APR 121; Meissner-Rost, BS 39), ist fraglich. Jedenfalls scheint *biru* auch eine Örtlichkeit zu bezeichnen. [i]*na šiddê ša lâ idi nisûti u bi-ri lâ manûti* an unbekannten, weiten Gegenden, an unaufgezählten Regionen, ZA 4, 8, Col. I, 41.

biruti, *barûti*. So und so viel *zêru adi 4 ŠA-SUN SAG-KAK u adi bi-ra-ti*, Dar. 80, 11. *zêru zaḳpu ina (ṣarin) Kaprini u ba-ra-ti-šu ša ina Šaḫarini*, Dar. 393, 2.

ברח *biriḫu*. Die erste Sylbe *bi* ist unsicher; II R 36, 20b bietet *gab*. Hier werden in einem Paragraphen *bi(?)-ri-ḫu*, *šuršummu* und *ditto BI-SAG* (= *kurunnu*) aufgezählt. Es bedeutet jedenfalls ein Gefäss. Vgl. K. 4757, 10 (Winckler Keilschr. 2, 49).

ברך *burku* wird jedenfalls für Delitzschs *purku* zu lesen sein. Sicher ist es ein Körperteil. [*šumma amelu*] *ana* (*zinn.*) *bur-ki assati izzizma*, Bez. Cat. 911. *šumma amelu ina bur-ki assati ṣalil* ib. 1020 vgl. 1190. *lakû atta Ašur-bân-apli ša aš-ba-ku ina bur-ki* (*il*) *šarrat Ninua* klein bis du A., der du sitzest (man erwartet *ašbata*, aber auch meine Abschrift bietet so) auf dem Schosse der Koenigin von Ninive, Craig, Rel. T. 6, 7. Man wird deshalb *burku* (vgl. syr. ܒܘܪܟܐ) nicht von *birku* trennen dürfen; beide sind identisch und werden beide auch übertragen für Schooss, Schamteile gebraucht. Vgl. noch Bezold Cat. 1449 und *1 ša bur-ki* ein Gebrauchsgegenstand, Amarna Berl. 26, Col. III, 27.

ברם *barmu*(?) vielleicht grau. *1M sisê bar-mu* (?)-*tu* (?) 1000 Schimmel Bab. Chron. P Col. III, 4 (JRAS 1894, 807 ff.).

bûrinnakku (?) S. 1637, 4 *bu*(?)-*u-ri-in-nak-ku*. Vorhergeht *šagaṣu*, es folgt *aribu*.

bursitu ein Gefäss. Nbk. 457, 15 werden unter lauter Gefässen auch *6 bur-si-tum* aufgezählt. Vgl. dazu den Gefässnamen *birsidu* (II R 22, 27de; 33, 10c). Nicht hierher gehört wohl *ina bur-si-in-di*, IV R 29*, 28a, das 10b auch *ina bur-sit* geschrieben ist. Der Zusammenhang (‖ *apûtu*, *ašâtu*, *dalḫâti* etc.) fordert eine Bestimmung, welche eine Augenkrankheit enthält.

ברץ *birṣu*. *šumma ina bîti ameli ina igâri bi-ir-ṣi innamir* Bezold, Cat. 1451. Vgl. auch die folgenden Zeilen.

burṣaṣu (?) *bur-ṣa-ṣa šakin* Rm. 279, 14 (ZA 9, 408): auch K. 2148 Col. II, 2 (ib. 120) wird *bur-ṣa-ṣa* zu lesen sein.

ברק III, 2 *mu-uš-ta-ab-ri-ḳu za'iri'a* der niederblitzt meine Feinde, Nab. Phil. Col. I, 28.

ברר *barru* lauter (?). *11 šiḳlu kaspi bar-ri*, Nbd. 785, 3; vgl. BA 1, 534.

birru wird Nbd. 258, 10 unter Hausgeräten aufgezählt.

burru ein Teil des Schiffes. *1 elippu eššu* . . . . *ša burru rapšu*, Cyr. 310, 2.

birratu. 82, 9—18, 4159 Vs. Col. II, 16 wird

UD mit der Aussprache *bi-ir* durch *bi-ir-ra-tum* erklärt; vorhergeht *ṣûḫu*.

barartu. Neben *bararitu* als erste Nachtwache findet sich auch die Form *ba-ra-ar-tu;* vgl. Bez. Cat. 942 *ina ba-ra-ar-ti ḳablîti šadurri*.

bariratu. In dem Verzeichnis von Wohlgerüchen 83, 1—18, 461a wird Rs. Col. III, 5 *GIŠ-ŠIM ba-ri-ra-tù* durch *ŠU* erklärt. Vgl. auch (*šam.*) *ba-ri-ra-tù*, Bezold, Cat. 1460 und *ba-ri-ra-tum SAR* (ZA 6, 291 Col. III, 10).

bururanu. Camb. 30, 3 *ina bu-ru-ra-nu ša... nadna·*

ברש *burâšu* bedeutet nicht nur die Cypresse, sondern auch ein aus ihr bereitetes Parfüm. 83, 1—18, 461a Col. I, (das II R 45 n°. 4 ergänzt), ein Specereienverzeichnis, bietet Z. 14 *GIŠ-LI* = *bu-ra-šu*, Z. 16 *GIŠ-SIM-LI* = *bu-ra-šu*, Z. 17 f. *GIŠ-SIM-ŠE-LI* = *kir-ki-ra-nu*, *GIŠ-SIM-ŠE-LI-UD* = *kirkirân bu-ra-ši*.

beršantu ein wohlriechendes Öl. [2] (*aban*) *tapatu* (*šaman*) *be-ir-ša-an-ti*, Amarna B. 25 Col. IV, 54

בשה *bišu* Habe. *mimma bi-ši* alle Habe, VATh. 762, 4 (MAP n°. 105); *mimma bi-ša-am*, DT. 81 Rs. 7b. Das Wort scheint nur im altbabylonischen Recht vorzukommen.

bašitu dass. II R. 52, 59 f. (s. Haupt ASKT 68) folgt zwei Mal auf *bušû ba*(!)-*ši-tum*.

בשל *bašlu* geläutert. *1 biltu mana kaspi ba-aš-lu* 1 Talent geläutertes Silber, K. 1101 Rs. 4 (Harper Letters n°. 152).

bašênu ein Titel. Dar. 244, 12 wird ein (*am.*) *ba-še-e-nu* erwähnt.

בשש(?) [*šumma zirbabê*] *ina bîti amêli uptaḫḫaruma u i-bi-iš-šu bêl bîti imût* etc. wenn Heuschrecken sich in dem Hause eines Mannes versammeln und ....., wird der Hausherr sterben, Boissier Doc. ass. 5, 1.

batnu. *mulmullu uštarkiba ukînši ba-at(d, ṭ)-nu* den Wurfspiess packte er, machte ihn zu seinem ..., Weltsch. 4, 36.

בתק Inf. *batuḳu*. *ba-tu-ḳu ašliki* das abschneiden deines Taues, K. 890, 2 (BA 2, 634).

bitḳu Canal. Auf der von Peiser ZA 4, 369 publicierten Landkarte hat ein Canal die Inschrift *bit-ḳu apparu*.

butuḳtu dass. Vgl. ausser den von Delitzsch angeführten Stellen auch Masp. Rec. 16, 176 Z. 20 *mêšu ana bu-tuḳ-ti šanîtimma lâ ibâtaḳ* sein Wasser soll man nicht in einen andern Canal ableiten.

battatai wohl gleich *battubatti*. *ina ba-at-ta-ta-ai ma-ḫar* (*il*)*Šamaš usadbibšunu*, K. 112, 8 (Harper Lett. n°. 223).

ג

gêru. *muṭib gi-e-ri* (= גֵר?), K. 1349, 10 (Winckler Keilschr. 2, 1).

gêšu. K. 2034 Col. II, 14 wird *SI-MUL* durch *gi-e-šu* erklärt.

gab libbi. II R 25, 53ab wird *GAL-GAL-DI* durch *ga-ab lib-bi* und *ditto suḳ*(?) *ilu-ti*(?) erklärt. Vorher geht *tisḳaru*.

גבל *gablu* Hain(?). *ina libbi 2 imêr eḳli gab-la ša* (*iṣ*) *allân* davon 2 Chomer Feld, ein Hain mit a.-Bäumen, K. 317, 6, 16 (Peiser KB 4, 136).

gibillu Feuer. K. 4174 + 4583 Col. III, 8 finden sich die Gleichungen

gi-gi-bil | *GI-GIBIL* | *gi-maš-tin-eš-še-ku* | *gi-bil-lu ki-lu-*[*tum*].

gablaḫḫu eine Götterwaffe. II R 43, 32d wird *gab-laḫ-ḫu* als *kakku ešû ša* (*il*) *E-a*(!) erklärt.

giburu Pl. *giburânê* etwas aus Rohr gefertigtes. Nbd. 1036, 1; 1033, 6. Lab. 1, 6 *1 M ditto* (d. i. *guzullu ša ḳanê*) *Nabû-eṭir-napšâti* (*am.*) *ab bîti ana gi-bu-ra-ni-e*, ib. 9: *8 C ditto ana epêšu ša gi-bu-ra-ni-e.* Möglicher Weise ist *GI* auch als Determinativ (= *ḳanû*) aufzufassen.

גבר *gabrutu* Exemplar. *gab-ra-tum ša (il) Nin-dar-an-na,* III R 63, 33b.

gugû. 82, 9—18, 4159 Col. I, 15 wird *UD* mit der Aussprache *ut-tu-u* unter anderm durch *gu-gu-u* erklärt. Vorher geht *rigmu,* es folgt *šisîtu.*

guggubu, gungubu (für *gubgubu*) ein Teil der Ohrringe. *gu-ug-gu-bi-šu-nu (aban) uknû banû,* Amarna B. 25 Col. I, 17 ff. *6 gu-[u]n-gu-bu siparri uḫḫuzu,* ib. 26 Col. IV, 32.

gugallu bezeichnet auch eine speciell priesterliche Würde. *gugal ša (il) Šamaš,* Dar. 192, 5. *ana bâb bît (il) Bêl-iddin (am.) gu* (geschr. *tik*)*-gal-lum ipḳidi* nach dem Thor des Hauses des Priesters B. bestellte er sie, Nbk. 183, 4. *sissinni u (am.) gugallu ul eṭir* die Dattelrispen und der g.-Priester sind noch nicht bezahlt, Dar. 255, 19.

gâgamu. 81, 2—4, 327 (s. BA 3, 360) Rs. 11 wird *ga-a-ga-mu* durch *ditto* d. i. *pi-ia-a-mu* erklärt.

gigurru. II R 30, 18ab *PAL* = *šaḳû ša gi-gur-ri*(!).

gigurpânu s. II R 47, 50d.

gidu (?) ein bautechnischer Ausdruck. *dûru ultu gi-da-a-ni,* K. 609, Rs. 6 (Harper, Letters nº. 126).

gudu ein Körperteil des Scorpions. *šumma aḳrabu gu-di imnašu . . ., šumma aḳrabu gu-di šumêlišu,* Boissier Prés. 31, 15 f.

gadidu. 82, 9—18, 4159 Col. I, 21 wird *UD* mit der Aussprache *uttu* durch *ga-da-du* resp. *šu* wiedergegeben.

gadaka. In dem nicht sehr sorgfältig geschriebenen Contract Dar. 169 heisst. Z. 10: *1 ga-da-ka 2 AN inamdin;* in ähnlichen Texten steht dafür *1 dariku inamdin* einen Korb wird er zugeben. Ist *gadaka* etwa ein persisches Wort?

gadalalû. K. 7331 Rs. 1—3cd finden sich in einem Paragraphen folgende Gleichungen *KU . . . MAH* = *tu-u-zu. KU . . . LAL* = *ga-da-la-lu-u, KU-T[IG]-AŠ-AG-A* = *ga-da-ma-ḫu.*

gadamaḫu s. *gadalalû.*

gudugu. Unter den Synonymen von *daltu* findet sich II R 23, 19c auch *gu-du-gu.* Näher erklärt wird es durch *mukil bâbi.*

gidrunu (?). K. 2024 (s. Bezold Cat. s. v.) *A-RA-GAR-RA A-B[A . . . G]AL-LA* = *minu gi-id-ru-nu minnu šaru.*

gizbarru. gi-iz-bar-ri-e bêl pîni ša ḳurrunu makkuru die . . ., die Vorsteher, welche die Habe zusammenbringen (?), ZA 10, 6, 63. Zimmern vergleicht zweifelnd [illegible], was aber nicht wohl angeht, da dieses sicher ein persisches Fremdwort ist, das sich vielleicht auch im Babylonischen in der Form *ganza[bara]* erhalten hat; vgl. *Ba-ga-'-sa-ru-u (am.) gan-za-b[a-ra],* Dar. 296, 2.

גזז *gizzâti šarri* scheint zur Zeit des Darius eine Localität in der Nähe von Babylon bezeichnet zu haben *pûtu šaplîtu šadû emêdu*(?) *gi-iz-za-te-ti šarri* östliche untere Breitseite neben der koeniglichen Schafschur, Dar. 321, 8.

גזל *guzulu* ein Teil des Rohres Nbd. 753. 14 ff. *2 C gu-zu-lum ša ḳanê ana 2 šiḳlu kaspi Murânu ana titûru ša ḫarru ša Ina-ḳibi-Bêl 1 C gu-zu-lum ana 1 šiḳli kaspi ana diparu ša (il) Annunitum* 200 Rohrstauden (?) für 2 Sekel hat Murânu für eine Brücke des Kanals des Ina-ḳibi-Bel geliefert, 100 Stauden (?) für einen Sekel für Fackeln der Annunit. Lab. 1, 1 findet sich das Wort *gu-su-ul-lum ša ḳanê* geschrieben, doch verdient Strassmaiers Edition wohl den Vorzug; s. auch *kuzullu.* — Vgl. auch Camb. 302, 7 *napḫar 62 KU-KUR-RA-MEŠ . . . ana gi-zi-il. . . .*

gizillu Fackel. Sm. 922, 9 f. (s. ZA 1, 436) wird *GI-BIL-LAL* durch *gi-zil-li (kilattan)* erklärt. *GI-BI-LAL* ist sonst = *diparu.* Ob für das Zeichen *ZIL* hier ein neuer Lautwert *bil* anzunehmen ist?

guzippu ein Kleid. *batḳu ša (ṣubat) gu-zip-pi ina libbi mini niḳṣur* womit sollen wir das Loch des g.-Kleides stopfen? K. 991 Rs. 10 vgl. 3 (Harper, Letters nº. 117 = Lehmann Šams. XL); vgl. *kuzippu.*

כחל *guḫlu* bedeutet jedenfalls, wie Zimmern Gesenius Wörterb. [11] 345 behauptet, das Stibium. Gestützt wird diese Annahme besonders dadurch, dass sein Synonymum *ṣadidu* auch im Syr. als ܨܕܝܕܐ erscheint; vgl. Payne-Smith s. v. ܟܘܚܠܐ Der Übergang von *k* in *g* ist durch den Labial veranlasst; vgl. Tukulti-pal-Esarra = תגלתפלאסר, Pallukat, Παλλακόττας = ܦܠܓܬܐ, *luškunga* = *luškunka* (K. 17, Rs. 24a. Winckler Keilschr. 2, 27).

Ein anderes *guḫlu*, das irgend eine Rohrart bedeutet, liegt vielleicht vor K. 4174 + 4583 Col. III, 16

.... | | *GI* | $^{SIG}_{SIG}$ *ŠU* | *gi-si-ik-mi-na-bi* | *gu-uḫ-lu*(?).
maš-te-nu-u.

Doch ist das letzte Zeichen sehr unsicher. Vgl. noch Rm. 2, 27, 14 *GI-MAL* $^{SIG}_{SIG}$ *ŠU* = *ŠU*, II R 24, 33a; Bezold Cat. 516; K. 5418 Vs. 21b (Winckler Keilschr. 2, 70).

gaḫal. Ev. M. 15, 6 wird ein (*am.*) *ga-ḫal* erwähnt. Als Eigenname *Gaḫal*, *Gaḫul* ist der Name sehr häufig.

giḫummu eine Pflanze. K. 4174 + 4583 Col. I, 19 wird *gi*(?)-*ḫu-um-mu* neben lauter andern Pflanzen (*ararû*, *lardu*, *supalu* etc.) genannt. Die drei ersten Columnen sind weggebrochen, doch fing das Ideogramm mit *U* an. Möglich wäre auch eine Lesung (*ḳan*) *ḫummu*.

gikillu eine Pflanze. *uširibšu ḳirib gi-kil Pl.*, G. Smith, Asurb. 193. K. 165 Vs. 12 wird (*iṣ*) *gi-kil-lum* hinter *tatidu* und vor *ingirašu* erwähnt; auch K. 4052 Vs. 36 ff. wird dreimal (*šam*) *gi-kil-*[*lum*] aufgezählt; die Aequivalente sind weggebrochen. Aus Delitzsch HW s. v. *ḫasarratu* geht hervor, dass es gelbes (*arḳu*) *gikillu* gab. An eine Lesung (*ḳan*) *killu* wird wohl kaum zu denken sein.

gukkallu wird auch K. 6027, 9 (*gu-uk-kal-lu*) hinter *immeru* erwähnt. Das Ideogramm endete auf *ŠA*. Auch auf 81, 7—27, 78, 1, einem Duplicat von K. 152, ist vom Ideogramm nur *LU* (*gu-uk*...) ...erhalten.

gilu eine Art Schiff. K. 4338a Col. II, 5 *GIŠ-MA GI-LUM* = *ŠU-lum*. Möglich, doch nicht sehr währscheinlich wäre auch die Lesung *magilu*. Vgl. *giṣu* und *irgilu* und *irgiṣu*.

גלב *galâbu*. *ina eli* (*am.*) *šangu-bîti* etc. *ša šarru bêli iš'alûni ištu rêši gal-lu-bu*, K. 122 Rs. 4 (Harper, Letters n⁰. 43). *kittu ina labiri adu libbi Šar-ukin Sin-aḫê-eriba gal-lu-bu*, ib. Z. 27.

II, 2 *Sin-aḫê-eriba ug-da-lib-šu*, ib. Z. 7.

gulgullu ein Hausgerät. *ištên siparru mušaḫḫinu ša .... gul-gul-lu*, Nbk. 426, 2. *gul-gul-la-te šina ša ina libbi dulli ḳabûni nušeriba*, K. 511, 6 (Harper, Letters n⁰. 21).

גלד und גלת. *galâtu*. 83, 1—18, 1332 Col. III, 34 *MUT* = *ga-la-tu*.

I, 3. *šumma kirrê ina tarbaṣišunu ig-da-na-lu-tum tarbaṣu šuatu issap*[*iḫ*] wenn Schafe sich in ihrer Hürde aegstlich zusammendrängen, wird diese Hürde zerstört werden, Bezold Cat. 1579.

III, 1. *ṣalmê ilûtišunu... ma'diš ušarriḫu baltu u-šag-li-du ušanbiṭu kîma Šamši* die Bilder ihrer Gottheit... stellten sie gewaltig her, machten sie furchtbar (?) an Pracht, liessen sie erglänzen wie die Sonne, BA 3, 238, 38.

gilittu Schrecken. 83, 1—18, 1332 Col. III, 35 *MUT* = *gi-lit-tum*. K. 12846, 12 wird auch *gi-lit-tum* erwähnt; das Ideogramm ist weggebrochen. Vgl. Tallqvist Maqlû 5, 75, 77; 7, 128.

גלל *gillatu*. *gi-il-lat nêši epušu*, ZA 10, 62. Ein anderes *gillatu*, welches = *ḳillatu* s. ZA 11, 89.

gilušu. *63 GUR ešrû makkur* (*il*) *Šamaš ultu gi-lu-šu* (*âl*) *Naṣir*, Dar. 110, 3; vgl. Camb. 137, 1 *gi-lu-šu*. Den Name eines Fleckens scheint (*garin*) *Gilušu* Nbd. 784, 4 zu bedeuten.

גמל *gammelu*. *šumma ga-am-me-il igamelušu* wenn er barmherzig ist, wird man sich seiner erbarmen, Bezold, Cat. 1698.

Zu *gamlu*, der Schale mit dem Reinigungswasser, vgl. Zimmern Šurp. 61.

gumalu wird II R 23, 17e f. = *binu* gesetzt.

גמם *gamâmu*. 83, 1—18, 1335 Col. II, 19 *KUD* mit der Aussprache *ku-ud* (ergänzt) = *ga-ma-mu*.

גמר II, 1 vollkommen machen. *parṣi ša gu-um-mu-ru terêti*, Sams. I[s] 8. *libbî itti bît bêli'a gu-um-mu-ru* mein Herz ist dem Hause meines Herrn ergeben, K. 135, 34 (Winckler Keilschr. 2, 7).

II, 4. *adi madaktamma ug-da-da-mar-u* bis das Lager fertig ist, K. 554 Rs. 13 (Harper Letters n⁰. 100).

gimratu wird Rm. 354 Rs. 7 in einer Synonymenreihe mit *kullatu*, *ḫeru*, *abnîtu* etc. aufgezählt. Die Form ist wohl als Plural von *gimirtu* anzusehen.

gamerûtu Vollkommenheit. *šumma šaman nêši*

iddinšu ga-me-ru-ta epuš wenn er ihm Löwenfett gibt (?), wird er vollkommenes thun, Bezold, Cat. 1437.

gitmuru Vollkommenheit *ma'id ina git-mu-ru* (Var. *gitmurûma*) wer in Trefflichkeit sich hervorthut, Weltschöpf. 1, 140.

gunu Wohnsitz (? s. Meissner-Rost BS 89) *ati atta u ati gu-nu ša (mât) Akkadi ina eli abiti anniti iḳtibûnika*, K. 939a, 13 (Harper, Letters n°. 46).

גנן *gannu* ein Gefäss. *10 diḳiri siparri 10 ga-an-nu siparri*, Amarna B. 26 Col. IV, 19; vgl. 30. Redupliciert daraus *gangannu*.

גנן 82, 9—18, 4159 Col II, 12 wird *UD* mit der Aussprache *bi-ir* durch *ka-la-ṣu*, *ga-na-ṣu* etc. erklärt.

gisû. *5 šidâti ina eli 2 gi-si-e-ša*.... Craig, Rel. T. 78, 24; ib. 27 *gi-si-a-ni mê*.... Vgl. *ana ga-si-e* II R 60, 10a.

gisarû. *ina eli gi-sa-ru-u ša šarru bêli išpuranni*, K. 555, 7 (Harper, Letters n°. 76). *gi-sa-ru-u damiḳ*, ib. Rev. 4. Möglich ist auch die Lesung (*ḳun*) *sarû*.

גפל *gapilu* wird S. 18, 6 in einem Paragraphen hinter [*ra*]-*bu-u*, [*ba*?]'-*a-lum*, *ma-'-a-du* erwähnt. Vom Ideogramm ist nur noch ...*GU* zu sehen.

gaṣu ein hölzerner Gegenstand, der zur Frauentoilette zu gehören scheint. *lildinki mašmašu âšipu* (*il*) *Marduk* (*iṣ*) *ga-ṣu* (*iṣ*) *dudittu* es gebe dir der Priester, der Beschwörer Marduks, das..., den Brustschmuck, IV R 56, 50b. Vgl. auch Tel-Amarn. Berl. 28 Col. IV, 9: *19* (*iṣ*) *ga-ṣu ša šin-piri pa-aš-lu* und ib. n°. 26 Col. II, 61: *10 ga-ṣu MES rabûti ša abni*.

giṣu eine Art Schiff. K. 4338a, Col. II, 6 *GIŠ-MA-GI-ṢU* = *ṢU-ṣu*; vgl. *gilu*. — *giṣu* K. 883, 15 (BA 2, 633) gehört zu *giṣṣu*.

גרב. 83, 1—18, 1330 Col. I, 1 wird *KAN* mit der Aussprache *ga-na* durch *ga-ra-bu* erklärt. II R 44, 17cd add. ist vom Ideogramm noch ...*GAR-RA* erhalten, und K. 4166 Vs. 8 ist es ganz weggebrochen; vorhergehen hier *mâdu*, *parâsu*.

gurummaru ein hölzerner Gegenstand. In K. 8240, 3, einem Holzverzeichnis, wird *gu-ru-um*(?)-*ma-ru* vor *zaḳipu* aufgeführt. Vom Ideogramm ist nur noch ...*KUR-RA* zu sehen.

garunu. 80, 11—12, 19 (JRAS 1894, 811) wird das Zeichen *NIGIN* mit hereingesetztem *AZAG* bei der Aussprache *ga-ru* durch *ga-*[*ru-nu*] und bei der Aussprache *da-ag-rin* durch *te-*[*ag-ri-e-nu*] erklärt. In den neubabylonischen Contracten fungiert das Ideogramm als Determinativ vor kleinen Ortschaften und Dörfern; vgl. Dar. 194, 21, 280, 8; 371, 1. Vgl. auch K. 8506 (Bezold, Cat. 932) (*il garin*) *Sarbanu*.

gursipu ein Gegenstand aus Kupfer, der mit Pferden in Verbindung steht. *2 gur-si-ip su siparri* ....*sis*, Amarna B 26 Col. III, 41; vgl. *gurpisu*.

garru ein Gegenstand aus Rohr. Rm. 2. 27, 16, einem *GI*-Verzeichnis, von wird *GI-MAL-NU-GID-DA* durch *gar-ru* erklärt; vorhergeht *GI-MAL-GID-DA* = *šud*(? *nad*, *mad*)-*du*; vgl. auch K. 4574 Rs. 18, 22 Zus. zu II R. 22 n°. 1.

gurru ein Teil des Rohres. In Sp. III, 6, 26 (PSBA 1894 vom 4. Dec.), einem Verzeichnis von Rohrarten und Gegenständen, wird *gu-ur-ru* hinter *išdi ḳanî*, *libbi ḳanî*, *artu ḳanî*, *kulultu ḳanî* und *dupi ḳanî* erwähnt. Die Ideogramme sind [*GI*]-*GIL*(?) und [*GI*...]*UR*.

גרש. 83, 1—18, 1335 Col. II, 18 wird *KUD* mit der Aussprache *ku-ud* durch *gu-ru-šu* erklärt.

giršanu eine Pflanze. K. 8667, 7 wird *gi-ir-ša-n*[*u*] in einem Paragraphen mit andern Zwiebelgewächsen aufgezählt. Vom Ideogramm ist nur noch ....*SAR* erhalten.

gišû. In 82, 9—18, 4156 + 4157, einem zur Serie *ID-A* = *miḳu* gehörigen Text, wird [*HAR*] durch *gi-šu-u* erklärt; vorhergehen *ḫubullû* und *ḫubuttatu*, es folgt *dišû*.

gušâti Geschenke (?). Nebenform für *ḳišâti* zur Erklärung des Gottesnamens *Gušea*. (*il*) *Gušea ḳišat gu-ša-a-ti* die Göttin Gušea, die Geschenke schenkt, BA 3, 274.

גשר *gašâru*. I, 1 ist bis jetzt noch nicht nachgewiesen (gegen Delitzsch).

II, 1. *ša* (*il*) *Bêl gugal šamê nirbušu rabû gu-uš-šur ma'diš eli*.... gross ist der Ruhm Bels, des Fürsten des Himmels, gar sehr gewaltig über.... Craig. Rel. Texts 30, 24.

gušûru. (*iṣ*) *gušurê ša libbika aḫaridi kî ummika*, IV R 61, 19b.

giššu wohl der Name eines Thores in Babylon. *igâri ša bîti ša in pân abulli gi-iš-ši* die Mauern des Hauses vor dem g.-Thore, Dar. 129, 1; vgl. ib. 423, 2.

gištelû (*gi-iš-te-lu-u*) wird S. 2052 Rs. 31 neben *šiklu* und *tetlu* als Synonym von *e-rum* (?)... aufgeführt. Es bedeutet vielleicht klug; s. BA 3, 280.

gutaku ein Beamter. *lû gu-ta-ku ša bît Ada* sei es ein gutaku-Beamter des Hauses Adas, III R 43, Col. III, 12.

ד

dû. 83, 1—18, 1330 Col. III. 11 *TAH* mit der Aussprache *du* = *du-u ša ili*; vgl. K. 1250, 8 (Winckler Keilschr. 2, 59).

דאב. *da-i-bu garîšu* der seine Feinde vernichtet, PSBA 18, 158.

דאד *dûdu* Kessel. K. 4297 (s. Bezold, Cat. 615) werden als broncene Gegenstände *du-u-di*, *ṭaphâni*, *aganâti* und *maziâni* aufgezählt. Amarna B 26 Col. IV. 18 wird *1 du-u-du siparri* neben *1 šamê*, *diḳâri*, *ganni* etc. genannt. Daraus erhellt, dass *dûdu* = דוד. Vgl. noch Cyr. 203, 6 *ki ûm 7 KAN du*(!)-*u-du siparri lâ iddanna* ½ *mana kaspi Ina-ṣil-Nabu pitḳudu* (?) *du-u-du ana Nabu* (?)-*aḫê-iddin inamdin* wenn er am 7ten den kupfernen Kessel nicht abgiebt, muss I. ½ Mine Silber als Pfand (?) für den Kessel an N. zahlen.

דאך Inf. *duâku* (wie *tuâru* für *târu*). *anâku ša du-a-ki halkaku* ich bin dem Tode entronnen, K. 505 Rs. 3 (Harper, Letters n°. 166). *ša du-a-ki anâku lâ ša bulluṭi anâku* ich bin zu töten, nicht am Leben zu lassen, K. 1201, 4 (Winckler Keilschr. 2, 42).

I, 2 (*am.*) *Barsappai ša sîḫi epušunuma aḫameš id-du-ku* die Borsippäer, die einen Aufstand angezettelt hatten, töteten sich gegenseitig, Bezold, Cat. 1579.

דאל *daialu* ein Beamter. K. 80, 15 (S. A. Smith in PSBA 1887 Nov.) *ṭêmu ana* (*am.*) *da-ai-li ša ultu Ninua issi'a uṣanni u ana* (*am.*) *da-ai-li ša* (*âl*) *Kalḫa asakanšunu*. K. 1907 Rs. 3 (Harper, Letters n°. 148) (*am.*) *da-ai-li-ka*. — Unsicher ist die Bedeutung IV R. 38 Col. II, 30 *âlik da-i-li šuati* = als Zeugen hierbei fungierten.

דאן I, 2. *šasû u lâ apâlu id-da-ṣa-an-ni* mit reden und nicht antworten hat er mich ungerecht behandelt, King Magic n°. 11, 4.

דאק *dâḳu* zerschmettern (?). Rm. 2, 24 folgt auf *rasâpu da-a-ḳu* und dreimaliges Dittozeichen. Von den Ideogrammen sind nur bei den letzten beiden Zeilen die letzten Zeichen *GI* und *GA* zu sehen. *kapsi âli i-du-ḳi iamûtu ina bît âr-ri-e-šu*, K. 614 Rs. 4 (Harper, Letters n°. 175); vgl. K. 494 Rs. 5 (Harper Letters n°. 19).

di'tu. Im Rm. 2, 25, 14, der 5ten Tafel der Nabnituserie, findet sich *di-'-tum*. Das Ideogramm ist weggebrochen: es folgen *da-a-tum*, *a-ba-'-u*.

dûtu. Unsicher ist die Bedeutung noch in folgenden Stellen *mâmît du-u-tum ali bîti*, Zimmern Surp. S. 39. *šumma ina kišadišu maḫiṣma u du-us-su eṭrit*, Bezold, Cat. 1449: vgl. ib. 1486 *du-us-su eṭir*.

דבב *dubbu* Wort. *itti Basi du-ub-bu addubub* mit Basi habe ich ein Wort geredet, K. 174, 7 (S. A. Smith in den PSBA Jan. 1888).

bêl dabâbi Feind scheint auch K. 467, 5 (Harper, Letters n°. 137) vorzuliegen *bêl-PAP-ka ana ḳâtika limnû* deinen Feind mögen sie der untertänig machen; vgl. K. 17, 25 (Winckler Keilschr. 2, 26).

dubû ein Gegenstand aus Bronce. K. 8676 Col. IV, 13 wird *du-bu-u* unter andern Gegenständen aus Bronce genannt. Vom Ideogramm ist nur noch... *TUR* erhalten. Eventuell *kubbû* zu lesen.

דבש. K. 4143, Col. III, 8 ist vielleicht *SI* = *da-ba-šu* (?) gesetzt. So Strassmaier AV 3935, doch ist das *šu* nicht sehr wahrscheinlich; vgl. 83, 1—18, 1331 Col. III, 4. Eventuell ist hierher auch die Form *da-ab-ša-ku* zu ziehen, s. Delitzsch s. v. ספס.

דגל I, 2, 1 ansehen. *akî bêl damešu id-da-gal-an-ni* wie einen Blutsverwandten (?) sieht er mich an, K. 662 Rs. 4 (Harper, Letters n°. 211). 2) angehören wie I, 1 mit *pân*. Nbd. 380, 12; 697, 18 etc.

II, 3. *šumma (iṣ) kaštu id-da-na-gal*, Boissier Doc. 27, 14.

digalu, diglu Panier (?). *ana libbi agû (il) Anim di-ga-la illaku u ana libbi AS-ME-MES di-ga-li-ka illaku* der Krone Anus werden sie als Panier folgen und den Standarten (?) als deinen Panieren werden sie folgen, K. 646, 16 ff. (S. A. Smith Asurb. III, 39). *pân di-gi-li-ia unni'u*, Bezold, Cat. 662. *(aban) di-gil niš-rum* Adlerpanier ist ein Steinname Nbd. 321, 4.

דדן *dadinu* eine Dornart. K. 267 Col. III 18 (Delitzsch AW 26) *(šam) GIS-U-GIR* .... = *(šam) da-du-nu*.

dudittu. Etwas näher lernt mann den *d.* genannten Brustschmuck durch die Amarnabriefe kennen, wo sich das Wort als *dudiniti* (geschr. *du-ti-ni-du*) und *dudinitu* findet. Es scheint paarweis getragen zu werden (*ŠU*; Amarna B, 25 Col. I, 22; Col. III, 56, 64), wird aus Silber, Gold und Elfenbein (ib. n°. 28, Col. IV, 10) gefertigt und hat einen *tamlû* und einen *rêšu*, die aus Edelsteinen bestehen.

dudduru. *ša du-ud-du-ri ḳablû (aban) ḫulâlu KUR ḫurâṣu uḫḫuzu*, Amarna B. 25, Col. I, 43 ff.

דכא *dikû* ein Beamter. *3 PI (am.) di-ki Pl.*, Camb. 149, 5; vgl. Nbd. 184, 3; Nbk. 120, 9; Dar. 288, 18. Vielleicht ist auch der Nbk. 164, 12 vorkommende *(am.) ZI-ZI* als *(am.) dikû* zu lesen.

dikudgallu Oberrichter. 82, 7—14, 864 Col. I, 20 (ZA 7, 27)

DI-KUD = *da-ai-nu*

DI-KUD-GAL = *ŠU* (d. i. *dikudgal*)-*lum*.

ana dîni ša (il) Šamaš (il) Ramman (il) Marduk di-kud-gal ilâni bêlê'a aktamis vor dem Gerichte des Samas, Ramman und Marduk, des Oberrichters der Götter, meiner Herren, beugte ich mich, Asarh. Schw. St. Col. III, 17. *(il) Šamaš di-kud-gal ilâni*, K. 2801 Vs. 6 (BA 3, 228).

dukumu. Rm. 2, 24, 9 *du-ku-mu*. Das Ideogramm ist weggebrochen. Vorhergeht *duru*, es folgt *sukumu*.

דלב I, 2 bedrängen. *ḳabê u la šemê id-dal-la-an-ni* mit reden und nicht darauf antworten hat er mich in Not versetzt, King Magic n°. 11, 3.

דלח II, 1 ein Ausdruck für gewisse Holzarbeiten. *2 (iṣ) um-ni-nu ša (iṣ) uš ša bi-ri du-ul-l ...-ḳu* (?), Amarna B. 28, Col. III, 75, 76, Col. IV, 1.

דם *bêl dami* Verwandter (?). *akî bêl dame ul agalanni* wie einen Verwandten sieht er mich an K. 662, 18 (Harper, Letters n°. 211).

dimgur ein Teil des Bettgestelles (?). *itinat (iṣ) erša ša (iṣ) mesukkannu ša di-im-gu-ur u (iṣ) tittu Lablut ana (il) Marduk-naṣir-apli inamdin* ein Bettgestell aus Palmenholz, d. und Feigenholz wird L. dem M. geben. Dar. 189, 15.

דמם I, 1. auch vom Blöcken der Kälber gebraucht. *šumma kirrê ina tarbaṣišunu i-da-mu-mu tarbaṣu šuatu issapiḫ* wenn Schafe in ihrem Hofe blöcken, wird der Stall eingerissen werden, Bezold, Cat. 1579.

I, 3 *šumma id-da-nam-mu-um* wenn er seufzt (?), Bezold Cat. 1698.

דמק *damḳu* ein Titel. Dar. 379, 31 *mâr (am.) dam-ḳa*; vgl. Dar. 351, 8. Auch *rab damḳa* kommt vor.

dimurû (?) ein Gegenstand zur Anfertigung von Kleidern. *1 mana di-mu-ru(?)-u 1 mana (aban) gablû ana ṣipi ša TUK-BAR-SI(?) ša (il) Šamaš u (il) Bunene ana Gimillu nadin* 1 Mine d. und 1 Mine g.-Steine sind für ein Wollenkleid (?) des Samas und Bunene an Gimillu geliefert, Camb. 156, 1.

dimmušatu ein Pflanze. In dem vierspaltigen Vocabular K. 4174 + 4583, welches in seiner ersten Columne nur Pflanzennamen enthält, sind Z. 29 ff. folgende Gleichungen

DI-MU-UŠ | *U GIŠ* ... | ... *gi-bag-ga-ku ku-ša-ru, ṣi-il-lu, dim-mu-ša-tum*, ... *ma-su, ša-pu*..., *ḫi*..., *šum*.....

damatu eine Specerei. In dem Pflanzen- und Specereienverzeichnis K. 4152 Rs. 27 finden sich die Gleichungen

riḳ ḫuruṣi = *da-ma-[tum]*

da-ma-tum = *ḫur-ḫu-um-[mu]*

Ähnlich S. 550, 7 f.

דנן *dannu* ist auch ein Amtsname; s. Cyr. 287, 29 (*am.*) *dan-na* (*am.*) *ḫummânu*. Ob auch Nbd. 578, 12 (*am.*) *dann-e-a* hierher gehört, ist unsicher.

dinânu das Ich, die Person. *arni di-na-ni lizbil* meine eigne Sünde möge er wegnehmen, Tallqvist Maql. 7, 134; im nächsen V. steht ‖ *arni'a*. *Arduka Ina-eši-e[ṭ[ir....]* *ana di-na-nu šarri mâtâti*, Bezold, Cat. 1401. *ana di-na-an bêli'a lullik* vor die Majestät meines Herrn will ich kommen, Amarna B. 188 Rs. 14. S. auch K. 168, 10 (Winckler Keilschr. 2, 28); K. 4287, 1 (ib. 34). K. 1238, 2 (ib. 39); K. 4682, 1. (ib. 40); K. 844, 2 (ib. 48); K. 894, 2 (ib. 62). Der Titel (?) *ša pân di-na-ni* K. 319, 11 (Peiser KB 4, 136) ist wohl anders aufzufassen.

דפף *dapapu*. 83, 1—18, 1331 Col. III, 4 *da-pa-pu;* es folgt *damâḳu*. Ideogramm weggebrochen.

dippânu ein Wohlgeruch. Rm. 367 + 83, 1—18, 461a Rs. 19cd *GIŠ-LAM-HAL* = *dip-pa-nu*.

dupsar. Der Oberschreiber heisst (*am.*) *rab dup-sar* Bezold Cat. 1734. Ein noch höherer Beamter war dar (*am.*) *dup-sar ša mâti*, Grenzst. 101 Col. I, 19 (BA 2, 165 ff.).

duprânu bedeutet auch eine aus juniperus bereitete Specerei. Rm. 367 + 83, 1—18, 461a Col. II, 19 (= K. 4346) wird *SIŠ-ŠIM-DUP-RA-AN* durch *dup-ra-a-nu* erklärt. Ähnlich *burâšu* q. v.

דקה niederwerfen, vernichten. So ist der von Delitzsch unter דכה aufgeführte Stamm anzusetzen. (*il*) *Ninkigal rubat ṣirtim âšibat Eurugal ša ṣa'eri'a lâ râ'imi'a i-di-iḳ-ḳu-u* Ninkigal, die hohe, erhabene, welche in Eurugal wohnt, und meine Gegner, die mich nicht lieben, vernichtet, PSBA 11, 198. *zunnê ma'da adanniš italak ebûrê di-e-ḳi* es hat sehr stark geregnet und die Erndten sind vernichtet, K. 504 Rs. 10 (Harper Letters nº. 157).

diru ein Art Specerei. Unter andern Wohlgerüchen wird Rm. 367 + 83, 1—18, 461a Col. II, 25 *SIŠ-ŠIM-KIL* = *di-ru* erwähnt. K. 4152 + 4183 Rs. 29 wird *di-ru* = *in-zu* .... gesetzt. — Ein anderes *diru* s. unter *darâru*.

דרה (?) *dirû*. *akukûtum ša ḳabia ḳablat šamê u irṣiti di-rat* ein Sturmwind (?), der einen Kampf kämpft, und Himmel und Erde aufregt (?), Craig Texts 15, 8.

durû. Rm. 2, 24, 7 *du-ru-u;* das Ideogramm fehlt; vgl. auch II R 23, 17d.

durinu (?) .. .(*mât*) *Elipu du-ri-ni ibbani*, Sarg Ann. 200.

דרר *darâru*. *ina eli da-ra-ri ša arḫi ša šarru išpuranni šattu di-ri ši*, K. 185 Rs. 10 (Harper Letters nº. 74). *ina libbi nimmar inmate ni-da-ra-ru-ni* ib. 20.

daratu. K. 2061 Col. II, 17 (ASKT 202 f.) wird *GIL-SA-A* durch *šukuttu* und *da-ra-a-tum* erklärt.

דשא. 82, 9—18, 4156 + 4157 Col. II, 17 [*HAR*] = *di-šu-u*.

II, 1 *mu-diš-šu-u balâṭi* der das Leben üppig macht, IV R 21*, 5a.

IV, 1 *mâtsu lid* (Var. *li*)-*diš-ša-a* sein Land gedeihe üppig, K. 8522 Rs. 27 (letzte Weltsch.).

dušû ein Gegenstand aus Leder. *Kîma ṣal[lâni] u* (*mašak*) *du-še-e iṭṭiri* K. wird die ṣ. und d. abgeben, Nrgl. 55, 13, vgl. Z. 7, 9.

dušmû Fem. *dušmîtu* Diener. K. 8665, 17c werden hinter einander aufgezählt *abd*[*u*], *rêš*[*u*], *du-uš-mu-u*, *du-uš-mi-tu*, *aštapiru*. (*am.*) *nisakki* (*am.*) *TU-bîti* (*il*) *Nabû* (*am.*) *šakû Barsip du-uš-mu-u pâliḫ ilûtišu rabîti* der Fürst, Oberpriester des Nebo, Bürgermeister von Borsippa, der Diener, der seine grosse Gottheit fürchtet, Rm. 3, 105 Col. I, 10b (JRAS 1892, 350 ff.).

dišarrudišu eine Pflanze. Eventuell zwei Worte. 79, 7—8, 188, 4 wird hinter *ḫasarrat* und *elmeštu di-šar-ru-di-šu* erwähnt. Vom links stehenden Aequivalent ist nur noch .... *ka-ru-ru* erhalten, das vielleicht nach K. 4174 + 4583 Col. I, 17 zu *e* (??)-*mi-ik-ka-ru-ru* zu ergänzen ist.

dâta Gesetz. Persisches Lehnwert wie דת. *akî da-a-ta ša šarri ušallam* nach dem Gesetz des Koenigs soll er ihn zurückerstatten, Dar. 53, 15; auch KB 4, 316, 9.

דתן *datunu*. II R. 48 Col. II, 15 *DA-AT-UŠ* = *da-tu-nu;* vgl. auch den Stadtnamen *Datuna* II R 50, 65ab.

dattu. *takpirtu da-at-tu uṣaṣbit*, K. 80, 9 (PSBA 1887 Nov.).

duttu. *elat 2 du-ut-tum* ... *ša ina muḫḫišu* dazu kommen noch 2 d..., welche er schuldig ist, Dar. 391, 9.

ז

zû. K. 55 Vs. 19 wird [*DUK*]-*KA-BUR durch zi-e pa-ḫa-ri* d. i. wohl Thon des Töpfers erklärt. Eins damit wird jedenfalls *zû šimîtu* = *tabâštânu* sein; vgl. *ṭiṭu.* S. auch *ṣurar zi-e* Delitzsch HW s. v. *ṣuraru.* Vielleicht ist auch *zû* = Thontafel ebenfalls hierher zu ziehen, wenigstens scheint II R. 62, 49 doch eine Gleichung *GIŠ-ZU* = *zû* zu beweisen. Zu *GIŠ-ZU* vgl. noch K. 1396, 14 (Harper Letters nº. 185) *ina GIŠ-ZU-ka šuṭur* schreib es auf deine Tafel. *itti GIŠ-ZU-MEŠ* [*ši*]*pir meriḫtu ulziz ina maḫrišun* samt den Tafeln, dem frechen Briefe, legte ich es vor sie, III R. 37, 8a. *ki pi GIŠ-ZU* (d. i. *zi* oder *lê'i*) *Akkadi*, Bezold Cat. 911; vgl. ib. 904, 995.

זאב *zi'bu* ein Vogel. *širê nukkusûti ušâkil kalbê šaḫê zi-i-bi* (*iṣṣur*) *našri iṣṣurê šamê nûnê apsi* ihre abgeschnittenen Gliedmassen liess ich die Hunde, Schweine, Geier, Adler, die Vögel des Himmels und Fische des Oceans fressen, G. Smith Asurb. 166, 10.

זאב *za'ibu* fliessend. 83, 1—18, 1330 Col. II, 16 wird *MAŠ-TIK-KAR* mit der Aussprache *i-di-ig-na* durch *za-i-bu* erklärt. Auch K. 4256 Rs. 13 wird *za-i-bu* mit *mi-ṭir-tu* und (*nâr*) *HAL-HAL-LA* in einem Paragraphen genannt. Das Ideogramm war vielleicht auch *MAŠ-TIK-KAR*; von dem letzten Zeichen sind noch Spuren erhalten.

זאן I, 1. *abnê nisikti za-'-na-at* mit Edelsteinen verziert, Craig Rel. T. 76, 14. *za-in baltu naši šalummatu* geschmückt mit Pracht, tragend Schrekkensglanz, BA 3, 236, 34.

II, 1. 83, 1—18, 1332 Col. II, 34 wird *MUL* mit der Aussprache *mu-lu* unter vielen andern auch durch *zu-'-u-nu* erklärt.

זאק I, 2 aufgeregt sein. *ana Babili allikamma ul âmurki mâdiš az-zi-iḳ* ich bin nach Babel gekommen, ohne dich zu treffen, und bin infolgedessen sehr aufgeregt, Masperos Recueil 16, 189 nº. 2 Z. 12.

ziḳtu eine Waffe. (*iṣ*) *ziḳâti* (vgl. זִיקוֹת) *ša ištu libbi kinûni ušanmaru mulmullê ša (iṣ) išpat Bêl ša ina šaki'šunu malû puluḫtu* die z., welche vom Feuerbecken her ihren Glanz erstrahlen lassen, die Pfeile aus dem Köcher Bels, welche bei ihrem Schusse angefüllt mit Furcht sind, BA 2, 434.

zu'atu eine wohlriechende Substanz. [2](*aban*) *ta-pa-tum šamni zu-'-a-ti*, Amarna B. nº. 25 Col. IV, 53, 55; vgl. 26 Col. III, 32.

zûtu. zu-u-tu ina libbi likruru, K. 494, 11 (Harper Letters nº. 19).

zabbu. 83, 1—18, 1332 Col. II, 26 *MUL* mit der Aussprache *mu-lu* = *za-ab-bu.*

zibânitu. K. 8431, 3 f. folgt auf *ZAG* = *a-ḫu* 2 mal *ditto ša zi-ba-ni-ti*; die Ideogramme sind weggebrochen.

ziga. lû ana zi-ga ušêṣû oder es als .... herausgeben lässt, Michauxstein Col. II, 11.

zaggu ein kupferner Gegenstand. *30 za-ag-gi siparri*, Amarna Berl. nº. 26 Col. IV, 23.

zagdurû ein Gefäss. Nbk. 457, 13. *2* (*diḳar*) *zag-du-ru-u.*

zuḫḫu. 83, 1—18, 1330 Col. I, 23 *ZUR* mit der Aussprache *zu-ur* = *zu-uh-ḫu.* Es bedeutet nach ZA 4, 274 etwa beten. Vielleicht ist der Stamm צאח.

זכה *zakkû* als Amtsname findet sich auch K. 584, 6 (Harper Letters nº. 143) *6* (*am.*) *zak-ku-u ša naṣanini annušim....*

zukû. 83, 1—18, 1330 Col. IV, 15 *TE* mit der Aussprache *te-e* = *zu-ku-u.*

זכר *zikrûtu* Mannbarkeit. *zik-ru-su sinnišaniš lišeliksu* seine Mannbarkeit möge sie wie ein Weib machen, Asarh. Berl. Rs. 57. Danach wird auch K. 2619 Col. II, 10 (BA 2, 428) zu ergänzen sein *ša ana šupluḫ niši* (*il*) *Ištar zik-ru-su-nu utêru ana* [*sinnišûti*] welche sich selbst entmannt haben. S. Lehmann Sams. L.⁴ Col. I, 12.

zulumḫû. Die Nebenform *sulumḫû*, welche Delitzsch

HW 256 bietet, ist zu streichen, da K. 13676, 2, ein Duplicat von K. 152, deutlich *zu-lum-ḫu-u* hat.

זלף *zalpu*. (*il*) *Gibil mu'abbit aklê u zalpi Pl.* der Feuergott, der vernichtet die listigen und Übelthäter, Tallqvist Maqlû 2, 129; vgl. K. 3183, 11 (ZA 4, 250) *zal-pa ziliptu* (?). *ina sûḳi zi-lip-[tum] iṣaiad aplu* auf der Strasse jagt der Sohn nach Übelthat(?), ZA 10, 10, 227. Wenn sich diese Ergänzung bewähren sollte, wäre der Stamm sicher mit ז, nicht mit צ anzusetzen.

zalluritu. K. 4197 Vs. 1 (s. Delitzsch HW 173) wird .... *GA* durch *zal-lu-ri-tù* erklärt.

zammûtu (od. *ṣammûtu*). (*il*) *Ṣarpanitum ina taš-ši bît za-am-mu-ti limuttašu littaškar* Sarpanitu möge in dem .... des .... Hauses sein Unglück aussprechen, Craig Rel. T. 77, 28.

זמר *zamâru* singen. Bez. Cat. 921 (*am.*) *LUB pitû iklitu i-za-mur* oder (*am.*) *LUB mušnamir i-za-mur* der Sänger soll den Psalm: Der Eröffner der Finsternis oder: der Erheller singen. *Ḳisai* (*am.*) *LUB itti mârâtišu ina panišunu i-za-mu-ru* Kisai. der Sänger, mit seinen Sängerinnen soll vor ihnen singen, ib. 1758.

II, 1. *luštammar ilûtka ema u-za-am-ma-ru* ich will deine Gottheit hoch halten, indem ich singe, IV R 21*, 9a.

zimru Gesang. *zi-im-ru-ša duššupu rabû tiḳnu*, ZA 10, 293, 35, 37.

zumšu. Das kleine Fragment K. 13608 führt in einem Paragraphen auf *bi-e-šum*, *nu-us-su-ru* und *zu-um-šum*.

זנא *zinûtu* Feindschaft. In dem Calender V R. 48 Col. IV, 29 ist für den 24. Tammuz *zi-nu-tu aḫḫê* Feindschaft unter den Brüdern bemerkt. BA 3, 224, 6 *eziz libbušu zi-nu-tù irši* sein Herz ward zornig und von Feindseligkeit ergriffen.

zinbuḫa ... ein Gegenstand aus Leder. K. 4602, 6 (s. Delitzsch AW 233) wird unter lauter Ledergegenständen *SU-GAR-TAG-UR-LAL* durch *zi-in-bu-ḫa* .... erklärt. Vorhergeht *marinu*, es folgen *išpatu*, *naḫbatu*, *tukkânu* etc.

zingu ein Körperteil. Bezold Cat. 802 fangen Omina, nachdem allerlei Sehnen aufgezählt sind, auch mit *šumma zi-in-gi imittišu* und *šumma zi-in-gi šumêlišu* an.

zanzirat ein Vogel. ZA 6, 244, 47 wird *iṣṣur kirî* durch *za-an-zi-rat* erklärt.

zanummu(?) ein hölzerner Gegenstand. K. 4338a Col. IV, 21 f.

GIŠ-TE-UNU-ZA-NU-UM = *ŠU* (d. i. wohl *zanummu*)
GIŠ-TE-UNU-ZA-NU-UM = *za-n[u-um-m]u*.

זנן *zanânu* Prs. auch *izunun*. *abnê ak-kul-lu ina muḫ-ḫišunu a-zu-nu-un* Steine des Verderbens(?) will ich auf sie regnen, K. 2401 Col. II, 21 (BA 2, 628).

II, 1 *šumma ina ûm bubbuli zunnu u-za-nun ebûru illâma maḫiru kaian* wenn es am Totentag(?) regnet, wird die Ernte gedeihen und der Marktpreis gut sein, Bezold Cat. 1472. Vielleicht ist diese Form indes nur aus *izanun* verschrieben.

זקן *aki* (*il*) *Ašur ziḳni zaḳ-nat namriri ḫalpat* wie Assur mit einem Barte versehen und mit Schrekkensglanz bekleidet, Craig Rel. T. 7, 6.

ziḳnu. Dass *KA* mit hereingesetztem *SA* schon allein Bart bedeute, zeigt III R. 52, 28a *šumma iṣṣur šamê aḫû ša ki amêlûti ziḳnâ zaḳ-na-at* wenn ein fremder(?) Vogel, der wie die Menschen einen Bart hat.

זקף (*mât*) *Mannai ina libbi âlâni ša* (*mât*) *Urarṭai i-na-gi-e* (= *ina nagê* vgl. auf derselben Seite *i-pa-ni-šu* = *ina panišu*) *ša šiddi tiamat i-zu-ḳu-pu* die Mannäer halten sich in den Städten von Urartu in einem Bezirk an der Seite des Meeres auf, Bezold. Cat. 1756. Ist die Form vielleicht als I, 2 zu fassen? ... *te limnu zi-iḳ-pa* ... *id lim-ni maḫṣa*, Bezold Cat. 1045. Ob diese Form hierher zu ziehen sei, ist fraglich; nach Form und Bedeutung scheint sie vielmehr aus *sikpû* (סכף) verschrieben zu sein.

II, 3. *šârat eli'a uz-za-na-ḳa-pu pûti'a i-ḫi-su-u ênâia uz-za-na-ḳup* das Haar auf meinem Kopfe machen sie zu Berge stehen, meine Seite..., meine Augen machen sie starr, King Magic nº. 53, 10 f.

zaḳipu. K. 8240, 4ab wird ein Ideogramm für *zaḳipu* angegeben, das jedenfalls [*GIŠ*]-*SAG-DAN* zu ergänzen ist.

zikpu Pfahl ?), Stange(?) oder ein andrer Gebrauchsgegenstand. Bezold Cat. 1037 werden unter Vögeln und Gefässen etc. auch *14 zi-iḳ-pi* erwähnt.

זקק *zaḳîḳu*. Für *zaḳiḳu* = Wind oder ähnliches (Delitzsch) gegen Jensens Trümmersand spricht auch Craig Rel. T. 6, 23. Hier übermittelt dem Asurbanipal, welcher Nebo seine Sünden beichtet, ein *zaḳîḳu* die Antwort des Gottes *etapla za-ḳi-ḳu ištu maḫar (il) Nabû bêlišu li tapsilaḫ Ašur-bân-apli napšiti arkâti addanakka šâri ṭibi itti napšâtika upaḳid pî'u amme'u ša ṭibi iktanarabka ina puḫur ilâni rabûti* es antwortete ein Wind, der vom Gotte Nebo, seinem Herrn, gesandt war: Fürchte dich nicht, Asurbanipal; langes Leben werde ich dir geben, guten Wind (d. h. Gnade) werde ich über deinem Leben wachen lassen und mit allem möglichen guten dich segnen in der Versammlung der Götter.

זקר 83, 1—18, 1331 Col. I, 8 *MU* mit der Aussprache *mu-u* = *za-ḳa-rum*.

זקת II, 1. *lišanšu u-zaḳ-ḳat-su* seine Zunge sticht ihn, King Magic n°. 12, 121.

ziḳtu. 1) Graete des Fisches oder Name eines solchen. 83, 1—18, 1335 Col. III, 22 *TAR* mit der Aussprache *ta-ar* = *zi-iḳ-tum nûni*. 2) *ziḳtu ša ḳanê ṭâbi saplu šamni ṭâbi* Stücken(?) wohlriechenden Rohres, eine Schale von wohlriechendem Öle, K. 164, 3 (BA 2, 635). An *ziḳâti* ist doch nicht zu denken?

זרמא *zérmântu*, *zérmandu* Gewimmel (eig. viel Same). VATh. 244 Col. III, 25 (ZA 9, 159 ff.) wird *A-ZA-LU-LU* neben *amelûtu*, *nammaštu*, *tênišêtu* auch durch *zer-ma-an-tum* erklärt. [(*il*)] *Nikilite*(?) *bêl nammašti murussu danna zer-man-di ḳakḳari* [*lišambir*(?)] N., der Herr des Gewimmels, übergebe(?) seine schwere Krankheit dem Würmern des Bodens, Zimmern Šurp. 7, 7. Vgl. ZA 9, 154. Auch 82, 9-18, 4156 + 4157 Rs. 20 folgen auf *kalmatum*, *zer-man-du* und *ma'dûtum*. Als Ideogramm ist [*UH*] zu ergänzen.

זרב II, 2 bedrückt werden. *nîša mâmît pagaršu uz-zar-ri-ib* (*TAB-TAB-E-NI*) durch Eid und Eidschwur wurde sein Leib bedrückt, Zimmern Šurp. 7, 28.

zirbu (*zi-ir-bu*) kommt auch K. 4159, 6 zwischen *a-mu-tu* und *a-di* vor.

zarbabu (*zar-ba-bu*) auch Rm. 354 Vs. 6; es folgt *zi-ir-ḳu*.

zirdu(? oder *kuddu*). *(il) Šamaš daianu kaškaš nišê rab šamê u irṣiti lûdi zir-di-šu-ma ina pariḳti liziru* der Richter Samas, der Held der Menschen, der grösste in Himmel und Erde, möge sein .... bestimmen und sich gewaltthätig gegen ihn stellen, III R. 43 Col. IV, 11; vgl. 1 Mich. Col. III, 17 *ludin zir-di-šu-ma ina parikti lizzissu*.

zirziru eine Heuschreckenart. *limun zi-ir-zi-ru muddil ṣippati* die böse Heuschrecke, die die Bäume verdirbt. Winckler Keilschr. 2, 3, 25. Vorhergeht *eribû*.

זרק I, 2 bespritzen. *marta iz-za-ar-ḳu-šu* (*BA-AN-ŠUD-ŠUD*) sie spritzten Galle auf ihn, Zimmern Šurp. 7, 26.

zirḳu s. *zarbabu*.

zuririttu ein fabelhaftes Tier. Ideogramm *EME-MIŠ šumma EME-MIŠ* (Var. *zu-ri-ri-it-tum*) *ša 2 zibbâti* wenn ein z., das zwei Schwänze hat, Bezold Cat. 818. V R 31, 50cd, wird auch *zu* (resp. *ṣu*)-*ri-ri-it* durch *EME-MIŠ-SAL* erklärt.

zišurru. *zi-šur-ru-u ša* (*iṣ*) *eršu* (*am.*) *marṣu ilammû*. ZA 6, 246, 16.

zitarruṭû. Der letzte T-laut ist jedenfalls ט wegen IV R 59, 11a und Boissier Doc. 42, 1 *zi-tar-ru-ṭe*.

ח

ḫu'a ein Vogel. 83, 1—18, 1332 Col. III, 7 f. wird [*MUL*] durch *ḫu-u* (*ḫi-bi*) und *ḫu-u-a iṣ-ṣu-rum* erklärt. Vielleicht muss hiernach auch V R. 27, 34cd *U-A-HU* = *ḫu-u-[a]* ergänzt werden (gegen Delitzsch)

חאט *ḫâṭu* durchsehen (vom Gelde), nachwägen. *kîma*

dullu gamir issahiš ḫi-i-ṭa sobald wie die Arbeit fertig ist, wägt es zusammen nach, K. 1376, 10 (Harper Letters n⁰. 185). Vgl. auch in assyr. Contracten KB 4, 122, I, 4; 124 III, 4.

I, 2 dass. *ina eli ḫurâṣi ... ša šarru bêlî išpuranni aḫ-ti-aṭ* was das Gold anbetrifft, wegen dessen mein Herr Koenig geschrieben hat, so habe ich es nachgewogen, K. 573, 8 (Harper Letters n⁰. 180). *iḫ-ti-ṭu* sie haben nachgewogen. K. 830, 24, 33 (Winckler Keilschr. 2, 60).

חאל erbeben. *šamû irṣitum ultanapšaḳu matâti u tâmtu i-ḫi-il-lu* Himmel und Erde werden bedrängt, die Länder und das Meer erbebt, K. 1349, 5 (Winckler Keilschr. 2, 1). *šumma [ina (araḫ) Nisanni] (il) Rammân pâšu iddima ki-ṣi i-ḫi-il 37 šamâti 6 arḫê ebûru mâti [lâ iššir]*, Bezold Cat. 1649.

ḫilu. In dem Specereienverzeichnis Rm. 367 + 83, 1—18, 461a Vs. Col. II, 21 f.

GIŠ-ŠIM-TAR = *ba-lu-uḫ-ḫu*
GIŠ-ŠIM-A-DAN-TAR = *ḫi-il* ditto.

Hieraus wird wahrscheinlich, dass auch *ḫilu* Hochflut nicht von *ḫil balti šadi* zu trennen sei. Sonst vgl. noch K. 8245, 3 *ḫi-i-lu*, es folgen ... *i-ḫu*, ... *ri-ra-tu*, ... *i-ḳu*.

ḫûpu. Rm. 354 Rs. 9 wird *ḫu-u-pu* neben lauter Wörtern genannt, welche Gesamtheit oder ähnliches bedeuten (*kullatu, abrâtu, gimratu, kimtu*). Von der rechten Spalte ist nur das Dittozeichen erhalten.

ḫûḳu Klammer(?). *ina parzillum eluntim aṣbat mûṣâšu in ḫu-ḳu gullâtim parzillum u-uš-ši-im-ma uššid rikissa* mit hellem Eisen fasste ich seine Mündung ein, mit mächtigen Klammern (? vgl. Herodot I, 188) aus Eisen machte (אכב?) und gründete ich seine Verbindung, ZA 2, 126 Col. II, 7.

ḫêru (*ḫi-e-rum*) findet sich Rm. 354, 4 in derselben Aufzählung wie *ḫûpu* (q. v.).

חאש. Der von mir APR 149 statuierte Stamm *ḫâšu* bedrängen, erwürgen scheint auch Maql. 5, 35 vorzuliegen. *kîma ḫaltappâni li-ḫaš-šu-ši kišpuša* wie die ḫ. Pflanze möge ihr Zauber sie bedrängen. Wenn diese Ableitung richtig sein sollte, ist der Stamm jedenfalls nicht ע״ו. Möglicherweise ist die Form aber II, 1 von חשה; vgl. VATh. 244 Col. III, 15 (ZA 9, 162).

ḫišu Krone. *ḫi-eš ḫurâṣi (a[ban] uknî] (aban) KA (aban) ḫu[lâlu?] ina napiš[tišu] lû aš-k[un]* eine Krone aus Gold und Edelsteinen setzte ich ihm auf (*ana napištišu = ana elišu*), V R. 33, 41c. Was bedeutet *U* = *ḫi-šum ša NU-GIŠ-SAR* und *ša malaḫi*, V R. 37 Col. III, 21 und Craig Rel. T. 32, 15 *pâtiḳ ḫi-ša-a-ni*?

חבא *naḫbûtu*. Rm. 2, 27, 13 wird einem Verzeichnis von Rohrgegenständen *GI-MAL* (Z. 7 = *pisannu*) *NA-AH-BA-TUM* = *ŠU* gesetzt. Die Bedeutung ist wohl Köcher.

חבב (= حب). *ḫibabitu* Braut, junge Frau. II R. 29, 71g wird *ḫi-ba-bi-[tum]* neben andren Synonymen für Braut (*ḫadašatu, kallatu* etc.) genannt.

חבב *ḫabibu*. Craig Rel. Texts 56, 17 wird *ḫa-bi-bi* als Epitheton zu (*il*) *Marduk* gesetzt. Man sieht daraus jedenfalls, dass *ḫabibu* eine Person (Rost Tigl. 103), nicht eine Sache (so Delitzsch) bezeichnet.

חבב *ḫabâbu* (*ḫa-ba-bu*) wird K. 4219 Rs. 8c, hinter *upû, nalašu, šuripu, šalgu, šarpu, ḫub-bu* und vor *râdu* genannt. Das rechte Aequivalent ist weggebrochen. Die benachbarten Worte verlangen eine Bedeutung wie Unwetter etc. Vielleicht ist es I, 1 von *ušaḫbib*.

ḫabbu fliessend(?) *aššum in nâr mûṣê mêša ḫa-ab-ba-a-tim muttaḫalilum lâ erêbi* damit in den Abzugscanal und seine fliessenden Wasser nichts hereinkommen könnte, was ihn zerstört, ZA 2, 126, Col. II, 2.

ḫabbu. 80, 11—12, 9 Z. 18 (JRAS 1894, 830) wird *PU* mit der Aussprache *ub* durch *ḫa-ab-bu* erklärt. 81, 4—28, 80 hat dafür nach Pinches *ḫa-ab-bi-lu*. Ib. Z. 25 wird *PU* mit der Aussprache *ḫa-ab* wieder durch *ḫa-ab-[bu]* erklärt, wofür die Variante hier *ḫa-ab-bu-bu* bietet.

חבל *ḫibiltu* kommt in den Contracten häufig in Verbindung mit der Bierbereitung vor, z.B. Dar. 113, 14 *elat 18 mašiḫi ša sattuk ḫi-bil-tum ša šikârê biši*, vgl. auch Dar. 36, 16; 250, 1; 432, 1.

Nicht durchsichtig ist vorläufig auch die Bedeutung Nbd. 689, 2; 940, 14 *naphar 8 mana 13 šiḳlu kaspi ultu kaspi ša ḫi-bil-tum ša (am.) šangû Sippar.*

ḫubulu Zins. *4 mana kaspi ḫa-bu-li ša (il) Šamaš (il) Ai ša ina eli Sa-i-li* 4 Minen Silber Zins, den Šamaš und Ai von Saili zu verlangen hat, Bezold Cat. 1411 = KB 4, 120. *ina 2 mana kaspi ša Ennam-(il) Ai ana Ašir-rabi ḫa-bu-lu-ni* von den zwei Minen Silber, die Ennam-Ai an Ašir-rabi zu verzinsen hat, Gol. 11, 4 (KB 4, 52).

ḫubanatu Krug. *ḫa-ba-na-at* [*ša*] *šamni ṭibi malat* einen Krug, angefüllt mit wohlriechendem Öl, Amarna L. 6, 50. Vgl. ebendort Z. 24: *17 (aban) ḫa-ba-na-tu šamni ṭibi.*

חבץ I, 1. K. 4201 Rs. 10 wird *ha-ba-ṣu* in einem Paragraphen mit *ḫamašu, eṣipu, kuppuru* und *kabâṣu* aufgezählt. Vom Ideogramme ist nur noch ... *HI* erhalten.

I, 3. *šumma šêršu iḫ-tu-na-bu-zu muruṣ mûti* (?) *iṣabatsu* wenn sein Fleisch aufbricht(?), wird ihn eine tötliche Krankheit erfassen, Bezold Cat. 1698.

חבש *ḫabâšu.* 83, 1—18, 1335 Col. III, 2 *HAŠ* mit der Aussprache *ḫa-aš* = *ḫa-bu-šu.* Vorhergeht *ḫaṣâṣu*, es folgt *ḫamâšu.*

ḫubšu bedeutet nach den Amarnainschriften Bauer (s. Winckler KB 5). Vgl. *ṣabê ḫub-šiš...* K. 1349, 33 (Winckler Keilschr. 2, 1).

ḫabtû (?) ein Teil des Stuhles und der Schüssel. K. 4338a Col. II, 57 *GIŠ-RI-GU-ZA* = *ḫab-tu-u.* Ib. Col. III, 69 *GIŠ-RI-BANŠUR* = *ḫab-tu-*[*u*].

ḫuddu Krug. *1 (aban karpat) ḫu-ud-du ša šamni ṭâbi mali,* Amarna Berl. 28 Col. III, 34.

חדה *ḫadânu* schadenfroher Feind (s. Delitzsch HW 724). *ina puḫur ḫa-da-nu-te-ia lu tumaššaranni* in der Versammlung meiner Feinde verlass mich nicht, Craig Rel. T. 6, 4. Vgl. *lâ ina ḫa-du-te-e šu-u,* K. 1366, 19 (Winckler Keilschr. 2, 44).

ḫadû ein Titel. Bezold Cat. 1393 wird ein (*am.*) *ḫa-di-e* neben *irrišu, malaḫu* etc. genannt. Möglich ist auch die Lesung *ḫa-ṭi-e.*

חדר (?) *ḫadâru* geben (?). *patiḫa liḫ-dir-ka* Fett möge er dir geben, IV R. 56, 55b; ‖ *liddinki.*

חדש II, 2. K. 10094, 5b *ḫu-ta-du-š*[*u*].

חוה I, 3. *kima ušumgalli ta-aḫ-ta-na-za-a ana na-ri-ia kima alluḫappu tasaḫḫapanimma* wie eine Schlange zieht(?) ihr, um mich zu unterjochen, wie ein Netz werft ihr mich hin, Bezold Cat. 1045.

חזז *šaḫzuzu.* VATh. 244 Col. III, 29 *A-ZA-LU-LU* auch = *su-uḫ-zu-zu.*

חזם *ḫuzzumu. ṣabi' aqi ḫu-uz-zu-mu-tu,* K. 1374 Rs. 9 (Winckler Keilschr. 2, 21).

ḫuzunu ein goldener Gegenstand. *1 ḫu-zu-nu ḫuraṣi,* Amarna Berl. n°. 25 Col. II, 37.

חזר *ḫazuru* ein Gewand. *1 (lub.) ḫa-zu-ra,* Amarna Berl. n°. 26 Col. II, 41.

ḫuziru. šummu ḫu-zi-ru šu-u i..... K. 561 Rs. 6 (Harper, Letters n°. 101).

ḫaḫḫu Speichel, Geifer. V R. 23, 9de f. wird *UH* neben *ru'tu, rupuštu* etc. auch durch *ḫa-aḫ-ḫu* erklärt. Ebenso 82, 9—18, 4156 + 4157 Rs. 13 [*UH*] = *ḫu-aḫ-ḫu. ni'mil niḫlu guḫḫu ḫa-aḫ-ḫu ru'*[*tu*], Zimmern Šurp. 7, 97.

ḫaḫḫuru eine Rabenart. 81, 2—4, 294 (Bezold Cat. 1780) enthält eine Fabel vom Hunde, dem Raben (*eribi*) und dem *ḫa-aḫ-ḫu-ru.* Daher ist auch ZA 6, 244, 44 *GIŠ (?)-ŠID-BAL-HU* = *ur-bal-lum* = *ḫa-aḫ-ḫu-*[*ru*] zu ergänzen. Hiernach ist also der Vogelname nicht *ḫaḫar* (so Delitzsch HW 272), sondern *ḫaḫur* zu lesen.

חטא *ḫaṭitu* Sündiges. *šumma ḫa-ṭi-tu izir ilušu ittišu ittalak* wenn er Sündiges hasst, wird sein Gott mit ihm gehen, Bezold Cat. 1698.

חכם III, 1. Prt. *ušaḫkim,* Prs. *ušaḫkam. lâ tamlikanni lâ tu-šaḫ-kim-a-ni* nicht hast du mir einen Rat gegeben, nicht hast du mich belehrt, K. 939a Rs. 20 (Harper Letters n°. 46). (*il*) *Rammân-šum-uṣur ina muḫḫini illaka dullini emar u-šaḫ-kam-na-ši* Rammân-šum-uṣur wird zu uns kommen, unsere Arbeit ansehen und uns belehren, K. 1026 Rs. 9 (Harper Letters n°. 118).

IV, 1 *iḫḫikim. minu ann'u li-iḫ-ḫi-kim* worüber möge er belehrt werden? K. 1168, 8 (Harper Letters n°. 49).

ḫakâru. 83, 1—18, 1335 Col. III, 4 *HAŠ* mit der Aussprache *ḫa-aš* = *ḫa-ka-rum.*

חלה *muḫtillû* ein Kleid. 2 (*ṣubat*) *muḫ-til-lu-u kî 12 kaspi*, III R. 41 Col. I, 23.

ḫaluku ein Baum. K. 165 Vs. 7 (*iṣ*) *A-AM* (= *ildakku*), (*iṣ*) *ḫa-lu-ku.*

חלל Die Grundbedeutung von *halâlu* ist durchbohren; s. 83, 1—18, 1332 Col. I, 22 [*HAL*] = *ḫa-la-lu* und ib. Z. 18 *ḫal-la-an*. Die Bedeutung Flötentöne von sich geben und dann klagen ist jedenfalls erst von einem bis jetzt noch nicht nachgewiesenen *ḫalîlu* Flöte denominiert. — *mûtu ḫalpit maiali'a aḫ-lu-la-a ḫi-il-lu-tu* der Tod ist die Decke (?) meines Lagers, ich habe Wehklagen angestimmt, K. 890, 20 (BA 2, 634). Die übrigen Stellen s. bei Delitzsch und Muss Arnold.

ḫallilu ein Instrument, etwa Hacke. *marrê parzilli ḫal-li-li-MEŠ parzilli zirmû parzilli*, Camb. 18, 3.

ḫillûtu Wehklage s. o. Auch *ḫillu* Traurigkeit (II R. 47, 11 f. cd) ist zu diesem Stamme zu ziehen.

ḫallalatu Pl. *ḫallalâti*. *ḫal-la-la-at-ti engurâti atta taḳâbi mâ mîmu ḫal-la-la-at-ti engurâti ḫal-la-la-at-ti ina* (*mât*) *Muṣur erab engurâti uṣa*. K. 883, 17 ff. (BA 2, 633 = Craig Rel. T. 26).

muḫillu. šumma mu-ḫi-il-li, Bezold Cat. 1098.

muttaḫalilu das zerstörende (?). ZA 2, 126 Col. II, 3; s. s. v. חבב.

ḫalla immer in Verbindung mit *šappatu*. *1 šappatu ḫal-la ana 3 šiḳlu kaspi*, Dar. 91, 4 ff. *ištên šappatum ša ḫal-la*, Dar. 115, 1. Ob *ḫalla* eine Gefässart bezeichnet, oder darf man an خل Essig denken?

ḫallimu etwas aus Holz gefertigtes. *agû 2* (*iṣ*) *ḫal-li-ma-a šunu*, K. 1374 Vs. 10 (Winckler Keilschr. 2, 20). Vgl. K. 1550, 21 (ib. S. 30) (*iṣ*) *ḫal-li-ma....*

ḫulamišu. šumma ḳaḳḳad ḫu-la-mi-šu šakin, Bezold Cat. 994.

ḫulami.... eine Baumart (?) S. 68, 2 wird *ḫu-la-mi...* erwähnt; vom Ideogramm ist nur... *SI* erhalten. Es folgen 2 mal *dupra*[*nu*], *šaššu*[*gu*], *kul-la...*, *kap-ta...*, 2 mal *ti-ia-a-*[*ru*].

חלף *ḫalâpu* bekleidet sein. *ša ḫal-pu dame amêlûti* die mit Menschenblut bekleidet (besudelt) sind, Bezold Cat. 1045.

ḫilpu. ša kal ûme ḫi-il-pa-ka addan, K. 883, 23 (BA 2, 633 · Craig Rel. T. 26).

ḫilipu. ištên(*iṣ*) *gangannu ša ḫi-li-pi*, Nrgl. 28, 38.

ḫalpîtu Bezug (?), Kleid (?). *mûtu hal-pit ma'a-li'a* Tod ist die Decke meines Lagers, BA 2, 635, 20; vgl. ib. 633, 4.

ḫalpukkotu eine Pflanze. 79, 7—8, 188, 7 *ḫal-pu-uk-ku-tum*; vom Aequivalent ist nur.... *šit-ti* erhalten. Es folgt *uznanatu*.

חלץ *ḫalṣu* und *ḫalṣatu* ein Gewand oder Gebrauchsgegenstand. Es geht dem Worte immer *TIG* voraus; vielleicht ist *kišâdu-halṣu* zu lesen. Nbd. 195, 2; Cyr. 7. 4: *1* (*iṣ*) *šalḫi 1* (*iṣ*) *ḫullânu 1* (*iṣ*) *kišadu-ḫalṣu*. Nrgl. 65, 2: *1*[?], *mana 3 šiḳlu iṣi*(?) *ana kišâdu-ḫal-ṣa-tum ša* (*il*) *Šamaš* (*il*) *Ai* (*il*) *Bunene*. Camb. 158, 9: *5 šiḳlu TUK-ZA-GIN-KUR-RA ana kišâdu-ḫal-ṣu Pl. ša....* ib. 12: *11 šiḳlu TUK-ZA-GIN-KUR-RA*[*ana*] *kišâdu-ḫal-ṣu ša.... ana* (*il*) *Sin-ilu nadin*. Es muss demnach ein Gegenstand gewesen sein, welcher aus Holz und Wolle hergestellt wurde.

ḫilṣu, *ḫilaṣu* in Verbindung mit Öl und Sesam. Nbd. 737, 3; 1060, 4. Cyr. 279, 3 *ana šamni ša 2 ḫi-la-ṣu*, Camb. 152, 4; vgl. auch Cyr. 327, 4.

חלק I, 1. *iḫliḳ* s. Camb. 312, 2 *i-ḫi-liḳ-ḳu-ma.*

III, 1 entkommen lassen. (*sinn.*) *Taslimu... ša Lâbaši ultu bît* (*il*) *Marduk-nâṣir-apli u-ša-ḫi-li-iḳ* die Taslim, welche Labaši aus dem Hause des Marduknaṣirpal hat entwischen lassen, Dar. 207, 4.

ḫalḳu zerbrochen, entflohen. Fem. *ḫalliḳtu*. (*dikar*) *danna hipû u ḫal-ḳu ušallam* die zerbrochene und beschaedigte Tonne soll er ersetzen, Nbk. 325, 6. *ṣabê ḫal-ḳu-tu u mîtûti* die entlaufenen und gestorbenen Arbeiter, Cyr. 292. 1. *amêlûsunu ḫal-liḳ-tum* ihre entlaufenen Sclaven, Dar. 379, 57.

ḫuluḳḳû Verderben. *nasâḫu u ḫu-lu-uḳ-ḳu-u* (Var. *ḫul-ḳu-u*) *bašû ina bîti'a* Ausreissung und Verderben sind in meinem Hause, King Magic n°. 27. 13.

ḫalluru. Vgl. ausser den von Tallqvist Nab. 73 angeführten Stellen noch Dar. 119, 5 *ša arhi ina muḫḫi 1 mana 2 TA-ḲATA ḫal-lu-ru kaspi ina muḫḫišu irabi*; s auch Nbk. 373, 12 und Nrgl. 41, 1 *ribâtu ḫal-lu-ru ana nabṭu ana* (*il*) *Šamaš-uballiṭ nadin*. Man wird auf eine Bedeutung wie Zins, Abgabe geführt.

חמד. 83, 1—18, 1330 Col. III, 16 *GAB* mit der Aussprache *du* = *ḫa-ma-du ša ini*. Ob gleich *ḫamaṭu*?

חמה vertrauen. *mâtâti gabbi ana pani šarri bili'a ḫa-mu-u* alle Länder vertrauen auf meinen Herren Koenig, K. 1028, 27 (S. A. Smith in den Verhand. d. Wiener Orient. Congr.). *âmurma ḫa-ma-ku* ich sah und vertraute, K. 6082, Col. IV, 14 (Winckler Keilschr. 2, 67). Vgl. Craig Rel. T. 43, 20 *ḫa-mu-u u šaru*.

חמל *ḫamilu* s. ZA 10, 212, 19.

חמם *ḫamimu*. 24 *ḲA šammaššammi ša ḫa-ma-mu*, Camb. 342, 3.

ḫummânu ein Beamter. (*am.*) *dan-na* (*am.*) *ḫu-um-ma-nu* Cyr. 287, 29.

ḫummatu ein Tier (? vielleicht an حماة zu denken?). *ina libbi 60 GUR ŠE-BAR ana kissat ḫu-um-ma-a-ta ana Rimût-ili mâr (il)Bêl-aḫi-iddin nadnat* davon sind 60 Gur Getreide zur Nahrung der h. an Rimut-ili gegeben worden, Camb. 131, 7.

חמם Zu *ḫamâmu* halten s. ausser BA 3, 359 ZA 4, 230, 4 = Craig Rel. T. 29, 4 *našita* ‖ *ḫa-am-ma-ta*; BA 2, 409 *lulḳi* ‖ *lu-uḫ-mu-um*.

חמץ II, 1 vergewaltigen. *ina mitika ḫu-um-mu-ṣa-ku*, Amarna B. 8 Rs. 1.

חמר II. 1. 83, 1—18, 1335 Col. III, 8 *HAŠ* mit der Aussprache *ḫa-aš* = *ḫu*(?)*-um-mu-rum*.

חמש. 83, 1—18, 1335 Col. III, 3 *HAŠ* mit der Aussprache *ḫa-aš* *ḫa-ma-šu*. K. 4201 Rs. 7 ...*MA*(?)*-LUM* *ḫa-ma-šu*.

ḫummušu. II R. 32, 64gh ist nach dem Duplicat S. 23 s. ZA 8, 201 zu ergänzen [*ŠE-LUM*]*-LUM* *ḫum* (Var. *ḫu-um*)*-mu-šu*.

ḫanu. *1* (*iṣ*) *ḫa-nu ša sisê*, Amarna, Berl. 26 Col. I, 55.

ḫandû etwas Rohrartiges. V R. 32, 63de f. finden sich die Gleichungen

GI-ŠA (*an-za-lu-ub-bu*)*-GI* | *ḫa-an-du-u* | *ŠIM-ŠIM* (d. i. wohl *riḳḳê*) *ša libbi ḳanê*.

Danach scheint es eine Specerei zu bedeuten, welche aus dem Rohrmark bereitet wurde. Vgl. noch K. 4174 + 4583 Col. IV, 31

an-za-lu-ub | *GI-ŠA-GI* | *gi-ša-a-gi-gu-u* | *ḫa-an-du-*[*u*]. Ebenso wird II R. 24, 26ab wohl auch zu verbessern resp. zu ergänzen sein *GI-ŠA-GI* (!) *ḫa-a*[*n-du-u*].

ḫanduḫu(?) ein Werkzeug(?). *sikkatum Pl. u ḫa-an-du-ḫu*, Camb. 297, 2; Nbk 451, 9.

ḫanduru. *ina ḫa-an-du-ri-ša*, ZA 4, 370, 24.

חנה *ḫanû*. *ḫa-nu-u-te lu ina panika*, K. 468, 8 (Harper, Letters n°. 121).

ḫannû. *ki ḫa-an-ni-i nukala*, K. 494 Rs. 12 (Harper, Letters n°. 19).

ḫanzilatu eine Pflanze. II R. 43, 60b (*šam*) *ḫa-[a]n-zi-la-*[*tu*]. Das Ideogramm ist weggebrochen.

ḫinziribu eine Art Purpur(?). K. 10050, 8 wird hinter *tabarru*, *argamânu* auch *ḫi-in-zi-ri-bu* erwähnt. Vom linken Aequivalent ist nur ...*si* ? *-tum* erhalten.

ḫannaḫuru. In dem Steineverzeichnis 81, 7—27, 147 wird Z. 6 *ḫa-an-na-ḫu-ru* erwähnt. Es folgt [*sa*]*ggillimut*.

ḫunṭu (wohl *ḫumṭu*). *ina libbi ša ḫu-un-ṭu šâ* er ist in der Mitte des h., Bezold Cat. 1577.

ḫinnu Strick. K. 4574 Rs. 15, das II R. 22 n°. 1 Rev. oben erweitert, wird auch (*ḳan*) *ḫi-nu* erwähnt. Vom Ideogramm, das mit *GI* anfing, ist nur das letzte *ŠIG* erhalten, das zweite Aequivalent lautet *bit-...-su*.... Vorhergeht *sassannu sel*[*lu*]. Wenn sich die Lesung (*ḳan*) *ḫinnu* bewähren sollte, wird auch jedenfalls *ḫinnu elippi* hierherzuziehen sein.

ḫunnu ((*iṣ.*) *ḫu-un-ni*) wird Craig Rel. T. 55, 13 Winckler Keilschr. 2, 2, 20 erwähnt.

ḫinṣu (von חמץ?). II R. 40, 27b *ḫi-in-ṣu*; das Ideogramm fehlt. *ina appišu ḫi-in-zu uz-zu-ru* auf seinem Gesicht ist ein h. abgebildet, K. 2148 Col. II, 15 (ZA 9, 121).

ḫanṣatu(?). K. 2020 Rs. 4 *ši-ib-bu* *gab*...

ḫa-an-ṣa-tu(?) *ditto*.

sa-gu-u *ditto*.

חסה *ḫasû* bedeutet jedenfalls nicht zurücklegen (von Wegstrecken; so Delitzsch). Sicherlich sind zwei Stämme zu unterscheiden. Die ungefähre Bedeutung des einen kann man aus Maql. 5, 159 *šadû li-iḫ-si-ku-nu-ši* ersehen, wo es parallel mit *kalû*, *nuḫḫu*, *tê'u*(?), *nê'u*, *mîru*, *kuttumu*(?) steht. *šîrat eli'a uzzanaḳapu pûti'a i-ḫi-su-u* der das Haar auf meinem Kopfe erstarren lässt, meine Seite vernichtet (?) Wenn das und das passiert, *šarru ardânišu i-ḫi-is-si* wird der Koenig seine Diener töten (?), Bezold Cat. 1806. Vgl. auch Nbd. 916, 16 *i-ḫi-is-si*. Hiervon werden auch die Tiglatpileserstellen abzuleiten sein.

I. 2. *iltekima ittami iḫ-te-si-ma ittami* ob durch nehmen gebannt, ob durch niedermachen (?) gebannt, Zimmern Šurp. 2, 85. Wie ist die Form *ni-te-iḫ-si* Dar. 260, 21 zu erklären? — Daneben gab es jedenfalls auch einen Stamm *ḫasû* seine Zuflucht nehmen. K. 7331 Col. IV, 6 steht *ḫi-su-u* (vom Ideogramm ist nur ...*RU* erhalten) in einem Paragraphen mit *ṭipû*, *na'butu* und *markîtu*. Auch in dem unveröffentlichten Sprichwort K. 7674, 16 wird es dieselbe Bedeutung haben *ur-ru-uk napša-ti | rit-pu-uš ṣur-ri | ḫi-si-e a-ma-ti | na-zaḳ la ṣa-la-li | bar-ri-e | ka-bat ḳakḳadi u-al-lad-ka*. — Das zweite von Delitzsch HW 284 angenommene חסה ist jedenfalls zu streichen. *iḫasišu* steht vulgär für *iḫasasišu* (חסס) warum denkt mein Herr daran? *maḫsû* ein hölzernes Gerät. *GIŠ-ŠU-MU-UN-GI* — *maḫ-su-u*, K. 4172, 4 (s. MAP 105).

חסס III, 1 gemahnen. *damiḳtu tu-šaḫ-sis-ka* an die Wohlthat möge sie dich gemahnen, Craig Rel. T. 34, 4.

IV, 1 gedacht werden. *ṭênšina ul iḫ-ḫa-as-sa-as* ihres Rates wird nicht gedacht, Craig Rel. T. 33, 28.

ḫassu denkbares. *mimma ḫas-su simâti ša šarrûti epušma adinšu* alle nur denkbaren Auszeichnungen des Koenigtums that ich ihm an und gab sie ihm. Asurb. 3, 73.

ḫissitu Erinnerung. *ana ḫi-is-si-ti ina zîka šuṭur* zur Erinnerung schreib es auf deine Tafel, K. 1396, 13 (Harper, Letters n⁰. 185).

taḫsistu ...*taḫ-sis-tu ana šemê arkûti*... Erinnerung, damit hören die zukünftigen, Craig Rel. T. 32, 12. Neben *taḫsistu* kommen auch die Formen *taḫ-si-ti* Nbk. 342, 13 und *taḫ-si-it-tum* Dar. 211, 1 vor. Wir haben hier ein interessantes Beispiel, dass ein Zischlaut sich einem folgenden Dental assimiliert. Danach gewinnt auch meine Ableitung von *zittu* von eines Wurzel זאן (APR 104) mehr an Wahrscheinlichkeit.

ḫassu Kresse Auch K. 8667, 16, dessen linke Spalte K. 13577 ergänzt, wird *HI-IS-[SAR]* = *ḫa-as-su* gesetzt. Danach ist auch 81, 7—6, 688 Col. I, 16 (ZA 6, 291) *ḫassu* zu lesen. In K. 13577 (s. o.) folgen dann in demselben Paragraphen noch verschiedene Arten von *ḫassu* *HI-IS-TUR-SAR* = *g[u-za-zu]* s. Delitzsch HW s. v. (*šam*) *ma-ra-ru SAR*; vgl. ܚܣܐ ܡܪܝܪܐ, *HI-IS-AH-SAR* = *ši*..., *HI-IS-LIK-KU*, *HI-IS-LIK-BAR-RA*; vgl. ܙܪܥ ܚܣܐ, *KUL-HI-IS-[SAR* = *zêr ḫassi*], *MUL-AŠ-AŠ-SAR*.

ḫasapû. (*il*) *Šamaš munammir ha-sa-pi-e*, Nrgl. 18, 19. Vielleicht steckt in diesem Wort ein Stadtname; vgl. Z. 22. (*il*) *Šamaš* .... *ša Pallukatum*, auch ohne Determinativ.

חסר *ḫisiru*. 83, 1—18, 1335 Col. II, 5 (ergänzt durch 83, 1—18, 465) *KUD* mit der Aussprache *ku-ud* = *ḫi-si-rum ša šit-nu* (*pisannu*?).

ḫasru (*ḫa-as-ru*) = *ab*..... K. 2020 Rs. 6.

ḫupallu. 80, 11—12, 9, 15 (JRAS 1894, 830) *PU* mit der Aussprache *up* = *hu-p(b)al-lum*.

ḫasarratu eine Pflanze. Bu. 89, 4—26, 112, 10 findet sich eine Pflanze *ḫa-sir-ra-tum*. Da sie sonst in der Schreibung *ḫa-sa-ar-ra-tum* vorkommt, muss man wohl dem Zeichen *sir* auch den Lautwert *sar* geben.

חפֿף II, 1. [*i*]*na abullišu ḫu-up-pu-up*, Bezold Cat. 1045.

חפר *ḫapâru* graben (= حفر; *ḫ* = ح wegen das Lippenlauts). *šumma kalbu ana maḫar amêli eprâti iḫ-pi-ir-ma irbiṣ aššatsu na'iḳat* wenn ein Hund vor einem Manne Staub aufwühlt und sich hinhockt, wird seine Frau wehklagen, Bezold Cat. 892.

חצב *ḫaṣâbu* abschneiden. *mâmît ḳanê ina ṣûṣi ḫa-ṣa-bu* Bann, weil man Rohr im Dickicht abgeschnitten hat, Zimmern Šurp. 3, 26. *itti mâmît abi kišti ḳanê ha-ṣa-bu* vom Bann, weil man Schilfdickicht. Wald und Rohr abgeschnitten hat, ib. 8, 33. 83, 1—18, 1335 Col. III, 14 *HAS* mit der Aussprache *ḫa-as* = *ḫa-ṣa-bu*. Auch II R. 29, 1cd wird *AN* = *ḫa-ṣa-[bu]* zu ergänzen sein.

ḫaṣbu auch Thon. *uṣurti ṣalmišu ṣirpu ša ḫa-aṣ-bi* der Grundriss seines Bildes, gemalt auf Thon, V R.

60 Col. III, 20. *kalab ha-aṣ-ba šaṭirma* (die Inschrift) war auf einen thönernen Hund geschrieben, oder (auf der Inschrift war ein Hund aus Thon dargestellt, PSBA 11, 209, 38. K. 4220, 5 wird ein *gangannu ša haṣ-bi* ein Gefäss aus Thon erwähnt; vom Synonymum ist noch ...]-*du-ru-u* zu sehen. Vgl. auch 83, 1—18, 1331 Col. II, 1 *LA* (*la-lu-u*) mit der Aussprache *ši-ka* = *ha-aṣ-bi* und *ha-aṣ-bu kaspi*, K. 1349, 41 (Winckler Keilschrift. 2, 1).

חצב *ḫuṣibu*. *šumma kakkabu ana ḫu-ṣa-ba itûr* wenn sich ein Stern in ein ḫ. verwandelt, II R. 49, 39a. Da lauter Tiernamen folgen (*mûšu*, *barbaru*, *šêlibu*, *kalbu* etc.), muss man vielleicht auch in ḫ. einen Tiernamen sehen. Die gewöhnliche Bedeutung liegt vor III R. 4, 35a (s. JRAS. N. S. 23, 148 ff.) *abu ḫu-ṣa-bu laššûni* wo Rohr und Datteln(?) sich nicht befinden. Vgl. Maql. 8, 62, 64, wo *ḫu-ṣab* (*iṣ*)*erini* erwähnt wird und Bezold Cat. 1599 ...*mu ḫu-ṣa-ba u mamma šu ini šûli*.

חצה *ḫuṣinu* ein Kleidungsstück für Menschen und Gottheiten, männliche und weibliche. S. Nbd. 320, 6 und BA 1, 520. Vgl. noch *3 ḫu-ṣa-anni-e ša amiltum* (Nrgl. 28, 12).

ḫaṣînu Axt. Pl. *ḫaṣinâti* K. 8676 Rs. 18cd wird *URUDU-ŠA-K*[*A*?]-*DA* = *ḫa-ṣi-i*[*n-nu*] gesetzt; es folgt *URUDU HA-ṢI-*[*IN*]-*NU* = *ditto*. Fem. Plur. s. Nbk. 92, 3.

חצן I, 2 in Gewahrsam nehmen. (*am.*) *Nuḫanûa ana panini ki inkuṭ*[*tu ni*]*ḫtesin* als die Nuḫanuuleute auf uns stiessen, haben wir sie in Gewahrsam genommen, K. 647, 16 (IV R. 45 n°. 3 = Harper Letters n°. 210).

II, 1. *atâ lâ u-ḫa-aṣ-ṣa-an*, K. 520 Rs. 13 (Harper Letters n°. 80).

חצץ. 83, 1—18, 1330 Col. I, 33 *AG* mit der Aussprache *ša-a* = *ḫa-ṣa-ṣu* und *ḫu-ṣu-ṣu*. 83, 1—18, 1335 Col. III, 1 *HAŠ* mit der Aussprache *ḫa-aš* = *ḫa-ṣa-ṣu*. *30 KA šamaššammi ḫi-iṣ-ṣa-ta* 30 KA Sesam fehlen(?) noch, Camb. 176, 11.

ḫuṣṣûtu eine Rohrart. *GI-AK-AK* = *ḫu-uṣ-ṣu-tum*, ZA 10, 211, 1.

חרא I, 2 graben *ki i-ḫi-te-ru-u* wenn er die Bewässerungsanlagen gegraben hat, Dar. 42, 11

חרב III, 2 verwüstet sein. *uš-teḫ-ri-bu êrêti* verödet waren die Tempel, Nab. Const. Col. X, 15.

ḫurbanu, *ḫur-ba-nu ša*, es folgt *ašnan* ..., III R. 66 Rs. Col. IV, 36.

ḫurrabu. *20 mana ḫur-ra-ba* Nrgl. 45, 1 (s. ZA 7, 272); vgl. Nbd. 117, 2.

ḫarubtu, *ḫirubtu* (oder auch mit *p*). *ina* (*arah*) *Nisan ina elippišu ḫa-ru-ub-tum inamdin*, Nrgl. 8, 6, *ina*(!) *elippišu ḫi-ru-ub-tum inamdin*, Nrgl. 50, 4.

ḫarbakânu ein Vogel. *ašar aḫaršanu ḫinnu* [*š*]*aknu* *TU-GIL-HU malû gapnu lidan ša har-ba-ka-ni lamû* (*il*) *Bêl kima kilili* ein Ort wo der a.-Vogel nistet, die Weinstöcke voll Tauben sind, und die jungen ḫ.-Vögel Bel umgeben wie eine Krone, K. 6082 Col. III, 7 (Winckler Keilschr. 2, 67). *ḫar-ba-ka-nu* (*iṣṣur*) auch Bezold Cat. 570.

חרד Zu *ḫaridu* s. ausser BA 2, 29 noch 83, 1—18, 1330 Col. I, 9 *SU-KAT* mit der Aussprache *di-id* = *ḫa-ra-du*, *ḫa-ra-ṣu*.

I, 2. ⁵/₆ *KAS-BU ûmu ittalak iḫ-ti-ri-di*, K. 519, 11 (Harper Letters n°. 108).

ḫarû ein Gefäss. K. 11409, 4 (ergänzt durch K. 10452)

[*k*]*i-ir-ru* = *ḫa-ru-*[*u*]

[*am*]-*ma-am-mu* = *ditto*

Der Pluralis *ḫariâti* findet sich auch K. 14 Rs. 1 (S. A. Smith Verhandl. d. Wiener Or. Congr.) (*dikar*) *ḫa-ri-a-ti* ....(*iṣ*) *paššur šarri umallûni* die Trinkgefässe ....und die Schüssel des Koenigs haben sie angefüllt.

ḫurḫum... eine Art Specerei. K. 4152 Rs. 28 wird *rik ḫuraṣi* = *da-ma-*[*tum*] und dann *da-ma-tum* = *ḫur-ḫu-um*... gesetzt. Zu ergänzen ist *mu* oder *ma-tu*.

חרם. 83, 1—18, 1335 Col. II, 6 (ergänzt durch 81, 11—13, 465) *KUD* mit der Aussprache *ku-ud* = *ḫa-ra-mu ša pa-ra-su*.

ḫarame häufig in der Briefliteratur. *ḫa-ra-me-ma mâr šarri lissi*, K. 492, 14 (Harper Letters n°. 3). *ḫa-ra-me-ma lutêrub*, K. 1197 Rs. 3 (Harper Letters n°. 15). Nicht hierher gehört wohl *ina ḫa-ra-am-me ina pûtûa tazaz* du sitzest im ḫ. an meiner Seite, K. 520, 9 (Harper Letters n°. 80).

חרף *ḫaripânu*(?) *nimêl ḫa-ri-pa-u-ni*, K. 1197, 10 (Harper Letters n°. 15).

חרץ Von den Vocabularstellen bedeutet *KUD* mit der Aussprache *ku-ud* · *ḫa-ra-ṣu ša irṣitim* (83, 1—18, 1335 Col. II, 5 ergänzt durch 81, 11—13, 465) jedenfalls graben, *ŠU-KAT* mit der Aussprache *di-id* -- *ḫarâdu* und *ḫa-ra-ṣu* wohl bestimmen.

ḫaraṣṣu. *ina elî uššê ḫa-ra-aṣ-ṣi nikṭerib* dem ḫ. Fundamente wollen wir uns nähern, Bezold Cat. 922; vgl. *la-a ḫa-ra-aṣ-ṣa*, K. 5464, 19a (Winckler Keilschr. 2, 8 = Harper Letters n°. 198).

ḫirṣu. *ḫi-ir-ṣu u nipdu ana*... Craig Rel. T. 75, 2. *atâ bît ḫi-ir-ṣi mugirri ša šarri bêli'a ittikûni*, K. 520 Rs. 10 (Harper Letters n°. 80).

חרר II, 1. (*mât*) *Elamti kîma di-e ḫur-ru-ru*, IV R. 45, 17b.

ḫurru Loch, Nest. *šumma eribê ina bîti amêli ḫu-ur-ru-šu-nu emidu* wenn Heuschrecken im Hause eines Menschen ihr Nest einrichten, Boissier Doc. 1, 4.

ḫarurtu Kehle. *ša ana šarri bêli'a islûni lišânšu ištu ḫa-ru-ur-ti-šu lišdudûni* wer sich gegen meinen Herrn Koenig auflehnt, dem möge man seine Zunge aus seiner Kehle reissen, K. 653, 10 (Harper Letters n°. 154). Dasselbe bedeutet jedenfalls auch *ḫarru pî* (Delitzsch HW 292).

חרר *maḫriru*. Dar. 285, 10 wird Getreide *ana ma-aḫ-ri-ru ša* (*il*) *Anunitum* geliefert.

ḫarru Plan, Grundriss. (*am.*) *dimgallê lê'ûti mukinnu* (*iṣ*) *ḫar-ri* die weisen Baumeister, welche den Grundriss zeichnen, BA 3, 244, 14; vgl. 246, 17 und S. 357. Es ist Lehnwort aus *HAR* = *uṣurtu*. Zwei andre *ḫarru* s. II R. 22, 8c *ša mirdît ḫar-ri* und V R. 27, 21b *ṣît ḫar-ri*.

חרש *ḫiršu*. So und so viel *SE-BAR ša ana ḫi-ir-šu-u nadna*, Dar. 27, 2. Vgl. V R. 18, 24cd.

ḫarištu. *tâmtim rabîte ša ḫa*(!)*-riš-tu lâ uridu ana libbi*, IV R. 29*, 2b; vgl. K. 4338a Col. VI, 72.

ḫarušḫu. *1 ḫa-ru-uš-ḫu* (*aban*) *ḫulalu banû rêssu* (*aban*) *HI-LI-BA*, Amarna Berl. 25 Col. II, 34, 35.

חשד *ḫašâdu*. *ana pu*(?)*-di-e našḫiptum ša ḫa-ša-du ša* (*il*) *Ea*(?), Camb. 205, 4.

חשל *ḫašâlu* zermalmen. *HAŠ* mit der Aussprache *ḫa-aš* = *ḫa-ša-lu*, 83, 1—18, 1335 Col. III, 6.

ḫašlu. In K. 4574 Rs. 11, einem Zusatzfragment zu II R. 22 n°. 1 wird *ka-an ḫaš-li* durch *ḫaš-t*[*u*?] erklärt. Die erste Spalte, welche die Ideogramme enthielt, ist weggebrochen.

ḫaššu. Auch 82, 5—22, 574, 6 welches zur Klasse der sog. sumerisch-accadischen Vocabulare gehört, wird *GIŠ-HAŠ* durch (*iṣ*) *ḫa-aš-šu* erklärt. Die erste Spalte ist nicht erhalten.

ḫaštu scheint auch irgend ein Gefäss zu bedeuten. K. 10452, 1 folgen auf zweimaliges *ḫa-aš-tum* sehr bald *pisannu*, *amrummu*, *alallu* etc. Lab. Mar. 1, 25 werden *20 guzallu* (q. v.) geliefert *ana ḫa-aš-ti ša iṣ*.... Danach wird auch *ḫa-aš-tum ša dannûtu* Nbd. 600, 8 hierher zu ziehen, und nicht mit Zehnpfund BA 1, 533 als das Leckwerden der Fässer (von خلّ, also *ḫaštu* = *ḫaltu*) aufzufassen sein. Vgl. noch $1^1/_2$ *KA ša ḫaš-ti* (Nbd. 1060, 8).

חתה I, 1. *PU* mit der Aussprache *ḫa-ab* = *ḫa-tu-u*, 80, 11—12, 9, 24 (JRAS 1894, 830). Rm. 2, 588 Vs. 28cd *KAB* mit der Aussprache *tu-u* = *ḫa-tu-u*.

II, 1 überwältigen *u-ḫat-tu-u šêrê'a kal ûme*... sie überwältigen mein Fleisch alle Tage..., Tallqvist Maql. 2, 60.

חתן *ḫatânu* Pl. *ḫatanâti* Schwiegersohn. In der noch unpublicierten Inschrift Asarhaddons am Nahr-el-Kelb sah ich unter andern weggeführten Beamten (*am.*) *ḫa-ta-na-ti kin-ni-šu* (d. Koenigs von Aegypten).

חתף *ḫutpu* eine Waffe(?). 82, 9—18, 4159 Col. II, 23 *UD* mit der Aussprache *ḫa-ad* = *ḫu-ut-pu* (*ellu*, *ebbu*, *namru*, *nabâṭu*). Ib. Col. IV, 15 *UD-KA-BAR* = *ḫu-ut-pu*. Nach diesem Paragraphen ist V R. 23, 11h ff. zu ergänzen *ku-*[*u*], *sab-*[*bu*], *kak*(!)-[*ku*] *el-*[*lu*], *ib-*[*bu*], *nam-*[*ru*], *šin* (Var. *ši-in*)-[*nu*], *mu-ša-*[*lu*], *ḫu-ut-*[*pu*].

ḫutpalû eine Waffe. S. ausser ZA 8, 76 noch Rm. 279, 18 ...*ša šumêli* (*iṣ*) *ḫu-ut-pa-la-a* (ZA 9, 408) und Rm. 422, 12 ...*ina imittišu ḫu-ut-pa-*[*lu-u*] (ZA 9, 409).

ט

טאב III, 1. Prms. *suṭubbu*. *kabittašunu šu-ṭu-ub-ba-ak* ihrem Gemüt thue ich wohl, Nab. Const. 5, 24.

ṭibtu. *bêl ṭâbti* der Empfänger der Wohlthat s. BA 2, 569. Bedeutet auch K. 175 Rs. 2 (Harper Letters n°. 221) *bêl ṭa-ab-ti-ia ša adannis šû* dasselbe?

טבא *ṭibû* sich eintauchen. *ana nâri urradma sibišu i-ṭe-bu ina pân sibî ṭi-bi-šu ša pîšu ana nâri inadi* er soll zum Flusse gehen und sich 7 Mal untertauchen, vor dem siebenten Male soll er, was er im Munde hat, in das Wasser werfen, Boissier Doc. 33, 9.

ṭubû Rohrstengel. *ṭu-bu-[u]* darf jedenfalls K. 4174 + 4583 Col. III, 5 ergänzt werden. Dort wird [*GI-ŠE-KAK*] durch *ḫab-bu-[ru]*, *u-di-i[t-tu]* und *ṭu-bu-[u]* erklärt.

טחה *ṭeḫû*. Zu Ansetzung des Stammes mit ט vgl. auch *minûtu aṭḫê ša ana purussê barûti lû ṭe-ḫi-e*, Craig Rel. T. 64, 37.

I, 2 *iṭ-ṭi-ḫa-a*, Sm. 5, 6. III R. 57, 3a scheint es *it-te-ḫi* zu lauten; vgl. auch Surp. 2, 48.

II, 1 darbringen. *mimma šumšu naptan šêri lilâti u-ṭaḫ-ḫu-u* alles mögliche, Morgen- und Abendspeise brachte man dar, Lehmann Sams. L[4] Col. III, 9; vgl. 24. die und die Fleischsorten *tu-ṭaḫ-ḫa* sollst du darbringen, IV R. 55, 15a.

tiḫûtu (auch Lesung die *diḫutu* ist möglich) Nab. Const. Col. VI, 4, 9 scheint eine astronomische Bedeutung zu haben.

ṭapḫu Pl. *ṭapḫâni* ein Gefäss. S. auch Bezold Cat. 615, wo *ṭap-ḫa-a-ni* neben *dudê*, *aganiti*, *dalâni* und *maziâni* erwähnt werden.

טרד vertreiben. [*ḫal*]*liḳ aibi'a ṭu-ru-ud limnî'a*] vernichte meinen Feind, vertreib meinen Widersacher, King Magic n°. 21, 64.

II, 1 dass. *lizziz (il) Zamama bêl parakki liṭar-rid (il) Namtar* es trete auf Zamama, der Herr des Göttergemaches, und vertreibe den Tod, Zimmern Šurp. 4, 81. *u-ṭa-ra-du kinu ša ṭêm ilu pu[tukku?]* sie vertreiben den Gerechten, der auf den Befehl Gottes achtet, ZA 10, 12. 248. *ûmu ezzu mu-ṭa-rid galli rabûti* der gewaltige Sturm, der die grossen Unholde vertreibt, Craig Rel. T. 59, 6.

IV, 1 vertrieben werden. *ša ana zikir šumišu šarru nakrušu ina pânišu limniš iṭ-ṭar-ra-du* bei dessen Namensnennung der feindliche Koenig bös vor ihm hergejagt wird, Merod. Bal. Berl. Col. II, 36.

כ

כאן₆ *kânu ina šubtišu* ein astronomischer terminus technicus für stationär sein; s. BA 3, 279.

kênûtu Treue. *ki-nu-tu ša libbika lûmur* die Treue deiner Gesinnung will ich sehen, K. 17 Rs. 21 (Winckler Keilschr. 2, 27).

כאן *šukinnu* Huldigungsgeschenk. *100 biltu 21 mana kaspi ... ša ina šu-kin-ni-e* 100 Talente 21 Minen Silber aus den Huldigungsgeschenken, Nab. Const. Col. IX, 15.

muškînu Bettler. *mindi mârtu ištên mu-uš-ki-nu* vielleicht ist sie die Tochter eines Bettlers, Amarna L. 1, 37; s. a. II R. 32, 34gh.

muškinûtu Bettlerschaft. *muš-ki-nu-tu illak* er wird Bettler werden, Bezold Cat. 1566.

כאם₆ *kâsu* Becher. Gewöhnlich aus Kupfer und ziemlich teuer. Dar. 85, 1 kost ein blanker Becher ⅓ Mine 1 Sekel. *lumalli ka-a-su* er möge den Becher füllen, K. 2401, Col. III, 35 (BA 2, 620). *kâsu ša malû ḳilte*, IV R. 61, 53c. Stellen wie Camb. 331, 4; Dar. 301, 7 vgl. mit Nrgl. 28, 17; Nbd. 761, 3 zeigen, dass *TIG-ZI* mit Zimmern Šurp. 2, 104 etc. jedenfalls *kâsu* zu lesen sei.

כאם₇ *kîsu* bedeutet, wie mir Zimmern mitteilt, Geldbeutel (= כִּיס). *allaka (am.) šamallû nâš kîsi* (*SU-GAR-TAK*) der Bote, der Lehrling, der den Beutel trägt, ZA 4, 11, 27. *uḫallaḳ kîsa* er zerreisst den Beutel, ib 10, 48. Zu *aban kîsi* II R. 37, 49gh vergleicht Zimmern sehr treffend אַבְנֵי כִּיס Prov. 16, 11.

kîsu eine Rohrart. Auch 79, 7—8, 21, 6 wird [*GI*]-*ZI* durch *ki-i-su* erklärt; Z. 10 ff. [*PA*]-*GI-ZI*, ... *AŠ*(?)-*GAR* und ... *AŠ*(?)-*BAR* durch *ar-ti ki-i-[si]*. Nbd. 856, 3 wird ein *elippu GI-ZI* erwähnt.

kîpu Strick oder Netz. S. Maql. 2, 151, 162. ‖ *ḫuḫaru, šêtu*.

kupu eine Fleischsorte. *šêr ku-pu*, Weltsch. 4, 186.

kâru bedeutet die Steuer, welche in die koenigliche Kasse floss. *17 šiḳlu ša ka-a-ri ša šarri ša Gimillu... (am.) rab-kar ša šarri ina eli Kurbanni-(il)Marduk* 17 Sekel von der Steuer des Koenigs geliehen von G., dem Steuerdirector des Koenigs an K., Ev. M. 8, 1 etc. *ina miksi ka-a-ri ..... ekurrê gabbu ša (mât) Ašur uzakkišunuti* von dem Koenigszoll... befreite ich alle Tempel Assyriens, K. 1349, 39 (Winckler Keilschr. 2, 1). *dikût mâti la irridû ina miksi ka-a-ri ni....*, K. 4289 Rs. 12 (s. BA 2, 572).

kûru ein Teil des Rohres. *GI-KA-LUM-MA = ku-u-ri*, Sp. III, 6, 19 (PSBA 1894 Dec. 4). Vgl. Bezold Cat. 773 *enûma ušši ku-u-ri ša (aban) ru .... etc.*

kêšu. K. 8239, 5a wird hinter (*elip*) *ig-ri, u-ri* auch *ditto ki-e-ši, ditto ki-ši* erwähnt.

כאת₇ *kêtu* Ende. *ki-e-tu andku*, K. 504, 13 (Harper Lett. n°. 157); vgl. *ki-e-tu*, K. 596, 8 (ib. n°. 190). — Ein anderes *kîtu* liegt Maql. 2, 149, 160 vor.

kaba'. *mimma mala ina ali u ṣêri ina elî ka-ba-'* (man erwartet *KA-LUM-MA*) *51 Gur (il) Šamaš-eṭir ippušu* alles, was in der Stadt und auf dem Felde S. zu dem geborgten 51 Gur Datteln (?) hinzuverdient, Dar. 359, 5.

כבב *kabâbu* brennen. K. 4362 ist schon ausführlicher als bei Delitzsch HW 313 ZA 4, 161 publiciert. Ein Duplicat dazu ist Rm. 344. Die Ideogramme für *kabâbu* lauten *ŠU-RU-US, GIR-LAL, TAR-TAR*(!)-*RU, U-GUG, BAR*. Für *ḳababu* Schild s. *ḳababu*. *ka-ba-bu* auch K. 4143 Vs. 7 (= K. 11155, 9); vorhergehen *sa-na-ḳu, mu-ša-bu*. Vgl. 1 Neb. Col. I, 17 *i-kab-ba-bu ki išâti*.

II, 1 verbrennen. *ašuštum tanamdû AN-GIŠ-BAR-niš tu-kab-ba-bi zumri* Leid sendest du, verbrennst wie mit Feuer meinen Körper, IV R. 56, 46.

kubagiddu (?) ein Gefäss. *DUK-GAR-GID-DA = ku-ba-gid* (?)-*du*, V R. 42, 24ab.

כבד *kabidu*. II R. 25 n°. 4 add. 35 *HAR* mit der Aussprache *ur = ka-bi-du* (Strassm. AV 5544). Es folgt *têrtu*. Vielleicht eine westländische, כָּבֵד entsprechende Form.

kabduḳû ein Gefäss. *DUK (a-ba-an-niš) PA = kab-duḳ-ḳu-[u]*, V R. 42, 13e f. *kab-du-ḳa-a* (= *DUK-PA*) *šizib amêlûti umallama mârašu itappal* einen k. soll er mit Menschenmilch füllen und sie seinem Sohne zurückgeben, II R. 9, 55cd.

כבל *kabalu* binden. *kima kiti u-kab-bil-šu-nu-ti* wie k. will ich sie binden, Tallqvist Maql. 2, 160. Es folgen *usakap*, *ublas*, *akattam* etc. Hiervon wird *uktambil* II, 2 (Del. HW 313) mit entsprechender Bedeutung sein.

כבס *kabásu* I, 2 treten. *ki išati ik-tab-su šêrê* *TI*(*šêr*) *ZAG* so wie das Feuer die Fleischstücke beleckt BA 2, 636.

kibsu Tritt. Pl. auch *kibsâti*. *ina kib-sa-ti attaluk* den Spuren gehe ich nach, K. 469 Rs. 8 (Harper Letters n°. 138).

kabaṣu. K. 4201 Rs. 11 *ka-ba-ṣu* mit *ḫamâšu*, *eṣ'pu*, *kuppuru* und *ḫabâṣu* in einem Paragraphen genannt. Ideogramm weggebrochen. Stamm eventuell קבץ.

כבר *kabâru* Prm. *kabbar*. *šumma šârat ḳaḳḳadišu ka-ab-bar libbu ṭabu ibaši* wenn sein Haar lang ist, wird er sich wohl befinden, Bezold Cat. 571. *ina eli ẓuḳtišu ẓarat u kab-ba-rat* auf seiner Spitze sprosst und wächst, ib. 1770.

II, 2 ehren. *uk-te-ib-bi-ir-šu-nu* ich habe sie hochgehalten, Amarna B. 22 Rs. 24.

kabbaru Fem. *kabbartu*. *ZAG-GIR* = *kab-bar-tu*, zwischen *maḫirtu* und *ḳabbaltu*, II R. 29, 30cd.

kabartu ein paarweis vorhandener Körperteil, den sowohl Menschen wie Scorpione haben. Determinativ *SA* = *riksu*. *šumma aḳrabu ka-bar-ti imittišu ditto miṣiru iṣabatsu, šumma aḳrabu ka-bar-ti šumêlišu ditto libbu balâṭa immar* wenn ein Scorpion seinen rechten k..., wird er gebunden werden; wenn ein Scorpion seinen linken k..., wird das Herz Leben schauen, Boissier Doc. 32, 3. *šumma* (*rikis*) *ka-bar-ti imittišu* resp. *šumêlišu*, Bezold Cat. 802. Ib. 1090 *šumma amêlu muruṣ ka-bar-tim*.

כבש *kubšu* Turban. *ištên kubšu* (*KU-SAGŠU*) *ša 3 šiḳlu kaspi ubbalu ša* (*il*)*Nabu-aḫê-iddin ina muḫḫi Silim-*(*il*)*Bêl* (*am.*) *ḳallu ša* (*il*) *Bêl-uballiṭ* ein Turban, der 3 Sekel kostet, gehörig dem N., geliehen an S., den Sclaven des B., Nbk. 307, 1, 9. (*il*)*Nabû-rêmu-šukun* (*am.*) *ḳallušu* (*am.*) *rab-kašir*(?)*-kubšê* (! *KU-SAGŠU*) *maškanu* N., sein Sclave, der Oberturbanmacher, ist Pfand, Nbd. 1116, 5 Vgl. K. 2148 Col III 4 (ZA 9, 122)

takbustu(?). *4 mani kaspu ša ina 1 šiḳlu pithu ma'-*... *tak-bu-us-ti*. Dar. 265, 16. *ub 2 ḳ...* *tak-bu-us-tum*, Cyr. 128, 14

כבת. Neben *kabittu* Leber findet sich auch die Schreibung *ka-ba-at-tu* Nbd. Bez. Col. II, 50 (PSBA 11, 104 ff.) und *kabtu*. *mušallim parṣê ... mušpiḫ kab-ti-ka* der deine Götterkammern vollendet, dein Gemüt beruhigt, Craig Rel. T. 76, 9. S. auch כבד.

kidi. *šumma ina bîti amêli ina iṣ ri ki-di birṣu innamir*, Bezold Cat. 1451. *ina ki-di imêt*, ib. 1438. *ana ṣêri ki-di u namê tapḳidanni*, Tallqvist Maql. 4, 23; vgl. ib. 3, 192; 4, 1; *ki-di-e* ib. 2, 137; 8, 7. S. auch Boissier Doc. 39, 13; 40, 1.

kudabu(?) S. 6, 19 *ku-da-bu*, *ditto ša iṣi*(?). Vom ersten Ideogramm nur .... *KAB* erhalten.

kiditu. *ki-di-tum ikattam* Boissier Doc. 40, 1. Pl. *ki-da-a-ti* ib. 36, 10. Vgl. auch *libbi ša ki-da-a-tim tânibu umalli*, IV R 21*, 23b.

כדן *kidânu* bei Ortsbezeichnungen *bitu epšu ina ki-da-an-ni abulli* (*il*) *Zamama pihat Babili* ein Haus in der Nähe(?) des Zamamathores im Bezirk von Babylon, Dar. 37, 1; 379, 69.

kadnu eine Pflanze. Sm. 387 Vs. 4 wird *ka-ad* (*ṭ*, *t*)-*nu* erwähnt. Vom Ideogramm nur noch .... *SA*]*R* zu sehen.

kaduppânu eine Feigenart. *GIŠ-NUR-MA-KU* (S[b] 230) *KU* = *ku-dup-pa-nu* V R. 26, 23gh. Vgl. auch K. 165, 17.

כדר *kadâru*. Rm. 345, 15 ... *NA* = *ka-da-ru*. Vgl. *ka-dir-ti ilâti*, V R. 9, 76.

כדר *kudurânu*. *mâr ša* (*il*) *Šamaš ša* (*il*) *Bêl-uballiṭ* (*am.*) *šangû Sippar*.... *uṣappû ku-du-ra-nu libbi*(?).... Camb. 19, 2.

kudaritu Pl. ein Werkzeug (neben *marru*, *zabbilu* genannt). *173 ku-da-ra-a-ta ša ṭiṭi* 173 Lehmschaufeln(?), Nbk. 433, 6.

כזב II, 1. *ištu iṣbatuka kîma kalbi tu-ka-an-za-ba* seitdem sie dich gegriffen haben, winselst(?) du wie ein Hund, Bezold Cat. 906.

III II, 2 *uš-ta-kaz-zab ana nimêli*, ZA 4, 10, 48 etc.

kanzabu ein Musikinstrument. (*am.*) *LUL Pl.*

pal-ki-e maḫarša kamsu šud GIŠ-ZAG-SAL (s. Asarh. Col. I. 53) *šebiti u ka-an-za-bi*, Craig Rel. T. 55, 7 = Winckler Keilschr. 2, 2.

kuzippu. *ina ķirsi ku-zip-pi nu-ša... šim*, K. 511 Rs. 1 (Harper Letters n°. 21); ib. n°. 26 (K. 4780 Rs. 4) *šummu tariṣ ûm 20 KAN ku-zip-pi. ku-zip-pi ša šarri illuku*, K. 1204, 12 (ib. n°. 29). *ragintu ša ku(!)-zip-pi ša šarri*, K. 540, 8 (ib. n°. 149).

kûḫazzu ein Gebrauchsgegenstand. *1 ŠU ku-u-ḫa-az-zu ša siparri*, Amarna B. 26 Col. I, 23; *1 ku-u-ḫa-az-zu ṣiḫru ša gu-un-nu-ki ḫurâṣu*, ib. 25, Col. II, 29.

kakku scheint auch ein landwirtschaftliches Gerät zu bedeuten. *ḫarru iḫir[ri] kakku u aggullât inaššû mê ḫarbu[tu] išaķķu* Canaele soll er graben, k. und Hacken gebrauchen, die verfallenen Wasserläufe wieder bewässern, Camb. 142. 7.

kukubu ein Gefäss. *2 (diķar) ku-ku-bu ušširanni* sende mir 2 k.-Gefässe, Amarna L. 5, 25. *20 ku-ku-bu ša šamni ṭâbi malû namša šumšu* 20 k.-Krüge mit wohlriechendem Öl, namens namša, Amarna B. 28 Col. III, 37 ff.

kakkultu. K. 11185, 7 *kak-kul-ti ŠI* (= *îni*?). Ideogramm weggebrochen.

kiksu. *KUD* mit der Aussprache *ku-ud* = *ki-ik-su*, 83, 1—18, 1335 Col. II, 29.

kikkisu. *ina libbi ki-ik-ki-si etarbu*, K. 113. 8 (PSBA 1888 Jan); vgl. K. 568, 8 (Harper Letters n°. 4).

kukru eine Specerei. Rm. 367 + 83, 1—18, 461a Col. II, 27 ff.

GIŠ-ŠIM-MIR-MIR = *ku-uk-ru*
GIŠ-ŠIM-KU (Sᵇ 230)-*KU* = *ditto*
GIŠ-ŠIM-GAM-GAM = *ditto*.

Besonders das dritte Ideogramm kommt auch sonst häufig in der Literatur vor. Aus Tallqvist Mql. 5, 32, 6, 35 geht hervor, dass es eine auf Bergen wachsende Pflanze war; vgl. auch IV R. 55, 36a.

kikurru Götterschrein (?) 81, 4—28, 327 Rs. 19 wird unter andern Worten für Tempel etc. (*parakku, nîmedu, eširtu, panpanu, simakku*) *ki-kur-ru* durch *šu-up-k[a...]* erklärt.

kakarissu. Rm. 2, 588 Vs. 37cd *IN* mit der Aussprache *gi-ir* = *ka-ka-ri-is-su*.

כלא II, 1 zum Einsperren übergeben (?). (*am.*) *mârbanê ša ina panišunu (il) Daian-bêl-uṣur (am.) ķalla šu Itti-Marduk-balâṭu ana Kalbi-(il)Bau u-ki-il-lu-u* die Freien, vor denen man Daian-bêl-uṣur, den Sclaven des Itti-Marduk-balaṭu, dem Kalbi-Bau zur Bewachung gab, Camb. 329, 6. Vgl. Dar. 234, 2: 2½ *šiķlu kaspi ana kul-lu-u*.

III, 2 in die Gefangenschaft geführt werden. *Bêl-ibni u (am.) rabûtišu ana Ašur ul-te-ik-lu* B. und seine Grossen wurden nach Assyrien in die Gefangenschaft geschleppt, Bab. Chron. Col. II, 28.

makallû Uferdamm. Nbk. 202, 2; 246, 3; Dar. 323, 19; 351, 9.

kalgukku ein Gefäss. *IM-MAL-LI-GUG* = *kal-gu-uk-ku*, V R. 27, 6ab.

כלה II, 1 vernichten. *u-kal-la-an-ni mûtu* der Tod hat mich vernichtet, Lehmann Sams. L³ Rs. 9.

II, 2 aufhören. *lišlimma lû uk-ta-li libêl ana ṣâti* er möge heil sein, nicht aufhören, sondern herschen in Ewigkeit, Weltsch. Schl. Rs. 11.

IV, 1 schwinden. *tukulti (il) Ašur bêlišu ina mâti annîti ik-ka-li* der Beistand (oder die Waffe) Assurs, seines Herrn, schwindet in diesem Lande, IV R. 34, 9a. *pagrê* (?) *ik-ka-li-u*, K. 519 Rs. 17 (Harper Lettres n°. 108).

כלה *maklû* ein Gegenstand aus Bronce. K. 55 Vs. 24 ...*SA-SA* = *ma-ak-lu-u*. Vorhergeht *ķal-la-lum*, es folgt *ķa-lu-u*. K. 8676 Col. IV, 9, ein Vocabular, dessen Ideogramme sämtlich mit *URUDU* beginnen, ...*SA-SA* = *ma-ak-lu-u*. Vorhergeht *ķal-ķal-lu*, es folgt *ķa-lu-u*.

kalitu Pl. *kalâti*. *tukkupâ ka-la-tu-ša*, IV R. 58, 37a.

kilâti ein Körperteil (?). *ina ki-la-te-ša akala našat* in ihren k. hält sie Speise, K. 2148 Col. III, 8 (ZA 9, 122).

kalakku Pl. *kalakkâti*. *eriš eṣidu ka-lak-ka-a-ti mûl*, K. 4287, 6 (Winckler Keilschr. 2, 34).

kilkilanu ein Baum. K. 165 Rs. 10 (*iṣ*) *kil-ki-la-nu*. Jedenfalls nur eine andre Schreibart von *kir(š)kiránu*.

כלל *kullultu*. *ku-ul-lul-t[um]* wird II R. 29, 72g unter andern Synonymen für Braut genannt.

כלם IV, 1 (*il*) *Bel mata ana limutti ik-ki-li-mu*, Bezold Cat. 572. Vielleicht von כלמא.

mukallimu ein Titel. *mer* (*am.*) *mu-kal-lim*, Camb. 208, 11.

mukallimtu die anzeigende(Linie), speciell Titel oder besser die Colophonlinie. (*il*) *Nin-Nisinna mir* (*il*) *Girra mu-kal-lim-ti-ša ludlul bêl nimeķi* Titel des Buches: Nin-Nisin, Girras Sohn, seine Colophonlinie: Ich will verehren den Herrn der Weisheit, Bezold Cat. 1627; vgl. ib. 1483, 1584, 1645, 1771.

taklimtu. *tak-lim-tu ukallamu*, BA 2, 635, 1.

kaluma. 83, 1—18, 1330 Col. II, 8 *DUR* mit der Aussprache *du-ur* = *ka-lu-ma*; ib. Col. II, 32 *TU* mit der Aussprache *tu-un* = *ka-lu-ma*.

kalumatu Tochter. II R. 29, 64g wird *ka-lu-m*[*a-tum*] unter lauter Synonymen für Mädchen genannt; s. WZKM 6, 29.

kallamari. Vgl. ausser BA 2, 46 noch *ša kal-la-ma-ri unnanika uṣur uṣur uppaška*, K. 883 Rs. 10 (Craig Rel. T. 27 = BA 2, 633).

kuliptu. *ištu šippuriša adi kantappiša ku-li-ip-tu kima ṣiri atat*, K. 2148 Col. II, 11 (ZA 9, 121).

כלץ *kalaṣu UD* mit der Aussprache *bi-ir* = *ka-la-ṣu*, 82, 9—18, 4159 Col. II, 12. Stamm möglicher Weise כלץ.

kullaru ein Teil des luluppi-Baumes. *GIŠ-RU-A-TU-GAB-LIS* = *kul-la-ru*, *ķi*(?)-*ta-ru*, *zanzaliķu*, V R. 26, 62gh.

kultu (*ku-ul-tum*) V R. 43, 30a. Aequivalent weggebrochen.

כמל *kamâlu* zürnen. *ana ili ali'a ša šabsûma kamlu itti'a* wegen des Gottes meiner Stadt, auf den sie erzürnt sind, grollen sie mit mir, King Magic n°. 7, 19. *ša kam-lu šabsu*, IV R. Add. 5, 4. Vgl. Weltsch. 4, 76.

kimiltu Zorn. *ina* (*araḫ*) *Du'uzu ki-mil-ti* (*il*) *Šamši* am ersten Tammuz Zorn der Sonnengottes, V R. 48 Col. IV, 1. *ašar ki-mil-ti* (*ŠA-DIB-BA*) *ili* wo der Zorn des Gottes ist, Zimmern Šurp. 7, 18. *ul ipšur* [*ki*]-*mil-ta-šu* nicht löste er seinen Zorn, Nab. Coust. Col. I, 21.

כמם *kamamu*. K. 10014, 6 f. folgt 2 Mal *ka-m-ru* auf *nuš kuṭ-ku li*. Das Aequivalent ist weggebrochen.

kammu. *aštari kam-mu naktu ša likin Šumeri*, Lehmann Sams. L[4] Col. I, 17.

kummu Pl. *kammati* ein Gefäss. *SU-KAD* mit der Aussprache *ka-am* = *ku-am-mu*, 83, 1—18, 1330 Col. I, 7. Asurn. Col. II, 75 figuriren *kam-ma-at* (Var. *a-te*) *siparri*, neben *tabbdi* und *sariti* als Tribut des Landes Sipirmina.

kimmatu. K. 11185, 8 *kim-ma-tum* vor *ubartu*. Vom linken Aequivalent *mur....ru* zu sehen.

kamanu eine Speise(?). 9½ *ĶA ša sipu ša ka-ma-nu ša zizi*, BA 2, 636, 35.

kamunu eine Pflanze. K. 4174 + 4583 Col. I, 3 *ya-mu-un* | *U-TIN-TIR-SAR* | *U...* | *ka-mu-nu*). Vgl. noch .... *KAM* = (*šam*) *ka-mu-nu*, Rm. 356, 12 und K. 4152 Vs. 13.

כמר *kamâru*. Rm. 2, 583 Rs. 30cd *KAB* mit der Aussprache *tu-u* = *ḫa-tu-u* und *ka-ma-ru*.

II, 1 in astronomischer Bedeutung III R. 53, 30a *šumma kakkabê* (*il*) *Šamši aṣi kum-mu-ru ina šattu ši zunnu u melû uštabarrû* wenn die Sterne bei Sonnenaufgang...., so wird es in diesem Jahr Regen und Hochwasser geben. Vgl. ausserdem *u-kam-mar* ZA 10, 4, 22.

kamru. *kam-ru ša ali ša ibtuķu umalli*. Dar. 129, 7.

kâmiru ein Beamter. Amarna L. 1, 15, 33.

kumurrû. *dalû ku-mur-ri*, ZA 10, 205, 2.

kumuššu. *ina ku-mu-uš-šu šarru bêli lipķidi*, K. 168 Rs. 27 (Winckler Keilschr. 2, 29 = Lehmann Sams. XLV).

kameššaru ein wohlriechender Baum. Rm. 317 + 83, 1—18, 461a Col. II, 12 ff. wird *GIŠ-KIB-KUR-RA*, *GIŠ-KIB-LAH* und *GIŠ-KIB-SAL* durch *ka-meš-ša-ru* erklärt.

kunibu, *kunibḫu*, Pflanzen. II R. 42, 67 ef.

(*šam*) *ku-ni-bu* = (*šam*) *ku-ni-ib-ḫu*

(*šam*) *ku-ni-ib-ḫu* = (*šam*) *e-zi-zu*.

kanagurru. *UR* (S[b] 271) = *ka-na-gur-ru*, II R. 36, 27cd.

כנה II, 1. K. 4143, 10 *SI* = *kun-nu-u*. Neben bereiten scheint, wie mich Zimmern belehrt, *kunnû* auch in der Bedeutung خبى, كنّى vorzukommen. *ki ina birit ištarâti (il) bêlit ilâni u-kan-nu-ši* die man unter den Göttinnen Herrin der Götter zubenennt, Craig Rel. T. 55 Col. II, 4.

II, 2. *KUR* = *ku-te-nu-u*, 83, 1—18, 1330 Col. 1, 21. *uk-ta-an-ni*, K. 257 Vs. 30 (ASKT 126).

IV, 1 wohl bereitet sein. *šumma ik-ka-ni ar-ratsu ul ikašad* wenn er wohlbereitet ist, wird sein Fluch ihn nicht erreichen. Bezold Cat. 1698.

kanû Fem. *kanûtu* wohl bereitet. *ḳarittu (il) Ištar ku-nu-ut [ilâti]* tapfere Istar, die beste der Göttinnen, King Magic 1, 29; vgl. ib. 2, 45; 4, 14; 5, 11; 9, 30. Rm. 3, 105, 2 (JRAS 1892, 350 ff.) *ku-n u-ut (il) ištarâti bêlit dadmê šagapurti.*

kunnû Fem. *kunnûtu* erhaben. *ku-un-nu-u maliku etillu ṣîru kaškašu šurbû*, ZA 4, 230, 5. *(il) Ninib gitmali mâru kun-nu-u ilitti rubat ilâni (il) Eru'a*, Rm. 3, 105, 7 (JRAS 1892, 350 ff.); vgl. ZA 10, 293, 26.

kunaktu ein Wohlgeruch. Rm. 367 + 83, 1—18, 461a Col. II, 9 *GIŠ-ŠIM-GIG* = *ka-nak-tum.*

kankadu ein Baum. K. 165 Rs. 17 *(iṣ) kan-ka-du.*

כנן I, 1 sich bedecken, bekleiden. *lubaram têdiḳ šarrûti'a lû ak-nu-un* mit einem Kleide, dem Koenigsgewande, bekleidete ich mich, Nabp. Penn. Col. III, 1; vgl. IV R. 55, 6a.

II, 1 bedecken, binden. *tukussasi riksê manâni tu-kan-na-a-ni*, IV R. 56, 2b. *manâniki u-kan-ni-in*, Maql. 7, 68. Die parallelen Verben (*ubbir, ukassi*) geben die oben angegebene Bedeutung an die Hand.

kannu. Einige unklare Stellen mögen hier vereint werden. 83, 1—18, 1330 Col. IV, 14 (danach V R. 40, 19cd) *TE* mit der Aussprache *te-e* = *ka-an-nu. še ebûri puru' kan-nu maḫiṣ*, K. 650, 13 (Harper Letters n°. 128). Die und die Leute *ša ana kan-nu tašpura ana pani'a ul illikku*, K. 831, 6; vgl. Rs. 4 (ib. n°. 214). *ka-an-ni gamarti ina abulli ittaḫla lu* wenn sich die ganze k. im Stadtthor versteckt hat, Rm. 277 Col. VIII, 8 (s. BA 3, 504). *kan-nu ša NI-ŠUR* auch IV R 33*, 20c S. a. ZA 10, 211, 14.

kunînu scheint auch einen Schmuckgegenstand bezeichnet zu haben. *1 ku-ni-nu ša abni libbušu u išissu ḫurâṣu uḫḫuzu*, 1 k. aus Stein, der mittlere und untere Teil mit Gold eingefasst, Amarna B. 25 Col. II, 60; 62: *1 ku-ni-nu ḫurâṣi 20 šiḳlu ina šuḳultišu.*

כניש *kanâšu* Prs. *ikannuš. ditto šepâšu pussula ana panišu šârat nêši šakin mâtu ana šarriša i-kan-nu-uš* wenn eine Frau ein Kind gebiert, dessen Füsse.... sind, und der auf seinem Gesichte eine Löwenmähne hat, so wird das Land seinem Koenige unterthan sein, Bezold Cat. 917.

kinšu. ki-in-šu ikannišu, Nbk. 202, 8.

kiništu Zubehör etc. *bîn maḫirti Esagila miḫrat iltani ša ramkûti ki-ni-iš-ti Esagila ramû ḳiribša* das Vorratshaus von Esagila, gegen Norden, worin die Priester die Geräte von Esagil aufbewahren, Nrgl. Ripley Col. II, 9 (PSBA 10 pl. 8).

kantappu scheint ein Körperteil gewesen zu sein; s. K. 2148 Col. II, 10; III, 1, 10, 13 (ZA 9, 121 ff.).

כסה I, 1 *kasû* eine Art der Ziegelfabrication. *4 šiḳlu kaspi ana ka-si-e ša libnâti*, Nbd. 264, 1; Nbk. 30, 7.

I, 2 binden. *ak-ta-si idiki ana arkiki* ich binde deine Hände hinter dich, Tallqvist Maql. 3, 99; ib. 4, 55 *ak-ta-si-ku-nu-ši* ich binde euch.

II, 1 binden, hemmen. *(il) Ellat birkikunu li-kas-si ḫarrân panikunu šaknu târanimma šanîtamma ṣabta* Ellat möge eure Knie hemmen, den Weg, der vor euch liegt, kehrt zurück und schlagt einen andern ein, Bezold Cat. 1045; vgl. Tallqvist Maql. 7, 67.

kasîtu Bande. *inninti lippaṭri* (!) *ka-si-ti li[ppašri?]* meine Sünde werde gelöst, meine Bande gelockert, King Magic 30, 11.

kisittu Bande ist zu streichen bei Delitzsch HW 342, da mit King Magic 57 *itti sittu* zu lesen ist.

maksû Binde (?). K. 10053, 5 wird *ma-ak-su-u* hinter *a-gi-it-[tu-u], nap-du* (?)..., *šalal*... aufgeführt.

kisi(t)tu ein Gegenstand aus Holz. Ausser Asurn. I, 87 vgl. Nbd. 1000, 16 *ki-si-it-tum ša me-suk-kan-nu*, Camb. 243, 2 *maḫîru ša ki-si-it-tum erini*, Camb. 404, 10: *10 siḳlu kaspi $^{1}/_{2}$ biltu ki-si-tum erini.*

kaskasu. ka-as-ka-su ina ḳablišu pališ der k. in seiner Mitte ist ausgehölt, V R. 63, 32b. Vgl. Mitt. d. vorderas. Ges. 1896, I, 69, wo Messerschmidt es durch Zahn wiedergiebt.

kiskuttu ZA 10, 202, 5. Unsicher.

kisallu. Bei Esagila unterschied man einen obern und einen unteren k. *Esagila ki-sal-lu elenû ina biti* (oder *libbi*?) (*il*) *Bêl* (*il*) *Belti'a ašlabûni adi ekurratišu bît papah* (*il*) *Tašmetum ki-sal-lu šaplîu adi ekurrišu*(?) *naphar annûu gabbu epiš* bei Esagila ist der obere Hofraum, wo Bel und Beltis wohnen, nebst seinen Tempeln und der Cella der Tašmit, ferner der untere Hofraum nebst seinem Tempel, alles dies ist gemacht, K. 499 Vs. 12 (Harper Lett. n⁰. 110). Vgl. *2 BAN Pl. ša patti apsî ki-za-al-li-šu-nu*, Amarna B. 26 Col. II, 54.

kisillu(?) *ki-si-il-li*, Nbd. 779, 8, 11. Vielleicht fehlt vorn etwas.

kisalmahu grosser Platz. *ina ki-sal-ma-hi* (*KISAL-MAH*) *kigulla lû ramita* auf einem k. bewohnst du ein k., IV R. 13, 12b.

kismu eine Pflanze. K. 8667, 10 wird .... *DA-SAR* = *ki-is-mu* neben andern Allienarten erwähnt.

kisimmu (*ki-si-im-mu*) auch ZA 8, 198, wo es das Ideogramm *KI* (fehlt wohl nichts) (*si-im*) *NIGIN* hat.

כסס *kasâsu*. ....*mat ik-su-us dabibu idabubušu*, Bezold Cat. 1438. *ka-sa-su* auch II R. 45, 7 f. neben *gaṣâṣu* und *kasû*.

kissu. 83, 1—18, 1335 Col. III, 28 TAR = *ki-is-su*.

כסף *kasâpu* Prs. *ikasip*. *kispa ta-ka-si-ip* das Totenopfer sollst du darbringen, Bezold Cat. 612.

kusâpu. Totenopfer(?) *ku-sa-pu lâ ekulûni* Totenopfer assen sie nicht, K. 569, 11 (Harper Letters n⁰. 78).

kusipu ein Pflanze. II R. 42, 7a (*šam*) *ku-si-pu*.

כסר *kasâru*. *šiiru i-ka-si-ir*, K. 519 Rs. 16 (Harper Letters n⁰. 108).

kupitu ein Vogel. II R. 37, 38c; 40, 36e; auch Bezold Cat. 1577: *1 ku-pi-tu* (*iṣṣur*).

כפל *kapâlu*. *ŠUR* = *ka-pa-lu*, S^c 5b, 4.

II, 1. *ku-up-pu-lum* = ... *GAN*, II R. 39 n⁰. 4 add., vgl. ib. *kip-pa-lum*.

kuplu. *PU* mit der Aussprache *tu-un* und *ub* = *ku-up-lu*, 80, 11—12, 9, 9, 16 (JRAS 1894, 830).

כפף *kappu* 1) auch Fuss(?) des Scorpions. *šumma akrabu ina kap-pi panišu ša imni* und *šumma akrabu ina kap-pi panišu ša imitti* wenn ein Scorpion an seinem rechten resp. linken Vorderfuss(?), Bezold Cat. 1581. 2) ein Stück Silber in der Form einer Hand. *108 libnâti kaspi 720 kap-pi hurâṣi* 108 Silberziegeln, 720 Goldhände, Bezold Cat. 1721. 3) Unsicher ist (*iṣ*) *kappu*, vielleicht Zweig(?). *10* (*iṣ*) *kap-pu ša isrindu 500 isrinda ina libbi* 10 Weinstockzweige, woran 500 Weintrauben sind, Nbd. 606, 10. *ina kaṣiri ina eli kap-pu inamdinu* die Datteln sollen sie bei der Erndte auf den Zweigen(?) sitzend abliefern, Nbk. 364, 6.

kippû. *šumma kip-pa-a kisaliti ittanasuk*(!), Boissier Doc. 27, 9.

כפץ *kapiṣu*. *ênu* (od. *uznu*? s. III R. 65, 12a) *imnišu kap-ṣa-at* (resp. *šumêlišu*) II R. 61, 42a.

kapaṣu ein Stein (*aban*) *ka-pa-ṣu* IV R. 55, 19a.

כפר *kapâru*. Hier werden einige augenscheinlich verschiedene Stämme zusammen aufgeführt. 83, 1—18, 1335 Col. III, 7 *HAŠ* mit der Aussprache *ha-aš* = *ka-pa-rum* (wohl = abschneiden). Eine bautechnische Bedeutung hat das Wort Bezold Cat. 1676 (*aban*) *abanâti ša* (*šad*) *Izalli ša ku-pa-ri lûbilûni* man möge Steine vom Gebirge I. zum Bau(?) bringen. Beachte, dass K. 12021 Rs. 4 *ka-pa-ru* zwischen *raṣipu* und *arû* steht. 82, 9—18, 4159 Col. II, 11 *UD* mit der Aussprache *ba-ab-bar* = *ka-pa-rum ša KU*(?)-*DA* neben *piṣû*, *namru*, *nipirdû* etc.

II, 1. *takpirâti ibbûti šarru tu-kap-par*, Bezold Cat. 516.

kâpiru ein Amtsname. K. 4560, 3 wird *ka-pi-ru* unter lauter Beamtennamen aufgezählt. Vom Ideogramm ist noch ...*ŠUR* zu sehen, das nach 80, 7—9, 129, 4 zu [*MULU-SAG*]-*ŠUR* zu ergänzen ist.

kuparu ein Gebrauchsgegenstand. *7 ka-pa-ri par*[*zilli*], Nbd. 558, 20.

kaparru Hirtenknabe. *ka-par-ri ul inaṣ*[*ṣar*] Hirtenknaben(?) wird er nicht bewachen, Dar. 193, 15.

kaṣibu. 82, 3—23, 151, 5 *ka-ṣi-bu*; vorhergeht *malû*.

כצה II, 1 kühlen. *lishinimma li-ki-iṣ-ṣa-a* (*išâtu*) *ṣi-ri-ih-tu ša libbi ênâšu* sie mögen eintauchen und kühlen die Glut in seinen Augen, IV R 29*, 3b. — Was bedeutet *ku-uṣ-ṣu-u ša biti*, Camb. 5, 2?

כרב *karâbu* segnen, Imp. *ikrub*, doch wird auch von קרב neben *iḳrib iḳrub* gebildet (q. v.).

I, 2 dass. *ana šarri bêli'a ik-tar-ba* er betet für meinen Herrn Koenig, K. 1234 Rs. 7 (Harper Lett. n°. 134). Auch *kit-ru-ba gaširtu* K. 3600 Rs. 15 (Winckler Keilschr. 2, 3) gehört wohl hierher.

I, 3 dass. *ik-ta-na-ar-ra-bu šarrûti* sie beteten für mein Koenigtum, Nab. Const. Col. V, 6.

II, 1 dass. *anâku ul ak-ru-bak-kam-ma ša kur-ru-bi-ia uk-tar-ri-bak-kam-ma* ich habe dich nicht gesegnet, nur um mich zu segnen, habe ich dich gesegnet, IV R 34, 1.

II, 2. s. II, 1.

kâribu der Beter. *Marduk-šullim-aḫê ka-ri-ib-ka*, Bezold Cat. 1756, 1932. Deshalb ist auch KB 4, 98, IV, 3 *ka-rib*, nicht mit Peiser *ka-lab* zu transscribieren. Vgl. auch Nbk. 247, 3.

kiribu. ...*s*]*a* (?)-*ru* = *ki-ri-bu*, K. 4211 Rs. 2.

kirbânu s. unter *anduḫallatu* und *assukku*.

karballatu Mütze. Vgl. Tallqvist Nbd. 84 und Dar. 253, 7. Nakši-R. 26a entspricht *kar-bal-la* (!)-*ti* pers. *khauda*; s. Jensen bei Brockelmann Lex. syr. 164 und Andreas bei Marti Grm. d. bib. Arm. Glossar s. v.

כרה I, 2. *šumma ina murṣišu pûšu ṣabitma ḳûtâšu u šêpâšu ik-ta-ra-a*, Boissier Doc. 22, 1.

kurrû ein kurzer Strick. Rm. 353 Rs. 6 wird *kur-ru-u* zwischen *maḫrašu* und *timmu ša ašlaki* erwähnt. Die Ideogramme der beiden ersten lauteten gewiss [*GIŠ-TIM*]-*GAL* und [*GIŠ-TIM*]-*TUR*.

kiritu (od. *kirû*?) ein Gefäss. *10* (*diḳar*) *ki-ra-tum ša šamni ṭibi malû*, Amarna B. 26 Col. III, 36; vgl. *U* mit der Aussprache *u* = *kir-tum*, V R. 36 Col. I, 25.

kirîtu. Sm. 896, 10 *ki-ri-e-tu* zwischen *ašlukatu* und *gišrum* in einem Paragraphen; Ideogramm weggebrochen.

kurêti s. *arraku* (S. 16).

כרך *karâku*. *ana ûm 7 KAN im-ma* .... *ni-kar-ri-ik nippaš*, K. 495 Rs. 6 (Harper Letters n°. 20).

karku Tränkrinne (?). *GUL-RI* (?)-*AKA* und *GUL-A-LAL-LA* (?) = *kar-ku*, II R. 30, 71cd.

kirriktu. *SAL-KU-KU-PAL* = *kir-rik-tu*, ZK 2, 300, 413.

karkatu. *šarru* (*mât*) *Urarṭai adi* (*am.*) *emuḳišu kar-ka-te-e ilak*, V R. 54, 7a.

kirkirânu eine Specerei. Rm. 367 + 83, 1—18, 461a Col. II, 17f. *GIŠ-ŠIM-ŠE-LI* = *kir-ki-ra-nu*, *GIŠ-ŠIM-ŠE-LI-LAH* = *ditto bu-ra-ši*. Das Duplicat II R. 45, 52g (add.) bietet dafür *kiš-ki-ra-an-ni*.

kurkurratu. Rm. 358, 13 *kur-kur-ra-tum*; Aequivalent weggebrochen.

karal... K. 4220, 10 ....*ša imêri* = *ka-ra-al*...

kurul... etwas aus Rohr gefertigtes. K. 4174 + 4583 Col. III, 10

..... | ..... | *GI-*$\frac{TIR}{TIR}$*-NIGIN* | *ku-ru-ul*....

Vgl. den Titel (am.) *ku-ru-ul-tu-u*, V R. 32, 16d.

kurumânu ein Toilettengegenstand. *ku-ru-ma-nu ša šin pîri pašlu*, Amarna B. 28 Col. IV, 7.

karânu. *rab karani* der Kellermeister. *ša* (*araḫ*) *Tašrit lâ* (*karan*) *ṣurari lâ* (*diḳar*) *ḫari'âte ina maḫar Ašur umalliu lâ* (*am.*) *rab karâni lâ* (*am.*) *šanûšu lâ* (*am.*) *dupsaršu šêpâ ana šêpâ baṭlu išakunu* im Monat Tischri hat man weder Wein hingestellt, noch die Gefässe für den Dienst Assurs gefüllt, weder der Kellermeister, noch sein Stellvertreter, noch sein Schreiber, Mann für Mann feiern sie, K. 14 Rs. 11 (Harper Letters n°. 42).

kirissu ein hölzernes Gerät, welches bei Opferhandlungen (spec. Entsühnungen) gebraucht wird. *GIŠ-KI-RI-ID-SAR* = *ki-ri-is-su*, K. 4172, 7 (s. MAP 105).

kurussu Klammer (?) Band (?). *šagammešina ina ku-ru-us-si ša erî misî luṣabbit*, V R. 33 Col. IV, 47.

karpuṣu. Sm. 2052 Col. III, 34 werden *kar-pa-ṣu* neben *ḳitrudu* und *gišru* als Synonyma von *bu*... genannt.

כרר *karâru* scheint doch aufrichten nicht einreissen zu bedeuten (gegen Delitzsch). Die Nachricht, dass in einem Jahre der Tempel des Nebo *karru* sei und im nächsten der Gott in ein neues Haus gezogen sei, erfordert nicht notwendig diese Bedeutung. *iršu i-kar-ru-ru* ein Bett soll man aufschlagen, BA 2, 635, 1. *ina libbi ušše* (!) *ša* (!) *dûri ša* (*al*) *Tarbiṣi ni-ik-ru-ru-u-ni* an dem Fundament der Mauer von Tarbis haben wir Reparaturen gemacht, K. 1247, 6 (Winckler Keilschr. 2, 36). *niṣu i-kar-ru-ar*, Bezold Cat. 1174. *ina eli ka-ru-ri ša ṣillibani*, K. 494, 5 (Harper Letters n°. 19); vgl. ib. 12. *zûtu ina libbi li-ik-ru-ru. uki šarru belu (al) Aššur azukûni ilku ša (al) Aššur ina muḫḫi'a ka-ri-ru-u-ni umaku batḳu ša ekalli ša (al) Ekallâti uḳaṣar*, K. 5466 Rs. 8 (Harper Letters n°. 99). Vgl. auch II R. 28 n°. 5 add. und K. 4256 Rs. 7, wo *ka-ru-r[u]* in einem Paragraphen mit *ḫa-da-lu* (?) und *rakisu* steht.

I, 2 dass. (*iṣ*) *paššur Aššur ik-ta-ru-ur* die Mahlzeit für Assur hat er aufgestellt, K. 122 Rs. 13 (Harper Letters n°. 43). *parku ina eli abi'a ak-ta-ra-ra*, K. 655 Rs. 5 (ib. n°. 132).

IV, 1 aufgestellt werden. *ûm 3 KAN.ša (arḫ) Airi (al) Kalḫi irša ša (il) Nabû tak-kar-ra-ar (il) Nabû ina bit irši irrab* am dritten Ijjar wurde in der Stadt Kalach das Bettgestell des Nebo aufgestellt; der Gott kann in sein Haus einziehen, K. 629, 8 (ib. n°. 65).

karru wird deshalb auch nicht Verheerung bedeuten. Vgl. auch *unamgaru kar-ra* ZA 4, 239, 16. *ša kar-ri nukurti kâmanu ana šarri beli'a ... kar-ra-an-ni*, K. 1062 Rs. 12 (Winckler Keilschr. 2. 41). 83, 1—18, 1331 Col. IV, 5 *na-du-u ša kar-rum*.

כרר *karru* in dem Titel (*am.*) *naš paṭri kar-ri* (IV R. 40, 27c; Nbk. 300, 14; Dar. 152, 13; Dar. 168, 8 *ka-u-ri*) bedeutet wohl, dass der Dolch ein *karru* (d. i. Kugelgriff) hatte.

karru Griff. *1 nâmaru ša kaspi 30 šiḳlu ina šuḳultišu ša kar-šu KAR-KAR sinništum ša šin [biri]*. 1 Spiegel aus Gold, 30 Sekel an Gewicht, dessen Griff ein Bildniss einer Frau aus Elfenbein ist, Amarna B. 25 Col. II, 56 etc.

kururu. ku-ru-ra irḫê ana nišbê, ZA 10, 4, 31.

kirru ein Gefäss. K. 10452, 8 = K. 11409, 4 *ki-ir-ru* = *ḫa-ru-[u]*.

כרש *mukarrišu* ein Hausgerät. *3 mu-kar-ri-šu Pl. rabûtu*, Nrgl. 28, 15. *mu-kar-ri-šu* (!) *ḳallu siparri*, Nbd. 761, 4; vgl. Nbd. 369, 3; 371, 7, 10.

kartu. kar-tum ša zululti, Boissier Doc. 40, 8.

כשד *kišil ṣibni* ein Vogel. *kišil* (geschr. *KUR*) *ṣi-ib-ni iṣṣuru*, Bezold Cat. 570.

kišamma ein Adverb. K. 8848, 9 *ki-ša-am-ma*. Vorhergehen *piḳama, appuna, ulla, minsu, ulla*.

כשר *kušru* Lauterkeit. *milik la ku-šir imliku* sie fassten einen nicht lauteren Plan, Asurb. 1, 121. *ku-ši-ri šitetiḳ*, ZA 10, 4, 28. *ša la tuba'u ṣem ili minû ku-šir-ka*, ib. 10, 217. Vgl. V R 21, 21cd.

kušru s. ZA 10, 205, 15 ff.

kušeratu V R. 21, 22cd.

rab ku-šir, K. 575, 17 (S. A. Smith Asurb. 3, 36).

kušartu (?) lauteres. *šumma amelu ana ili ikarrabma ku-ša-ar-tu itanappalšu arḫiš immangar ilu tašlitsu išme* wenn ein Mensch zu Gott betet, er ihm lauteres (?) antwortet und schnell er begnadet wird, so hat der Gott sein Gebet erhört, Bezold Cat. 1037 = 1540.

kušaru eine Pflanze. K. 4174 + 4583 Col. I, 29. *di-mu-uš | U-GIŠ... | ...gi-bug-ga-ku | ku-ša-ru, ṣi-il-lu, šim-mu-ša-tum, ...ma-ṣu, šu-bu..., ḫi..., šum,...*

kašarkânu (?) *puḳdatum u ka-šar-ka-a-na*, Dar. 439, 2, 7, 11.

כשש *ikšaš. UŠ-UŠ = ka-ša-šu ša....* K. 4309, 21 (ZA 4, 158), vgl. 83. 1—18, 1332 Col. III, 25. *ik-ša-šu-nim-ma*, Weltsch. 3, 129.

kašušu stark. S. 2052. Col. II, 42 *ka-šu-šu* = *ḳarradu* (BA 3, 277). Danach werden auch Stellen wie Asur. Col. I, 11, 21 aufzufassen sein.

כתה *katû* schwach, elend sein ?). *NIGIN* = *ka-tu-u*, 80, 11—12, 9 Col. I (s. Brünnow n°. 10185).

katû schwach (?). *mušašrat ka-ti-e munaḫḫišat labni* die dem Schwachen hilft, dem hingefallenen Fülle giebt, K. 3600 Rs. 12 (Winckler Keilschr. 2. 3). *išaraḳ tertinni ana ka-ti-i t'eûta* er schenkt.... dem Schwachen Nahrung, ZA 10, 11, 228.

katûtu s. ZA 10, 6, 75.

katû Krug Pl. *katâti. rab (diḳar) ku-ta-te*, Bezold Cat. 1628.

kutkuttu (?) ein Baum. *ina eli bêl Babili ittatbakuni (iṣ) kut-kut-tu (iṣ) šurman u buraši* auf den Herrn von Babel neigen sich herab k., Pinie und Cypresse, K. 6082, Col. III, 10 (Winckler Keilschr. 2. 67).

כתל *kutallu* auch die Seite des menschlichen Körpers. [*Šumma GIŠ*]-*BU ênâšu ina ku-tal-li-šu šakna* wenn bei einem Kinde die Augen an seiner Seite liegen, Bezold Cat. 1202; IV R. 61, 24a.

כתם II, 1 bekleiden. (*ṣubat*) *muṣibtu* (*il*) *Ea-pal-ibni* (!) [(*il*) *Nabû-rêmu*]-*šuknu u-kat-tam-mu* E. wird den N. bekleiden, Camb. 428, 12; s. Bezold Cat. 923 (s. S. 4 s. v. אדרק).

IV, 1 bekleidet werden. *akâlu ina libbi ikkalu u muṣibtu ina libbi ik-kat-te-mu* sie werden dabei bespeist und bekleidet werden, Nbd. 572, 14.

kitmu vielleicht eine Pflanze. Maql. 5, 36 wird *kit-mi* unter lauter Pflanzen genannt; es fehlt allerdings das Determinativ.

katimtu Netz. (*am.*) *ḫuḫaru ša nûnê la.... nâši ka-tim-ta-šu* der Jaeger, der Fische nicht.... der sein Netz hält, Bezold Cat. 1298.

naktamu Deckel. *1 narmaktu* (*iṣ*) *DU na-ak-ta-mi-šu ša siparri*, Amarna B. 26 Col. IV, 17.

katpallu Pl. *katpallâti* ein Hausgerät aus Holz. *2 TA* (*iṣ*) *kat-pal-lu Pl.*, Nrgl. 28, 23. *3 kat-pal-la-tum* Nbd. 258, 35.

kittu. $^1/_2$ *mana* $5^1/_2$ *šiḳlu kaspi ana epêšu ša ki-it-tum ša na-ša-ab-bu*, Dar. 34, 2.

ל

לא׳א׳ *li'u* Tafel. *li-'u ša ḫurâṣi ša ištu bît Ašur iḫliḳuni ina ḳat Ḳurdi-Nergal* (*am.*) *burgul ittamar* die goldne Tafel, welche aus dem Tempel Assurs verschwunden war, wurde bei Kurdi-Nergal, dem Bildhauer, gefunden, Bezold Cat. 1578.

לאב *li'bu* Fieberhitze. *KAN-BU* = *li-'-bu*, K. 4166, 7b. *li-'-bu* = *zi....*, K. 2020 Rs. 14. *li-'-*[*bu*] auch K. 4219 Rs. 11. *DUB* mit der Aussprache *di-iḫ* = *li-'-bu* und *la'-bu*, 83, 1—18, 1335 Col. I, 13.

libtu Ofen (?). Zugehörigkeit hierher nicht sicher. *itti mâmît utûni la-ab-ti tinûri kinûni KI-UB-DA u nappaḫâti*, Zimmern Šurp. 8, 58; Tallqvist Maql. 4, 26.

לאה *teli'u*, Fem. *telîtu* weise. *AN-NI-ZU-ZU* = (*il*) *Nabû ilu te-li-'u*, II R. 60, 36cd. Vgl. ZA 4, 228, 9; 10, 293, 29 und BA 3, 274.

לאה Ein Verbum *la'û* schwach werden scheint vorzuliegen Craig Rel. T. 6, 9, *ḫadanûteka Ašur-ban-apli kî sipi ina pan mê i-la-'u* deine Feinde, Asurbanipal, werden wie s. auf dem Wasser vergehen.

לאט *la'âṭu* auch erleuchten (?). (*il*) *Šamaš daian šamê u irṣitim la-iṭ irṣiti rapašti* Samas, Richter Himmels und der Erde, der die weite Erde erleuchtet (?), King Magic 60, 5; vgl. ib. 21, 42 *la-iṭ muḳtablu*.

la'mu Glanz, Glut. Vgl. noch *kîma la-'-mi ilûtikunu*, Rm. 3, 105 Col. II, 27b (JRAS 1892, 350 ff.). Ob *uballûšu kîma la-a-mi*, ZA 10, 13, 264 hierhergehört, ist unsicher.

lu'tu ein Gegenstand aus Holz. K. 4172, 1 f.

(*iṣ*) *na-mu-ul-lum* = *ŠU-lum*
(*iṣ*) *na-mu-ul-lum* = *lu-'-tum*.

lâtu. la-a-tum ⋯ *lit....*, K. 4152 Rs. 33.

labu. UK mit der Aussprache *u-uk* = *la-bu*, 83, 1—18, 1331 Col. II, 12.

לבב *nalbubu* wütend. *mušruššu na-al-bu-bu* eine wütende Schlange, BA 3, 240, 50. Vgl. ZA 4, 238, 3.

לבן *libittu* kleine Fliese. Vgl. BA 3, 211 und Bezold Cat. 1721: *108 libnâti kaspi;* Amarna L. 8, 38 *libittu ḫurâṣi.*

labnu hingesunken, niedrig *munaḫišat la-ab-ni* die erquickt den gefallenen, K. 3600 Rs. 22 (Winckler Keilschr. 2, 3).

labbunâti. (*iṣ*) *lab-bu-na-te*, K. 1461 Rs. 13 (Harper Letters n⁰. 120).

nalbantu. še'itu na-al-ba-na-a-te, Craig Rel. T. 78, 20; vgl. 18.

לבר *labrânu.* (*il*) *La-ab-ra-nu* Name eines Gottes, III R. 66, 18d.

lubaru häufig in der Phrase, welche die Nebenkosten bei Häuserkäufen enthält, neben *atru.* $2^1/_2$ *mana*

I^3, *šiklu kaspi adi ša ki atri u lu-ba-ri*, Ev. Mer. 14, 3; Dar. 37, 15; 367, 14. Sonst vgl. auch Amarna B. 28 Col. III, 26 etc.

lubaršu. lu-ba-ar-šu ku-nam ... K. 4152 Rs. 30.

לבש *labbišu* ein Amtsname. *6 lab-ba-šu-te*, K. 417, 1, 5, 8 (KB 4, 148, XIV).

lubuštu Überzug(?). *ša dalatišu dalat lu-bu-uš-ti ina iṣṣi bašmu* dessen Thüren als mit Holz überzogene gemacht waren, Nab. Const. Col. VIII, 46.

lubûšu. (mašak) lu-bu-uš, Camb. 18, 1.

talbišu bekleidet. *tal-bi-iš ina liti* bekleidet mit Macht, Berl. Mer. Bal. Col. II, 39.

lagabbu. gišru(?) unappiḳu la-gab-biš. la-gab-biš ša a-mat pag-ri, V R. 47, 11b. Vgl. S^b III, 10 und II R. 48, 36e.

ligimu Spross(?). II R. 23 Vs. 19 f. wird *[l]i-gi-mu-u* und *li-gi-mu* als Synonym von *pirḫu* erwähnt; s. Delitzsch HW 539b. *še'am ina li-gi-mi-šu imar ḫannatu*, ZA 4, 240, 9. *il li-gi-mi*, ZA 10, 6, 72; *li-gi-mu-(u)*, ib. 11, 239.

luddai ein Beamter(?). Dar. 351, 8 *(am.) lud-da-ai* zwischen *(am.) rê'uginê* und *(am.) mâr-damḳa* genannt.

ladunu λήδανον, s. Rost, Tigl. III S. 111.

lidiš in der Zeitbestimmung *ina lidiš* sofort(?). *ina šiari ina li-di-iš šarru bêli išamme* sogleich, sofort wird mein Herr Koenig hören, K. 623 Rs. 9 (Harper Letters n°. 191). *ina šiari ina li-di-iš ina pân šarrini ḳabi*, K. 539 Rs. 6 (ib. n°. 206).

לזן *lazzu. anamdi šipta ana la-az-zu melikki*, IV R. 55, 4, 14b.

laḫnu, laḫannu Pl. *laḫanâti* ein Gefäss, Schaale. *1 la-ḫa-an-nu* Amarna B. 26 Col. II, 62 *1 laḫ-ni ša abni*, ib. 28 Col. III, 66, 71 etc. *7 (diḳ.) la-ḫa-na-te karani tumallama tašakan 7 (diḳ.) la-ḫa-na-a-te šikari tumallama tašakan* 7 Schalen soll man mit Wein füllen und hinsetzen und 7 mit Bier, Craig Rel. T. 70, 15 f. Vgl. K. 508 Rs. 3 (Harper Letters n°. 4).

laḫangiddu ein lange Schaale. II R. 22, 12def.

laḫru (la-aḫ-ru) auch K. 9949, 8. Vom Synonym nur ....*tum* erhalten. Es folgt *ṣênu*.

לחש II, 1. *akka'i ašḳunka (šmu ina šupaḫâtika ina libbi uznaka u-lal-ḫi-iš* wie sollte ich dir Nachricht geben? bei deiner .... habe ich in deine Ohren ..., K. 6082 Col. III, 13 (Winckler Keilschr. 2, 67).

luḫtu (lu-uḫ-tum) II R. 42, 16e.

lakurubbu ein Beamter. *(am.) la-ku-ru-ub-bu*, Dar. 276, 4.

lakuštu. ....*(il) Bel lu-ku-uš-t* ; es folgt *ditto*, K. 4211 Vs. 8.

lalû Vollkraft. *ina la-l[i-šu imût]* er wird in seiner Lebensfülle sterben, Bezold Cat. 543; vgl. 387 *ina la-li-šu iḳatti.*

lulûtu eine Pflanze. *(šam) lu-lu-tu — (šam) a-ra-an-tu*, II R. 43, 68e f.

ללל(?) II, 1. *ina bit .... li-lal-li-lu-ki*, ZA 10, 294. 45.

lillu. li-il-lu mâru pana iallad, ZA 10, 11, 240. Wohin gehört *lil-li-ki*(?) King Magic. n°. 5, 4?

lulimu Pracht(?) *dalâti lu-li-mu ša (iṣ) erini eššiš abni* Prachtthüren aus Cedernholz baute ich neu, Nab. Const. Col. VIII, 48.

lulumtu eine Pflanze. II R. 42, 37e *(šam) lu-lum-tum.*

lallaru wohl auch ein heuschreckenartiges Tier, wie *lallartu*. Beachte, dass Sm. 472 (Bezold Cat. 1410) Paragraphen eines Omentextes beginnen *šumma lal-la-ru, šumma nabbillu, šumma nammaštu.*

lâm 1) Praep. vor. *la-am mâr-šiprika* vor deinem Boten, Amarna B. 3 Rs. 6. *šitassi abni la-am abûbi* das Lesen der Inschriften aus der Zeit vor der Sintflut. Lehmann Sams. L^4 Col. 1, 18. Nab. Bez. Col. I, 45, Col. II, 22 *la-am Burnaburiaš.*
2) Conjuction, bevor, auch mit dem Prt. *ul talakâni la-am itbakinaši šâru 1 šâru 2 šâru 3 šâru 4* ihr kommt nicht, bevor nicht zu euch kam der Wind 1, 2, 3, 4, IV R. 29*, 13b; vgl. Bezold Cat. 901.

למה. Für einige Ideogramme von *lamû* s. K. 12026, 18 ff., das II R. 34 n°. 5 fortsetzt.

I, 2 einschliessen. *emûḳu ša (m't) Aššur ša ana (al) Gamusanu illik (mât) Mannai il-te-mu-u* das assyrische Heer, das nach G. zog, hat das Land Man eingeschlossen, K. 1164 Vs. 6 (Winckler Keilschr. 2, 54).

limitu nicht ganz klar in den Contracten. *6 zêru ana li-mi-tum ina libbi izaḳap*. Dar. 193, 7. *6 gur zêru eklu ṣêru kirû gišimmarê zakpi iṣṣi bilti adi li-mi-ti*, Dar. 321, 2: vgl. Nbk. 398, 6; Nbd. 165, 11; 486, 3.

Wohin gehört *la-ma-ti* III R. 67, 61d und *li-e-mu* ZA 4, 237, 43?

למן I, 1 schlecht behandeln. *šarrakiš i(Var. u)-lam-ma-nu dunnamû amêlu* wie einen Dieb behandelt man schlecht einen Schwachen, ZA 10, 13, 261.

II, 1. S. auch Meissner-Rost, Bauinschr. Sanh. 8, 12.

II, 2 schlecht machen. *egirrê ališu ul-tam-mi-in*, Surp. 2, 98.

lumnu auch adjectivisch; Fem. *lumuntu*. *šalputtašunu lu-mu-un-tu u zimêšunu ukkulûtu ušanbiṭ* ihren schlimmen Verfall und ihre finstern Züge liess ich erglänzen, BA 3, 248 Anm.

lanû (?). *šumma šûrat kakkadi ṣalim libbi iṭâb šumma šârat kakkadi adir i-la-ni* wenn das Kopfhaar schwarz ist, wird er sich wohl befinden; wenn es rot ist, wird er...., Bezold Cat. 571.

לסם *lasâmu* laufen Prt. *ilsum*. *kî mûrâni (il) Marduk a-la-su-um urki[ka]* wie ein junger Hund(?), o Marduk, laufe ich hinter dir her, King Magic 18, 12 (so!). *annû šû annîtu šî i-la-as-su-ma*, Bezold Cat. 1604. *sisê banûtu ša i-la-as-su-mu*, Amarna B. 26 Col. I, 1; vgl. ZA 4, 363, 11; Weltsch. 4, 54. *ištu šarri bêli'a lil-su-mu*, K. 653 Rs. 8; vgl. Vs. 13 und Rs. 15 (Harper Letters n°. 154). *KAR* = *la-sa-mu*, 83, 1—18, 1330 Col. IV, 23.

lâsimu ein Titel. *la-si-mu* zwischen *girtibbu* und *sikiru*; vom Ideogramm nur .... *IM* (Brünnow n°. 4816) *A* erhalten. Vgl. (*il*) *La-si-mu* II R. 60, 28a.

lupua. *zunnê lu-pu-u-a* (?) *kaiamann izunnunu*, K. 560 Rs. 15 (Harper Letters n°. 128).

luppakku (?) *lu-up-pa-a-ak-gu siparri*, Amarna B. n°. 26 Col. IV, 28.

lippu. *li-ip-pi ammûte*, K. 519 Rs. 7 (Harper Lett. n°. 108).

לפת *lapâtu* bedeutet in den Amarnabriefen vielleicht auslegen (Holz mit Elfenbein) B. n°. 6 Rs. 7, 9 *iṣê ša šinni li-il-pu-tum u liṣrupu*; s. Winckler KB 5, 20.

II, 2 umkehren. *atalû (il) Sin annî ša iškununi mâtâti ul-tap-pi-it* diese Mondfinsternis, welche stattgefunden hat, hat die Länder umgekehrt, Bezold Cat. 1551.

IV, 1. *al-la-pit kîma mahhê ša lâ idû ubal* ich werde bedrängt wie ein Priester, der nicht .... versteht, Bezold Cat. 905.

šulputu zerstört. *ina (araḫ) Araḫsamna ultu ûm 1 (KAN) adî ûm 30 (KAN) šarru lû ilašu lû ištaršu lû ilânišu šul-pu-tu-ti uddiš* wenn der Koenig im Monat Marcheswan vom ersten bis 30. Tage entweder seinen Gott, oder seine Göttin oder seine zerstörten Götter wiederherstellt, IV R. 33*, 51d.

nalpatu Messer, eig. Instrument zum umwenden (Winckler). *41 na-al-bad-du ša (am.) gallabi ša siparri 5 na-al-bad-du ša siparri kâtušunu ša (iṣ) ušu* 41 Rasiermesser aus Erz, 5 Messer aus Erz mit einem Griff aus u.-Holz, Amarna B. 8 Col. III, 6 f. *4 na-al-bad-du ṣupru ša ḫurâṣi* 4 goldene Nagelmesser, ib. Col. II, 9. vgl. 52, 54. S. auch Amarna B. 26 Col. IV, 6, 35 *GIS-LIS* (vgl. K. 4338a Col. III, 41 ff.) und Nbk 92, 6.

luḳu. *nadnu... ina lu-ḳi* haben die und die Menschen nach Suri als l. gegeben, Amarna B. 42, 17; vgl. B. 52 Rs. 7. Winckler denkt im Glossar an Kaufpreis.

lakku (?) *E-BAR-DUR-GAR-RA lak-ka-šu išimši*, ZA 10, 292, 6.

lardu eine Pflanze. (*šam*) *la-ar-du* s. Delitzsch HW 135b. Danach gewiss richtig von Tallqvist Maql. 1, 26 ergänzt *ina maḫrikunu etêlil kîma (šâm) aranti etêbib azzaku kîma la-ar-[di]*. S. auch K. 4174 + 4583 Col. I, 22d [*l*]*a-ar-du, a-ra-an-tum, su-pa-lu*; die drei ersten Columnen sind weggebrochen.

larû. *la-ru-u* = *ki-š(s)it-tum*, II R. 43, 29a.

lurindu. Weintraube. *20* (scil. *gapnu*) *ša (iṣ) lu-ri-in-du matḳu* 20 Weinstöcke mit süssen Trauben, Dar. 193, 8; vgl. Nbd. 218, 6; 606, 10 etc.

lušuḫḫânu ein Beamter. (*am.*) *lu-šuḫ-ḫa-ni lû aš'alšu*, K. 483 Rs. 4 (Harper Letters n°. 55).

לשן *lišânu*. 1) *li-ša-an malaḫi* = *EME MA-LAḪ* Schifferjargon (?), Bezold Cat. 1555. *lišânu šakânu* mit der Zunge schnalzen(?), wenn man sich zu Tisch setzt, Weltsch. 8, 8, 133 (ed. Delitzsch). *liš̌anu šitkunu* sich unterhalten, verkehren, Bu. 88, 5—12, 75 + 76 Col. VII, 40 (BA 3, 252). 2) *li-ša-nu ḫurâṣi* ein goldenes Zünglein, Nbd. 33, 1.

לחה *litû* zerstören. 83, 1—18, 1335 Col. III, 46 (ergänzt durch 81, 11—13, 465) *TAR* mit der Aussprache *ta-ar* = *ḫi-pu-u, li-tu-u*; vgl. auch 83, 1—18, 1332 Col. IV, 7. Sp. III, 6, 5 (PSBA 1894 Dec. 4) wird hinter einem zerbrochenen *hipu* Korbe ein *li-tu-u* erwähnt, vom Ideogramm noch ... *AL-DAR-RA* zu sehen.

II, 1 dass. *munakip kullat lâ magiri mu-lit-ti šaḳṣi* der niederwirft alle nicht Botmässigen, unterjocht die Aufständischen, K. 1349, 7 (Winckler Keilschr. 2, 1). Vgl. auch Neb. Wad. Br. P Col IX, 34.

luttu. In Rm. 339, einem jedenfalls dreispaltigen Vocabular, das einen ähnlichen Gegenstand wie II R. 40 n°. 3 behandelt, wird Z. 5 f. zwei Mal *ŠU-ku* = *lut-tu* gesetzt. Vorhergeht [*p*]*ilu* = *abnu piṣû*, es folgt *urṣu* = *marukku*.

מ

מאא. *1 ša me-e-šu ḫurâṣi* eine goldene Wasserkanne, Amarna B. n°. 25 Col. II, 54. *1 ša me-e šûli siparri* ein ehernes Schöpfgerät, Amarna B. n°. 26 Col. IV, 18.

mea ein Titel. (*am.*) *me-e-a*, Nbk. 301, 4; vgl. *rab me-e* Nbd. 481, 3.

מאד. I, 2. *šumma našrê danniš im-te-du* wenn die Adler sich sehr vermehren, Bezold Cat. 1472.

III, 1. *ana balâṭ napšâtišu arkat ûmišu šum-ud šanâtišu* dass er lebe, seine Tage lang und seine Jahre viel werden I R. 35 n°. 2, 11; auch King Magic n°. 21, 87 [*tu*]-*šam-id*.

III, 2. *ana 10-šu el abi'a tu-uš-te-im-'-id* 10 Mal mehr als mein Vater hast du viel gemacht, Amarn. L. n°. 8, 13.

מאל. *alik eriš eṣidu kalakkâti mu-ul u ina ṣilli'a akul* komm, die Ernte der Keller... und iss sie in meinem Schutze, K. 4287, 7 (Winckler Keilschr. 2, 34).

מאם. *lû tebû lû zaḳtu kakkûa kakkê nakiri li-mi-e-su* angreifend und spitz seien meine Waffen, sie mögen vernichten(?) die Waffen der Feinde, Nebk. O Conn. Col. III, 30. Gehört auch *im-me-is-su* ZA 4, 237, 45 zu dieser Wurzel?

mêsu Heiligtum *ušalpitma mi-e-si-šu-un manama ul êzib* er verwüstete ihre Heiligtümer, liess keins übrig, Nab. Const. Col. II, 20; vgl. IV, 23.

מאר II, 2. *mêša lâ šûṣâ šunûti um-ta-'-ir* ihre Wasser nicht heraus zulassen, beorderte er sie, Weltsch. 4, 140.

mâru(?). *im-i-ru* (Var. *i-me-ru*) *uriḫḫu ikulu*, Šurp. 2, 78.

מאר *mâru*. 1) Zu *mâr banû* Freier vgl. ausser den Contracten auch *duppu* (*am.*) *nasikâti ša* (*mâr*) *Tubili'aš u mârê banê šibûtu u ṣiḫirûtu* Brief der Fürsten vom Flusse T. und der Freien, alter wie junger, K. 1146, 3 (Winckler Keilschr. 2, 43); K. 894, 7 (ib. 62) *ša mârê ba-ni-i ša šarru iš-pura umma*. 2) *mâr udê* ein Titel (*am.*) *mâr u-di-e*, Dar. 416, 11. 3) *mâr asi* eine Specerei Rm. 367+83, 1—18, 461a Col. III, 21 *GIŠ-LAM-TUR* = *mâr asi*.

mûrânu ev. auch junger Hund s. unter לבב.

mûru auch vom Menschen. *atta lâ tapallaḫ mu-u-ri ša anâku urabbûni* fürchte nicht, mein Sohn, den ich aufziehe, Craig 27, 11.

merinu Hündin (?). *ištu ḳaḳḳadiša adi šippuriša pagru* (*sinn.*) *me-ri-nu* von ihrem Haupte bis zu ihrem ....hat sie den Leib einer Hündin. ZA 9, 121, 9.

mugu. *rab mugi* ein Titel. *rab mu-gi ša* (*iṣ*) *narkabti*, Bezold Cat. 1628. (*am.*) *šanu ša* (*am.*) *rab mu-gu*, K. 653, 15 (Harper Letters n°. 154). vgl. K. 519 Rs. 3 (ib. n°. 108) und vielleicht auch K. 824, 39 (S. A. Smith Asurb. 2, 63).

magadi s. u. בצר S. 25.

mag(k, k)dutu die und die *ša*(?) *ana ma-ag-da-tum illaka*, Dar. 253, 13.

מגר I, 2. sich versöhnen; s. MAP 131.

II, 1. versöhnen, günstig stimmen. *nanzazu u bâb êkalli ittišu mug-gu-ri* den Standort(?) und die Palastpforte ihm günstig zu stimmen, IV R. 55, 7a.

IV, 1. gnädig behandelt werden. *šumma amêlu ana ili ikarrabma kašartu itanapalšu arḫiš imman-gar ilu taslîtsu išme*, Bezold Cat. 1037, 1540. Auch II R. 66 n°. 1, 6 steht *imagaru* vielleicht für *immagaru*. Gehören hierher auch Stellen wie K. 125, 22; 662 Rs. 11; 1199, 8 (Harper Letters n°. 196, 211, 218)?

mitgurtu Übereinstimmung. *ina mit-gur-ti-šu-nu itti aḫameš izûzu* in Übereinstimmung haben sie unter einander geteilt, Dar. 379, 2.

maddagiš. *niši mâti ša mad-dag-giš*.... *iḫlikûni*, K. 525, 17 (S. A. Smith Asurb. 3, 30). *ina mad-dag-giš šarru bêlu ina Babili iḫtardûni*, K. 582, 25 (ib. 66). *ultu mad-da-giš šipirêti ma'dêti*, K. 1107, 11 (Winckler Keilschr. 2, 18).

מדד II, 1 messen. *u-ma-an-di-id mindiâtu* er maass die Maasse, Nabp. Phil. Col. II, 27; vgl. BA 3, 361 und eventuell Craig Rel. T. 1, 3.

mindâtu auch ZA 4, 11. Nicht hierher gehört IV R. 59, 11b, wo vielmehr, wie ich vermute, zu lesen sein wird *lippaṭru arnûa limmaši ḫi*(!)-*ṭa-tu-u-a*.

mandittu. (*iṣ*) *ma-an-di-it-te* Craig Rel. T. 72, 25. Vgl. auch *man-di-is-su-nu*, K. 1550, 25 (Winckler Keilschr. 2, 30) und *manditu* in den Contracten (Tallqvist Nab. 100), wo es Einfassung bedeutet.

mudutru. *ina mu-du-ut-ti*, K. 1374, 7 (Winckler Keilschr. 2, 20). Wohin gehört *miditu* Sarg. Ann. 433 Pr. 170?

namandu auch Amarna B. n°. 28 Col. II, 41.

מדד *madîdu*. *birti ênâšunu šarru bêlu lu ma-di-*[*di*], K. 558 Rs. 5 (Harper Letters n°. 153).

maddu(?) ein Gegenstand aus Rohr. *GI-MAL-GID-DA* = *mad-du*, Rm. 2, 27, 15. Lesung unsicher.

madakku ein Gegenstand aus Holz(?) K. 4138 Vs. 16 f. *ma-dak-ku* und *ka-ak ditto*. Vom Ideogramm beidemal nur ... *KU-GAS* erhalten.

madukku ein Gegenstand aus Holz. *GIŠ-EBUR-ŠU-UL* = *ma-duk-ku*; *GIŠ-DIM-GAL* = *ditto*. *GIŠ-DIM-TUR-TUR* = *ditto*, K. 4338a Col. I, 54 ff.

Die Wurzel für beide Worte eventuell auch דכך.

madaktu Lager. *ma-dak-tu uptaḫḫir aḫi ša ma-dak-ti ana* (*al*) *Gumusani panušu u aḫi ana agannu panušu* es wurde ein Lager zusammengebracht, dessen eine Seite nach der Stadt G. und dessen andre Seite hierher schaut, K. 1164, 6 (Winckler Keilschr. 2, 54); vgl. K. 1210 Rs. 6 (ib. 39). K. 1355, 18 (ib. 7). K. 554 Rs. 7 ff. (Harper Letters n°. 100). Vgl. auch Nbk. 301, 7; 382, 5.

mudinnu Wein. *kurunnu mu-di*[*n-nu*], Bu. 88—5—12, 103 Col. II, 7 (BA 3, 224). *ina* .... *kurunnu mu-din-ni* ... *ablula šallaru*, K. 2801 Rs. 46 (ib. 238). Vgl. auch Brünnow 1322, 1324, 1327.

מזה *mazû* scheint auch in Verbindung mit Metallen vorzukommen, Amarna L. n°. 8, 38.

mazû 1) ein Gefäss. Bezold 615 werden neben andern Gefässen auch *ma-zi-a-ni* aus Bronce genannt. 2) Ring(?) s. Zimmern Surp. S. 56.

mizû eine Weinsorte. *tašatti mi-zi-'-ši-na kurunnu* du trinkst ihren Most und Wein, ZA 4, 12, 49.

namzû ein Hausgerät. *nam-zu-u siparri*, Nbd. 761, 6.

muḫû. (*ṣubat*) *uzari ša mu-ḫu-u*, Nrgl. 19, 2.

מחה *maḫâḫu* ausgiessen, begiessen. Vgl. zu dieser Bedeutung den Parallelismus mit *tabâku* Maql. 3, 117 und Craig Rel. T. 67, 5 *ina mê ta-maḫ-ḫa-aḫ* mit Wasser sollst du begiessen.

miḫḫu ein Getränk zum Libieren. *mi-iḫ-ḫa inâḳi*, Bezold Cat. 1456; vgl. King Magic n°. 8, 21 und S. 43 (*BI-SAG* ist aber nicht = *miḫḫu*, sondern = *kurunnu*) und auch NE 6 Col. II, 34.

muḫillu (*mu-ḫi-il-li*) s. Bezold Cat. 1698.

מחץ *maḫâṣu* in Verbindung mit Metallarbeiten Amarna L. n°. 11, 43. vgl. auch II, 1. In Verbindung mit Holzarbeiten Nbk. 202, 9 *dappu i-maḫ-ḫa-aṣ*. Unklar ist noch Dar. 278, 16 *še-tir-ti i-maḫ-ḫa-ṣu*.

Ein juristischer Ausdruck ist *malû putilu*, Nbk. 24, 8; 134, 4.

II, 1. *ḫurâṣi mu-uh-ḫu-uṣ*, Amarna B. n°. 26 Col. I, 30(?), Col. II, 24, 49.

maḫiṣu ein Amtsname auch K. 4560, 11; vom Ideogramm ist noch .... *T]AG-GA* erhalten, und II R. 31, 69e (*am.*) *ma-ḫi-ṣu-u-ni*.

miḫṣu ein paarweis getragener Schmuckgegenstand. Amarna B. 25 Col. I, 33, 35; Col. III, 56, 60. Vgl. auch Nbd. 78, 1; Cyr. 241, 1.

namḫaṣu ein hölzernes Instrument. *GIŠ-BI*+*IS-ANŠU* = *nam-ḫa-ṣu*, K. 4338a Col. VI, 62.

tamḫiṣu (*tam-ḫi-ṣu*) K. 11185, 10. II R. 23, 27cd wird es = *turinnu* gesetzt.

מחר *maḫâru* angehen (um Entscheid). *šarram im-ḫur-ma*(!) *šarru awatešu*(!) *išmema* er ging den König um Entscheid an, der Koenig hörte seine Worte, V R. 24, 43b.

I, 2 dass. *šarram im-ta-ḫar*, V R. 24, 42b.

I, 3 *it-ta-na-aḫ-ḫa-ru*, Craig Rel. T. 5, 14 ff.

II, 1 spenden. *u-ma-ḫir-ki mu[ḫḫuru?]*, King Magic 57, 11. Auch Cyr. 136, 4 wird *muḫḫuru* zu lesen sein.

III, 2 Weltsch. 5, 18, 22 *šu-tam-ḫu-rat*.

IV, 1 empfangen werden. *ša ina pân Nabû-aḫê-bullit im-muḫ-ḫa-ru* Dar. 272, 8.

maḫirtu in *êkal maḫirti* s. BA 3, 210 und *bîn ma-ḫi-ir-tim* Nrgl. Ripl. Col. II, 18. Sonst s. Maql. 1, 22.

muḫru, Gebet(?). *muḫ-ru šime* höre das Gebet, III R. 66 Rs. 78e.

miḫir in unklarer Bedeutung in d. Contracten; s. Tallqvist, Spr. d. Contr. Nbd. 94.

miḫirtu Erlös. *mi-ḫi-ir-ti alpê ṣênê amêlûti amâru u maḫâru* den Erlös aus Ochsen, Schafen und Sclaven finden und an sich nehmen, Zimmern Šurp 8, 40.

maḫarru. *lillidu nissu kalîš ina ma-ḫar-ri*, ZA 10, 11, 237.

maḫarûtu eine Pferdeart III R. 43 Col. IV Kante 3.

muḫtillû ein Gewand. 2 (*ṣubat*) *muḫ-til-lu-u*, III R. 41 Col. I, 23.

מטה *ḳanê mâla itteru u i-maṭ-ṭu-u ki maḫîrišunu ippalu* das Grundstück, was überschüssig ist oder fehlt, werden sie nach ihrem Kaufpreise bezahlen, Dar. 37, 28; vgl. Nbd 477, 43 50, 16; Dar. 325, 24; 367, 25.

I, 2 verloren gehen. *31¹/₃ mana kaspu ina libbi 1 mana kaspu ina piteḳu im-da-ṭu 33¹/₃ mana kaspu* 31¹/₃ Minen Silber, davon ist eine Mine bei der Bearbeitung verloren gegangen, bleiben also 33¹/₃ Mine, Nbd. 119, 8. *ina libbi 2 šiḳlu ḫurâṣu ina utuni(?) im-da-ṭu* davon sind 2 Sekel Gold im Ofen verloren gegangen, Nbd. 150, 4 431, 4; 11 etc. Nicht hierher gehört das von Tallqvist Spr. d Contr. 95 unter dieser Wurzel registrierte *mad-du*, das etwa Vorratskammer bedeuten muss.

מטר *miṭru*, *miṭirtu* eine Pflanze, vielleicht Weide. K. 4174 + 4583 Col. I, 15

... *a*(?)*šu-uš* | *U* ....*ga-ku* | *mi-iṭ-ru*.

K. 4152 Rs. 36 *mi-ṭi-ir-tum* = *ṣip-pa-[tum]*. 81, 2—4, 263, 5 f. *PAP-E-RAD* — *ra-a-ṭu*, *mi-iṭ-ru*, *mi-ṭi-ir-tu*. *mi-ṭir-tû* auch K. 4256 Rs. 11 in einem Paragraphen mit (*nâr*) *HAL-HAL-LA* und *zaibu*. Das Ideogramm, von dem nur noch Spuren von *ḲAR* erhalten sind, wird nach 83, 1—18, 1330 Col. II, 24 zu *GAM* (Brünnow 1213) zu ergänzen sein.

miṭratu (*mi-iṭ-ra-tum*) = *GIŠ-SAR*, V R. 31, 22gh.

mikida ein Flüssigkeit. 7 *ganû ša mi-ki-da maḫi ša ḫurâṣi*, Amarna B. n°. 28 Col. II, 3.

מכה. *ana ekurri ša mâti ša ta-ma-ku-u mi-ki-ma*. K. 6082 Col. III, 14 (Winckler Keilschr. 2, 67), vgl. ZA 10, 4, 27 und BA 2, 419, 33.

I, 2 *ul im-te-ki*, Amarna L. n. 9, 18.

maklûte ein Amtsname. *ina eli* (*am.*) *ma-ak-lu-te ša* (*am.*) *piḫati ša* (*al*) *Diri*, K. 518, 6, Rs. 5 (Harper Letters n°. 140).

mukkasu. 1 *ma-uk-ka-su siparri*, Amarna B. n°. 26 Col. II, 59.

makurru(?) eine Art Schiff. K. 8239, 8 *GIŠ-MA-HUR*(?) *ma-kur-r[u?]*; es folgt *GIŠ-MA-TUR* *maturru*; vgl. auch II R. 54, 26b.

מלא II, 1. 1) *mullû* auch *ina ḳâti ina ḳati-ia u-mal-li*, K. 1349, 15 (Winckler Keilschr. 2, 1. 2) *ûmitišu u-ma-al-la-a-ma eli bîti mimma ul išû* wenn er seine Zeit abgewohnt hat, soll er keinen Anspruch au das Haus haben, Peiser KB 4, 30 n°. II, 9. 3) (den Bogen) spannen. *šumma* (*iṣ*) *kašta u-mal-li girê dinim* wenn er den Bogen spannt, giebt es Unglück im Rechtsstreit, Boissier Doc. 27, 13.

mulû. *ana* (*šad*)*Tu* ... *šad kaspi šad mu-li-i šad* (*aban*) *GIŠ-ŠIR-GAL alik* nach dem Taurus(?), einem Gebirge, welches Silber, ... und Sandstein hat, ging ich, Salm. Ob. 107.

mila(*nnu*) Mal in den Amarnabriefen; s. Winckler KB 5 im Glossar.

mulugi Mitgift(?) *mu-lu-gi Pl....* *annuti gabbašunu* Mitgift, ... dieses alles, Amarna B. n°. 25 Col. IV, 66. Gehören hierher auch die (*sinn*.) *mu-lu-u-ki* ib. Col. III, 65; IV, 65?

malgûti. *1 imêr ekli ina ma-al-gu-te*, K. 335, 4 (Peiser KB 4, 110).

ma-il (wohl *al* zu lesen)-*daḫ-ḫu-ku*, Amarna B. 26 Col. I, 4.

mallaḫtu eine Pflanze. (*šam*) *iš-pap-tu* = (*šam*) *mal-laḫ-tu*, II R. 43, 52e f.

maltu unsicher; s. II R. 47, 52e f.

mulikkinu. K. 4220, ein ursprünglich dreispaltiges Vocabular, bietet Z. 9 die Gleichungen *me*(?)-*ik-ku-u* = *mul-lik-ki-nu*.

מלל *malâlu*. *ma-lil irku* ZA 10, 9, 185.

IV, 1 *šumma* (*iṣ*) *kaštu im-me-lil girê dinim*, Boissier Doc. 27, 12.

malmallu(?). K. 12021 Rs. 10 *ma-al-ma-al-lu*(?) Aequivalent weggebrochen; vorhergehen *šâḫu*, *šâbu*.

mummu auch ein Gerät aus Holz, s. MAP 105. Zu *bît mummu* s. BA 3, 234, 280.

mumminu s. Tallqvist Maql. 3, 116.

mangu eine Pflanze. K. 4174 + 4583 Col. I, 6 *te-e* | *U-NAGA* | *u-na-ga-te-nu-u* | *man-gu*, *ka-ku-lum ša-lal*(!)-*tu*.

ma(*i*)*ndi*. *I-GI-IN-ZU* *man-di*, VATh. 244 Col. I, 2 (ZA 9, 159). Danach ist V R. 16, 30ef. ff. zu ergänzen und verbessern

[*I*]-*GI-IN-ZU* = *ap*(!)-*pu-na*

[*I*]-*GI-IN-ZU* = *tu-ša-ma*(!)

[*I*]-*GI-IN-ZU* = *man-di*.

Auch K. 8848, 2 wird *mi-in-*[*di*] zu ergänzen sein; es folgen *piḳama*, *appuna* etc. Auch in den Amarnainschriften.

mindêma auch K. 1247 Rs. 6 (Winckler Keilschr. 2, 43).

mandû. K. 8665, 2 *man-du-u*; vom Aequivalent nur ....*ḫu-u* erhalten.

mandanu ein Gegenstand aus Rohr. K. 4574, das II R. 22 n°. 1 ergänzt, bietet Rs. 19 die Gleichung [*GI* .....] | *man-da-nu* | *ditto* (d. i. *nu-us-ḫu*).

minû. *luš'alšu mi-nam-ma emuku mâdu ša* (*mât*) *Ašur ana Uruk iplurûni u ana êkinu ḫarrânšunu* ich will ihn fragen, wie gross ihre Macht ist, die Assyrien um Erech aufgeboten, und wohin ihr Marsch geht, K. 5461, 14 (Winckler Keilschr. 2, 51).

מנה *mînu*. *1 mana kaspi ša ina mi-i-ni-šu*, Nbd. 515, 1; *mi-i-ni ša kaspišu inaši*, Nbk. 345, 24; vgl. Cyr. 149, 9. ½ *šiḳlu kaspi ša ina mi-ni-šu maḫir*, Ev. M. 2, 3.

manâni ein Körperteil(?). Maql. 7, 68; IV R. 56, 2b.

maninnu ein Gebrauchsgegenstand. Oft in den Amarnatexten.

minnu (*ina mi-in-ni*) ZA 4, 238, 28.

minsu. K. 8848, 6 *mi-in-su* zwischen *ul-la*, *kišamma* etc.

minitu. *mi-ni-ta PAL-ma damiḳtu šurka* verändere(?) das.... und schenke Gnade, King Mag. 19, 23.

מסא II, 1 *mussû*. *ruṣṣunu* = *ba-nu-u*

ruṣṣunu = *mu-us-su-u*, K. 4587 Vs. 6ab.

musû eine Waffe. *URUDU-ŠU-N-ŠA-ŠU-LAH-HA* = *mu-su-u*, K. 8676 Rs. 25cd.

misû (vom Silber) gereinigt. *kaspu mis-u*, K. 317, 24. (KB 4, 138).

missû(?). K. 11890, das verschiedene Ableitungen der Wurzel bietet, hat Z. 3 .... *KU*(?)-*IR* = *mi-is-s*[*u-u*]; vgl. II R. 20, 40b.

namsû Waschbecken Maql. 8, 56, 60, 65, 80.

nimsû, *nimsitu*. K. 11890, 4 ff. ... *LAH-HA* = *nim-si-e-tum*, ... *PAR-RA* = *nim-su-u ša* (*am.*) *ašlaki*, ... *KA-BAR-RA* = *ditto ša ditto*, ... *BAR-RA* = *ditto ša ditto*.

musâti mit und ohne *mê* Waschwasser, Maql. 2, 155, 166; 7, 77, 132; Šurp. 8, 72.

meritu s. II R. 20, 38b ff.

מכן III, 1. In der Stelle BA 3, 234, 20 kommt man nicht mit der gewöhnlichen Bedeutung aus; vgl. 280. Sonst s. K. 382, 14, 16 (Peiser KB 4, 154).

III, 2 auch K. 1349, 4 (Winckler Keilschr. 2, 1).

mesukku ein Teil des Ringes. *1 har ķiti ša parzilli me-e-su-uk-ki-i-šu (uban) uknu banu* 1 Fingerring aus Erz, dessen m. aus hellem Lasurstein besteht, Amarna B. n°. 26 Col. II, 1, 3; vgl. ib. n°. 25 Col. II, 26; n°. 26 Col. III. 17.

musukkatu. mu-suk-ka-tu la LAH-u ķatiša das weite Meer,.... wo eine m. ihre Hände nicht wäscht, IV R. 29*, 2b.

musalahatu ein Gefäss. *2 (diķar)mu-sa-lah-a-te,* BA 2, 636, 13.

masnu ein Gefäss für Öl und Wasser. V R. 42, 19ef ff.

massusu. 17 mi-šil mašihi ma-as-su-su ša (ur.) Adar mahrû, Dar. 7, 3.

missatu (mi-is-sa-tum) s. Bezold Cat. 1503.

musarû Inschrift; auch *muššarû. ištên muš-ša-ru-u lišturu lušêbilûni ina pitti rihuti lišturu ina libbi igarâti ša esirti*(?) *liškunu* eine Inschrift soll man schreiben und herschicken, dann soll man sofort die übrigen schreiben und in der Tempelmauer deponieren, K. 504 Rs. 3 (Harper Lettres n°. 157). Was bedeutet *mu-sa-ru-u ma* ...., K. 4152 + 4183 Rs. 35?

מצה II, 1 ausbreiten(?). *hurâșu kaspu abnê šadi u ti'amta ina uššišu lu-u-ma-aș-și-im* Gold, Silber und Steine des Gebirges und Meeres breitete ich in seinem Fundamente aus(?), Nabp. Strassm. Col. II, 49. Vgl. IV R. 20, 2.

mușallu. V R. 30, 24cd (ergänzt nach Delitzsch AW 207) wird [*AD*]-*GI-GI* durch *daianu, maliku* und *mu-șal-lu* erklärt.

mușiltu ein Stein. 81, 7—27, 147, 4 *mu-și-il-tum;* es folgen (*aban*) *nibu, hannahuru, saggillimut.*

mișșa eine Holzart. *1 daltu (iș) mi-iș-șa,* KB 4, 18, 43.

mușușû (mu-șu-și-e), Camb. 47, 4.

mușritu eine Gurkenart, vielleicht sie als aegyptische bezeichnend. [(*šam*)*m*]*u-uș-ri-tû,* II R. 41, 11a.

muķu. MU-UŠ-SA mu-ķu, II R. 62, 25cd.

מקק. 83, 1—18, 1330 Col. II, 19 *MAŠ-TIK-KAR* mit der Aussprache *da-al-li ma-ku-ku.* Danach ist auch S 1b, 29 *muk-ku-*[*ku*] zu ergänzen. Vgl 82, 9-18, 4154 + 4155 Col. II, 44 f.

mukķu auch V R. 38, 13abc

muķarratu (ma-ķar-ra-a-t-) auch Nbk. 92, 5, wo es unter Hausgeräten zwischen *pašu* und *nalpatu* aufgeführt wird.

מקת I, 2 *ina buri i-tu-ķut* ein Fuchs fiel in einen Brunnen, K. 551 Rs. 1 (Harper Lett. n°. 142).

I, 3. *li-ta-na-ķa-ta ina ķalķari,* Bezold Cat. 1174

II, 1. *maškan rumni'a muķ-ķu-t šêpai* in die engen Fesseln sind meine Füsse gefallen, V R. 47, 59a.

III, 2. *bul șêri ina rêti uš-tam-ķit,* V R. 50, 53b.

(*šam*) *mi-iķ-ti-hammu* eine Pflanze, II R. 41, 51b.

maķittu Verfall. *ša ina umê palûšu šipir šuatu innahuma ma-ķit-ti iraša ašratišu lište' ma-ķit-ta-šu likšir* wenn jemals jenes Werk baufällig wird und in Verfall gerät, so möge er für seine Heiligtümer sorgen, seinen Verfall in Ordnung bringen, BA 3, 262, 37; vgl. 32.

miķittu. šumma ina libbi êkalli ibašši HUL me-ķit-ti išâti lilliku ina libbi lipušu, K. 185, 17 (Harper Letters n°. 74).

מרד *maradu*(?). *mar-dak karrak ina libbi ša huntu šû,* Bezold Cat. 1577.

murradu. ša ina sûķu hurbi mu-ur-ra-du, Dar. 435, 4.

murdudû eine Pflanze. *Ú-MUR-KAK-KAK mu-ur-du-du-u,* Sm. 8, 12ab.

מרה II, 1. *gišimmaru zariti ul u-mar-ri gapnu mala ina libbi išâkanu adi 10 šanati šiššu zittu Bel-uballiț itti Šapik-zêr ikkal* eine weibliche (?) Palme soll er nicht...., und von allen von ihm gepflanzten Weinstöcken soll Bel-uballit 10 Jahre lang den dritten Teil des Ertrages mit Sapik-zer gemeinsam geniessen, Dar. 193, 19 vgl. 15.

marinu ein Gegenstand aus Leder s. MAP 105.

mirânû elend. Adj. von *miranu. bušašunu šalleti utêr mi-ra-nu-te lubuštu ulabbiš* ihre Habe gab ich den Beraubten zurück, die elenden bekleidete ich, BA 3, 252, 26.

marukuttu. alpu bultum ma-ru-ku-ut-tum mušinditum, Dar. 257, 1.

marmaḫḫu eine Specerei. Rm. 367 + 83, 1—18, 461a Col. III, 15 *GIŠ-KIB-GAL* = *mar-maḫ-ḫu*
GIŠ-KIB-KUR-RA = *ditto*.

marsu eine Art *nartabu*. *GUL-ŠU-AK-A* = *mar-su*, II R. 30, 77cd.

מרץ III, 2. *ultemriṣ* kränken, Amarnebr. pass.

III II, 1. *tušmarruṣ* sich betrüben, ib.

murṣu vom Leckwerden der Fässer gebraucht. *pût šabbi u murṣu* (!) *našû*, Nrgl. 14, 11; Nbd. 600, 8.

šumruṣu mühselig. *šimi ikribi'a šum-ru-ṣu-u-ti* höre meine mühseligen Gebete, Bezold Cat. 442.

מרק *marâḳu* ein juristischer Ausdruck, der nach Peiser sein Recht an etwas nachweisen bedeutet. *im-ru-uḳ* (?), Grenzst 102 Col. VI, 14 (KB 4, 90). In anderer Bedeutung BA 2, 636, 12, 27, 31.

II, 1 *paḳîru ša ina eli zittišunu ibbaššû ina karišunu u-mar-ra-ḳu-nim-ma*, Dar. 379, 68. *isḳu šuatu u-mar-raḳ-ma-'* NBC 1120 (KB 4, 313); ib. 19 *ana mur-ru-ki isḳi*. Vgl. auch Meissner De serv. 31.

IV, 1. *kaspu ina ṣêri ul im-mar-rik-ki*, Nbk. 64, 22.

מרר *murru* Myrrhe. *GIŠ-ŠIM-SIS* = *mur-ru*, Rm. 367 + 83, 1—18, 461a Col. II, 20. (*šam*) *mur-ra* = (*šam*) *karan* [*šêlibi*?], (*šam*) *zêr ŠIM-SIS* (d. i. *murri*) = (*šam*) *zêr karan* [*šêlibi*?], 79, 7—8, 19, 13 f. Vgl. auch Amarna L. 63, 16 *mu-ur-ru*, ib. B. 25 Col. IV, 52 f. (geschr. *mur-ri* und *MUR*).

mararu eine Pflanze. K. 13577, 9 wird in einem Paragraphen mit *ḫassu*-Arten (*šam*) *ma-ra-ru* (*SAR*) erwähnt.

marratu ein Vogel. Auch Bezold Cat. 570.

martu Galle. Zimmern Šurp. 7, 26 etc.

מרר *marâru* bedeutet nach Winckler KB 5 Glossar in den Amarnabriefen in I, 1 und III, 1 fliehen resp. vertreiben.

mariru. *šumma kappi ša ma-ri-ri ina išdišu lâ kênu*, Boissier Doc. ass. 28, 5, 8.

maršu ein Teil des Wagens. *1 narkabtu dulimišu* (?) *mar-ši-šu siḫbušu gabba ḫurâṣu*, Amarna B. n°. 26. Col. II, 52.

mâšu Zwilling. Rm. 2, 586, ein vierspaltiges Syllabar, erklärt *TAB* (= [*di-li-min*]*a-bi*) Z. 5 durch *ma-a-š*[*u*]. Von der ersten Columne ist nichts mehr erhalten. Ebenso ist Rm. 2, 555, 9 zu ergänzen (gegen Bezold ZA 4, 430). *aššat amêli ma-še-e ul ikašadma ištên imât ištên ibaluṭ* so wird die Frau keine Zwillinge bekommen, einer wird sterben und einer wird leben bleiben. *aššat amêli ma-ša-a-ti ul ikašad*, Bezold Cat. 432.

משא I, 1. *ki še'im ina pîn mê i-maš-ša-'*, BA 2, 428 Col. II, 16. Vgl. IV R. 60*, 21a und ZA 10, 212, 19.

II, 1. *ida šumêlašu tu-maš-ša-' u šiptu annîtu 7-šu ana eli idišu munu* seine linke Hand sollst du ergreifen (?) und selbige Beschwörung 7 Mal über seiner Hand hersagen, Bezold Cat. 928. (*šêr*) *iratsu ina NI-MEŠ tu-ma-aš-ša-'* (*šêr*) *ubânša ina pîšu tušêrib* seine Brust sollst du mit Öl begiessen (?) und ihren Finger in seinen Mund stecken, ib. 1174.

III, 1 (?). *EŠ* = *šum-šu-u*, V R. 37, 53b.

משד Zu dem noch nicht ganz klaren Verbum s. 82, 9—18, 4159 Col. II, 35 *UT* mit der Aussprache *la-aḫ* = *ma-ša-du ša* .... 83, 1—18, 1335 Col. I, 7 *DUB* mit der Aussprache *du-ub* = *ma-ša-du ša û-mu*. *maš-da saḫû šaptâšu*, Šurp. 2, 64. Von Träumen auch Bezold Cat. 595.

Für *mašdû* vgl. besonders noch II R. 32, 76cd (ergänzt nach Strassm. AV).

mišittu eine Krankheit. Auch Boissier Doc. 22, 3 *šumma ina murṣišu lû ḳatsu lû šêpušu a-ku-tu illak ul mi-šit-ti ... ikšuma ibaluṭ* wenn in seiner Krankheit entweder seine Hand oder sein Fuss schwach (?) wird, aber ihn Ohnmacht (?) nicht übermannt, wird er gesund werden. *šumma amêlu mi-šit-ti*, Bezold Cat. 442.

Wohin gehört *maš-šit-tu* V R. 27, 30ef.?

maššû. *maš-šu-u šakkanak ilâni*, JRAS 1892, 342, 8 (= Lay. 78). K. 4200 Rs. 12 .... *LAL* = *maš-šu-u*; vgl. 82, 9—18, 4154 + 4155 Col. IV, 4 ... = *maš-šu-u ša* ... II R. 43, 40ab. *ša ... ut-tum* = *maš-šu-'-tum*. Zur Bedeutung des Wortes s. II R. 47, 14b *maš-šu-u kak-ku*. *maš-šu-u a-ša-ri-du*.

mas tu (mat) Tabalum ana pat gimrišu uvatti ma-se-ti-iš, Sarg. Ann. 175; vgl. V R. 31, 30gh *maš-ši-ti*.

משח *mišhu*. *usur Etir-Marduk (am.) sangu Sippar mi-iš-hi isabatu agurru ana Etir-Marduk inamdin*, Nbd. 648, 5. *ultu muhhi misir sa (il) Bil adi muhhi misir ša (il) Nergal mi-iš-hi ša (il) Šamaš*, Dar. 9, 6.

mašhatu Mass. *ina (arah) Airi sattu 14 [ŠE-BAR] 70 GUR .... ina muhhi maš-hat(!)-tum ili' .... inamdin* im Ijjar des Jahres 14 wird er die 70 Gur Getreide nach dem Mass, das er will, abgeben, Dar. 351, 5; 419, 7; vgl. 74, 2 *ma-aš-ha-tum*.

משח *mašhu* ein Schmuckgegenstand. *1 ma-aš-hu huraṣi*, Amarna L. n°. 9, 43.

tamšahu. 82, 9—18, 4156 Col. III, 12 wird [*UH*] durch *tam-ša-hu* erklärt.

mešku. II R. 23, 14cd *mi-eš-ki* = *daltu*.

maššiktu. II R. 33 n°. 2 ergänzt nach Rm. 619 (BA 3, 215) bietet Z. 16 die Gleichung *ŠE-BA-LA-GIM* = *ditto* (d. i. *še'im*) *maš-šik-ti*.

משל I, 1 gleich sein. *zêr (šam) martakal .... ša lâ i-ma-šal-u-ni*, K. 4704 Rs. 3 (Harper Letters n°. 111). *u amêni dibbukunu ana šaharrabê mašlu*, IV R. 34, 2. Vgl. die Amarnabriefe und BA 2, 419, 15.

II, 1. ZA 10, 3, 14; ZA 6, 242, 12 und die Amarnabriefe.

II, 2 verändert werden. *lâ uttakarum ṣit pîša ... lâ un-daš-ša-lu dannûsa* nicht wird verändert der Ausspruch ihres Mundes, nicht wird verachtet ihre Macht, K. 3477 (Lehmann Sams. 2, 111).

mašiltu ein Stein für den Barbier. *117 (aban) ma-še-el-tu ša (am.) gallabi*, Amarna B. n°. 28 Col. III, 74. Vgl. ZA 10, 208, 16 ... *gallabi ma-aš-la-tum*.

mušâlu Spiegel oder Bild. *adi kit ša (araḫ) Nisan igâmarma muš-šal-lu-u 150 inâdin* bis Ende Nisan wird er die 150 Spiegel(?) vollenden und liefern, Dar. 391, 1, 6. Vgl. auch ZA 6, 242, 12 und 82, 9—18, 4156 Col. IV, 16 *UI-KA-LAR mu-ša-lu*.

tamšîlu 1) Gleichheit. [illegible] *tam-ši-lu* der seines Gleichen nicht hat, Mer. Bab. Berl. Col. II, 33. 2) ein Weingefäss. II R. 44, 49 efg. [(*karpat*)] *tam-ši-lu* | | *ditto* (d. i. *karpat*) *ditto*] (d. i. *karâni*)

mašlu Gesamtheit(?). *unuti kisitti Esagila ... huraṣi naphar 50 mana ma-šal-ša-na ina šipir nikilti naklis ušêpiš* Utensilien, den Bedarf von Esagila, Geräte von Silber und Gold, im Ganzen 50 Minen, habe ich in ihrer Gesamtheit durch das Werk der Kunst kunstvoll hergestellt, BA 3, 250, 9.

Zu *muslahhu* vgl. Bezolds Bemerkungen in ZA 4, 429 f.

mašmašûtu Beschwörung. *tam. maš-maš-u-tu*, ZA 6, 243, 39.

משר *maš-ru paršu pišu*, Zimmern Šurp. 2, 63.

mutu (?) = *ḳarradu* s. BA 3, 277.

mutû. *TAR* mit der Aussprache *ku-rum* = *ma-tu-u*, 83, 1—18, 1335 Col. II, 41. *2 mana rikkê ana ma-te-e ša kiṣru*, Camb. 126, 8.

II, 1. *mu-ut-tu-u*, 83, 1—18, 1335 Col. IV, 19.

מתא. Für *immatima* auch *immat*. *im-ma-at šarru bêli iḳabbûni* wenn es mein Herr Koenig befiehlt, Bezold Cat. 1578.

מתח *matâhu* (den Weg) richten. *i-ma-ta-hu-ni-e ana (al) Babili* sie schlagen die Richtung nach Babylon ein, K. 125, 15 (Harper Letters n°. 196).

מתח I, 1. *um 20 KAN kuzippi um ... šarru bêli li-in-tu-uh*, K. 4780 Rs. 6 (Harper Letters n°. 26).

I, 2. *libnati ammar ša ina umi anni rihat-ni ištên ûmu (am.) rabûti ištu libbi in-ta-at-hu it-ta-an-u-ni* die Ziegeln, soviele heute rückständig geblieben sind, werden die Grossen an einem Tage, nachdem ...., geben, K. 609 Rs. 4 (Harper Letters n°. 126).

I, 3. *it-ta-na-at-hu*, Boissier Doc. 40, 17

muturru eine Art Schiff. *GIŠ-MA-TUR* = *ma-tur-ru*, K. 8239, 9bc.

נ

נאא *ne-'-u*, K. 10014, 8 f. Aequivalent weggebrochen.

muni' ein Epitheton des Kupfers. *u siparru mu-ni-'-e šaṭâru ina muḫḫi* und ... Kupfer, auf dem eine schriftliche Notiz ist, K. 514, 16, 28 (S. A. Smith Asurb. 3, 59).

nâbu. 83, 1—18, 1332 Col. II, 19 wird *NAB* durch *na-a-bu* erklärt (S^b 3 *nabbu*).

נאד *na'âdu* erheben. *kanšiš šutêmugakšu a-na-dam bêlûtsu* demütig erniedrige ich mich vor ihm, preise seine Herrschaft, ZA 2, 133, 18.

II, 1 *u-na-'-da-šu* er ehrt ihn, Amarna B. n°. 22 Rs. 26.

nâdu. Rm. 339, das ein teilweises Duplicat von II R. 40 n°. 3 ist, bietet Vs. 5 [*na*]-*du-u* = *na-a-du ša ṭi-ṭi* für *na-du-u* = *na-du ša IM* (II R. 40, 45cd).

נאל $_2$ I, 1 *ina maial erši*(?) *i-na-al* er legte sich auf ein Ruhrlager, Nab. Const. Col. II, 41. *a-na-al-ma*, ib. Col. VII, 11.

I, 2 *at-te-'-i-la ina šêpâ* (*il*) *Nabû*, Craig Rel. T. 5, 5.

naial. *altapil ina ṣabê ak-ta-kam*(?) *na-ai-al*, Bez. Cat. 905. Ob (*am.*) *bêl piḫâti ša lât na-ai-la-ni*, K. 1274, 9 (Harper Letters n°. 220) hierhergehört, ist unsicher.

נאף $_6$ *nâpu* Prs. *inâp* und *inuppu*. S. WZKM 4, 127 f. *i-nu-up-pu-'*, Dar. 163, 14; vgl. Kohler-Peiser Rechtsl. 2, 51.

nûptu Extraremuneration s. ebendort und Cyr. 158, 12.

nêṣu. Sm. 2052 Rs. 22cd wird *ga-ab-rum*, *ga-ab-rum*, *ne-e-ṣu*, *i-ru* = *ga-aš-*[*rum*] gesetzt.

נאק $_6$ I, 1 *aššatsu na-ai-ḳat* seine Frau wehklagt, Bezold Cat. 892.

IV, 2(?). *aššat amêli it-ta-na-ai-ku*(?) dass. Die Bemerkung Meissner-Rost BS 86 ist falsch; Baw. 52 ist mit Delitzsch *na-mu*(!)-*ut-ta-šu* zu lesen.

tanûḳatu Wehklagen. *ŠU-KAT-ŠU-KAT* mit der Aussprache *ta-al* = *ta-nu-ḳa-tum*, 83, 1—18, 1330 Col. I, 19. Pl. *ta-nu-ḳa-a-ti* auch Rm. 3, 105 Col. II, 8 (JRAS 1892, 350 ff.).

נאר II, 1 *nu-'-u-rat kima ni*[*ši*?] sie ist wütend (?) wie ein Löwe, IV R. 58, 41d.

ni'âru. *akî ni-'-a-ri ša Kinâ ṣal*[*kini*] *u dušê iṭṭiri*, Nrgl. 55, 12.

נאר $_7$ *ša eli nîri* ein Gebrauchsgegenstand, wohl ein Teil des Geschirres. *4 ša eli ni-ri kaspi*, Bezold Cat. 1721.

nîrtanîtu Vernichterin (Ableitung von *nîrtu*), ein Beiname der Hexe. *kišpi* ... *ša kaššapti'a* [*nir-t*]*a-ni-ti-ia* die Hexerei ... meiner Hexe, meiner Vernichterin. Maql. 3, 85; 8, 16.

nibu ein Stein. 81, 7—27, 147, 5 (*aban*) *ni-bu*; es folgen *ḫannaḫuru* und *saggillimut*.

נבא $_1$ IV, 1 genannt werden. *itti ešrêt ilâni lâ in-na-am-bu-u* zu den Göttertempeln wurde es nicht gezählt, ZA 2, 135, 5.

imbu Name (?). *duppiki lâ tašâṭiri im-bu-ki lâ taḳâbi* deinen Brief schreibst du nicht, deinen Namen nennst du nicht, III R. 16, 32a.

נבא $_1$ II, 1. *u-nam-ba-a ḫirâte* es sprudelten (?) die Wassergraeben, K. 7856 Rs. 1a (unpubl.).

imbû ein Teil der Palme, V R. 26, 52ef. Stamm eventuell אנב.

nabûdu. 83, 1—18, 1335 Col. IV, 22 [*TAR*] = *na-ba-du ša narkabti*.

nibdu. *ḫirṣu u ni-ib-du*, Craig Rel. T. 75, 2.

נבט IV, 3 glänzen. *ša kîma ûmi it-ta-na-an-bi-ṭu* der wie der Tag glänzt, Nab. Const. Col. IV, 11. Anders ist Bezold Cat. 1449 zu erklären *šumma ina kišâdišu maḫiṣma libbêšu it-te-nin-bi-ṭu*.

nibṭu. *šumma ni-ib-ṭu ana napûḫ* (*il*) *Šamaš RI-iḫ*, III R. 61, 31b.

nabṭu. *ribâtu ḫalluru ana nab-ṭu ana* (*il*) *Šamaš-uballiṭ* ... *nadin*, Nrgl. 41, 2.

nabultu. 2 (*am.*) *ḳum-ti u na-bul-ti-šu-nu lapanī'a iḫtabtu*, K. 1550, 22 (Winckler Keilschr. 2, 30); ib. 29 *u anaku šammu* (?) *na-bul-ti 150 na-bul-ti ḫubussu ki aḫbutu.*

nabsitu. 83, 1—18, 1332 Col. II, 29 *MUL* mit der Aussprache *mu-lu* = *na-ba-tu*. Nur schlechte Schreibweise für *nabaṭu.*

nubattu. Zu dem noch immer nicht ganz klaren u. vgl. noch (*am.*) *emūḳu ša bil šarrāni bilī'a ultu Dūr-ilu iḳṭirbu nu-bat-tu ul i-bi* ..., K. 1250, 13 (Winckler Keilschr. 2, 59). *ina nu-bat-ti dallu*, K. 1197 Rs. 9 (Harper Letters n°. 15). *ina nubat-ti Arad-Ea in ṃušur êkalli ippaš*, K. 602, 9. vgl. Rs. 1 (ib. n°. 23). *šiaru nu-bat-tu ippaš*, K. 626, Rs. 12 (ib. n°. 24); vgl. K. 1168 Rs. 15 (ib. n°. 49) und K. 649, 7 (ib. n°. 56). Maql. 2, 157; 7, 19 wird Marduk *bil nu-bat-ti* genannt. *nu-bat-ti ûm AB-AB*, Šurp. 8, 25; vgl. Craig Rel. T. 82, 4; Boissier Doc. 23, 21. Etwas anders scheint *nubattu* Pl. *nubattâti* in den Contracten zu bedeuten; s. Nbd. 351, 26; Cyr. 372, 12; Dar. 40, 2.

nugu' ein Titel. (*am.*) *nu-gu-'*, Bezold Cat. 725. Eventuell auch Stammesname.

נגג *nagâgu* 82, 8—18. 4159 Col. I, 33 *UD* = *na-ga-g*[*u*]; es folgt *rigmu.*

nigiṣṣu Ideogramm auch *DI-DA-AL. kima sudinni* (*iṣṣur*) ... *riši ina ni-gi-iṣ-ṣi* (*DI-DA-AL*) *eštari* wie ein .... s.-Vogel wohne ich in Klippen, K. 41. Col. III, 4 (PSBA 1895, 64).

נגר *nagâru.* 83, 1—18, 1335 Col. III, 30 *TAR* mit der Aussprache *ta-ar* = *na-ga-rum.*

II, 1 *u-nam-ga-ru karra*, ZA 4, 239, 16. Ob diese Formen auch nur Nebenformen von נקר sind wie z.B. *innagaru* III R. 61, 9, 14a, oder mit *naggaru* zusammen hängen, ist noch nicht sicher auszumachen.

namgaru eine Ortsangabe. 2 *PI zirı ša ina nam-ga-ri*, Nbd. 578, 1; ib. 203, 2 *ugar nam-ga-ri.*

נגש I, 2 *ina suh ṣiri mut-tag-gi-šu imiḫarka*, ZA 4, 11, 32; vgl. Šurp. 3, 83.

I, 3 *it-ta-nam-gi-šu aḫâti* sie machten sich auf und davon, BA 3, 242, 16.

נדב *nidbu* Opfergabe. *ukin ni-id-ba-a-a* setzte fest die Opfer, Nab. Const. Col. IV, 34 vgl. PSBA 11, 208, 23. Wie ist die Stelle *ana nidbânu illa bu* Jeremias, Izdubar-Nimrod 47 zu erklären?

nidugallu Oberwächter *ana* (*il*) *Nedu ni-du-gal ša irṣitim lupaḳid* (*il*) *Nedu ni-du-gal ša irṣitim maṣṣartašu lidannin* dem Gotte N., dem Oberwächter der Unterwelt, möge er ihn übergeben, und N., der Oberwächter der Unterwelt, möge ihn streng bewachen, King Magic n°. 53, 20.

nidudu Fischfett. *NI-KU.* — *ni-du-du* ... *šam-ni nu-u-nu*, ZA 10, 205, 8.

nadillu ein Hausgerät. *1 na-di-il-lu siparri*, Dar. 301, 9.

נדן IV, 1 gegeben werden. *ša ana êkalli ana kaspi in-na-ad-nu* wofür der Palast verkauft wurde, Nrgl. 9, 4; vgl. Cyr. 302, 10.

nidinânu Verkäufer, Nbd. 518, 7. Als Feminin dazu wird *nidinat* gebraucht; vgl. Cyr. 233, 18 *na-di-na-at bîti* neben *maḫirânu.*

nudunnû Pl. *nudunnêni. nu-dun-na-ni-e ša aššâtišunu ilteḳû* sie nahmen die Mitgift ihrer Frauen, Dar. 379, 64; vgl. Kohler-Peiser Rechtsl. 2, 21.

nindanu Gabe. *šud itḫuzu nin-da-an-šu-un* um ihre Gaben zu empfangen, Sarg. Pr. 158; Ann. 418; vgl. II R. 7, 27ef.

נדק I, 1. *ta-ad-di-ḳan-ni*, IV R. 44, 11b. Unsicher.

IV, 1. *kakkešunu in-na-ad-ḳu* BA 2, 428, 14.

nizû 83, 1—18, 1330 Col. IV, 7 *TE* mit der Aussprache *te-e* = *ni-zu-u.*

נזז III, 1 aufstellen d. h. zusammenbringen. 2 *gur suluppi* (*il*) *Daian-iddin u Itti-Nabu-guzu itti Parši* ... *u-ša-az-zu-ma ana Marduk-naṣir-apli inaddinu* 3 Gur Datteln werden D. und I. zusammen mit P. aufbringen und dem M. abgeben, Dar. 384, 5. vgl. Dar. 274, 9, 371, 8. 439, 8.

uzuz. ina narkabti u-zu-uz-zu sie standen auf dem Wagen, Nab. Const. Col. VI, 16.

uššuzzu. atta ina ṣil ša (*il*) *Ašur* (*il*) *Marduk u-šu-uz-zu-ta* du stehst im Schutze von A. und M. K. 17. Rs. 11 (Winckler Keilschr. 2, 27). *ina pa-ni-ši* (?) *u-šu-uz-za*, K. 830, 7 (ib. 60). *u-šu-uz-za-an-ni*, Bezold Cat. 1579; vgl. auch Tallqvist Nbd. 103; Nrgl. 59, 11; Dar. 215, 4, 6 *u-šu-zi-iz.*

nanzazu. na-an-za-az maḫrišu der vor ihm steht, Rm. 3, 105 Col. I, 11b (JRAS 1892, 350 ff.). Vgl. *na-an-za-zu u bâb êkalli ittišu mugguri*, IV R. 55, 7a und *tîru u na-an-za-zu liḳbû damiḳtim* King Magic n°. 9, 15.

נזם III, 1 *ana Marduk bêli'a kîma ša ûmu ullûti ana tabrâti lu-u-ša-az-zi-im-šu*, Nabpl. Phil. Col. III, 37. Unsicher.

נזק *nazâḳu. na-zaḳ-šu nissasu tânîḫšu* sein Schade, seine Klage, sein Seufzen, Šurp. 4, 64. *na-za-ḳu*, Craig Rel. T. 14, 8. *na-zaḳ lâ ṣalâli*, K. 7674, 17; s. S. 40 s. v. חסה.

niziḳtu Schaden. *ḳûlu kûru nissatu ni-ziḳ-tu*, Maql. 7, 126.

נזק *munziḳḳu.* ½ *šiḳlu kaspi ultu irbi ana GIŠ-MA u mun-ziḳ-ḳu*, Camb. 52, 3.

namzaḳu. lizziz šigâr nam-za-ki-šu-nu er möge Wache halten am Eingang ihres Verschlusses, King Magic n°. 53, 22.

נזר *nizirtu* Verfluchung. *ša Tarḳû šar (mât) Muṣur u (mât) Kûsi ni-zir(!)-ti ilûtišunu rabîti* was Tirhaka anbetrifft, den Koenig von Aegypten und Kusch, den Gegenstand des Fluches ihrer grossen Gottheit, Berl. Asarh. Rs. 39.

naḫu. bêl parṣi ša uṣṣupušu na-ḫa-šu, ZA 10, 5, 52.

nuḫḫitu. pût nu-uḫ(! s. ZA 7, 272)*-ḫi-tum šibirtum ša* ½ *šiḳlu pitḳa ša ina maḫar Marduk-šum-ibni Nabû-mušallim naši*(!), Nrgl. 15, 9; vgl. 24 (vgl. ZA 7, 272) *nu-uḫ-ḫi-tum ša šibir*[*tum*].

nuḫḫutu s. auch II R. 47, 9ab.

נחט V R. 29, 32ef. (nach ⊕ 51 ergänzt) *UR-UŠ* = *nu-uḫ-ḫu-*[*ṭu*]; vorhergehen *kunnû* und *ṣu-u-ḫu* (!). 83, 1—18, 1330 Col. I, 28 *ZUR* mit der Aussprache *zu-ur* — *nu-uḫ-ḫu-ṭu*. Vgl. ZA 4, 275.

נחל *naḫlu. še'am na-aḫ-la tašapak*. King Magic n°. 12, 4. Hierher gehört auch wohl Cyr. 355, 6 *na-ha-lu-u-tu*.

נחל *naḫlu* Schlucht. S. Šurp. 8, 23, 37 und K. 1151, 10 (Harper Letters n°. 95) *na-ḫal-a-te*.

niḫlu Bangigkeit (?). Šurp. 7, 97.

naḫallu. UD-RI-IG = *na-ḫal-lum*, VATh. 244 Col. III, 13. Ein anderes *naḫallu* scheint das II R. 35, 41cd erwähnte zu sein.

naḫnahûtu. ina maḫri u ina eli na-aḫ-na-ḫi-e-te ša appi umudu; na-aḫ-na-ḫu-tu uda'ubu, K. 519, 10 (Harper Letters n°. 108).

נחס. *lâ i-nam-aḫ-ḫi-is-ma*, K. 831 Rs. 3 (Harper Letters n°. 214); vgl. K. 1250, 2 (Winckler Keilschr. 2, 59). Für die Contracte s. Tallqvist Nab. 104 und Camb. 373, 7. In den Amarnabriefen — aufhalten. *lû lâ i-na-aḫ-ḫi-is-su* haltet ihn nicht auf, Amarna L. n°. 58, 8; vgl. B. n°. 24 Rs. 56, 58, 61.

I, 2 S. ebenfalls Tallqvist a. a. O. und Camb. 85, 16; Dar. 260, 21.

נחר, II, 1. *u-na-ḫa-ra kal kišpiki* ich werde deinen ganzen Zauber vernichten, Maql. 6, 109.

II, 2 *kîma* (*šam*) *NU-LAH-HA-SAR lit-taḫ-ḫi-ra šaptêša* wie das N.-Kraut mögen ihre Lippen vernichtet werden, Maql. 5, 38.

naḫru 81, 7—27, 56 Vs. 1 f

GIŠ-ŠA-AB-LAH = *iṣ-ṣu na-aḫ-*[*ru*]

GIŠ-ŠINIG-UD-DA-TAR-DA = *bi-nu ditto.*

Vgl. auch Amarna B. n°. 21, 33 *1 na-aḫ-ra ma-aš-ši.*

naḫiru 1) ein Vogel. 81, 7—27, 56 Vs. 5 ff.

TE(?)-*US-HU* = *na-ḫi-rum* (*iṣṣur*)

. . . . *ZI*(?)-*HU* = *ditto*

. . . . *HU* = *ditto.*

2) Nasenloch auch Bezold Cat. 1019; 1350; 1499; 1516. Vgl. *pî na-ḫi-ri liškunu šâru ikasir*, K. 519, 14 (Harper Letters n°. 108).

nuḫurtu eine Pflanze. Dass die Pflanze *NU-LAH-HA* im Assyrischen von einer Wurzel נחר herkomme, beweist Maql. 5, 38. Die genaue Aussprache giebt wieder 81, 7—27, 56, 3 f.

KA-LAH-HA-SAR = *nu-ḫur-tum.*

NU-LAH-HA-SAR = *ditto.*

Sonst vgl. Tallqvist Maql. 140.

nuḫuru. . . . . *HAL* = *nu-ḫu-rum*, II R. 44 n°. 1 add. (Strass. AV 6411).

nuḫḫuru. kaspu piṣû nu-uḫ-ḫu-ru, Dar. 349, 1, 6 ist jedenfalls für *nuḫḫutu* verschrieben.

נחש *naḫâšu. rîmînnima* (*il*) *Ištar ḳibî na-ḫa-ši* erbarm dich meiner, o Göttin, befiehl Überfluss, King Magic n°. 8, 3.

II, 1 (*il*) *Rammân bêlu rabbu mu-na-ki-iš um-maniti'a* Rammân, der gewaltige Herr, der meinen Heeren Überfluss giebt, Berl. Asarh. Vs. 7.

נכטל IV, 1 gesehen werden. *lâ in-na-aṭ-ṭa-lu ṣuratiša* nicht wurden seine Reliefs gesehen, Nab. Bez. Col. I, 39.

niṭlu Blick. *ina ênuka lu namir ni-iṭ-lu* in deinen Augen möge der Blick hell sein, Bezold Cat. 429. *alû limnu ša kima muši ni-iṭ-la* (*ŠI-GAB*) *l[a i]šû at[ta]* du bist der böse Daemon, der wie die Nacht keinen Blick hat, IV R. 30*, 14a. Vgl. *ni-ṭil-šun*, ZA 4, 241, 26.

נכד *nakâdu* sich ängstigen. *lâ ik-kud* er fürchtete sich nicht, Craig Rel. T. 11, 22. Vgl. *ûmi ša na-ka-du* IV R. 38, Col. II, 20.

nakdu ängstlich. *marṣu nak-du nassu šudlubu*, Šurp. 2, 4. *na-ak-di pâliḫ Ištar*, ZA 10, 4, 22.

nakuttu Furcht. *na-kut-tû rašši*, K. 625 Rs. 9 (Harper Letters n°. 131).

nikittu Verfall. *ša ina palûšu šipir šuatu innaḫu iršûšu ni-kit-tu* in dessen Regierungszeit dieses Werk einfällt und in Verfall gerät, Lehmann Sams. L[a] 28.

nakû. *u na-ku-u ša ubni*, Amarna B. n°. 28 Col. II, 8.

נכל *naklu* Fem. *nakiltu* (*iṣ*)*daltu na-kil-tû*, III R. 66, 29a.

נכם I, 1 Maql. 5, 82, 87.

II, 1 ib. 7, 2.

nakmu. *amêl* (*iṣ*) *narkabti na-kan-te* ein Titel, Bezold Cat. 1716.

nakimtu. *kima na-kim-tum šâṣi uṣappira ṣupurai* V R. 47, 21b.

נכף K. 2034 wird durch sein Duplicat 80, 7—19, 308 wesentlich ergänzt

[*SAG-TA-DUG-G*]*A* = *na-ka-pu ša* ....
[*SAG-SIG-G*]*A* = *ditto*
[*U*]*L* = *ditto ša alpi*(?)
[*U*]*L* = *ditto ša* ....
[*SI*]-*HUB* = *ditto ša* ....
[*KUR*]-*KU* = *ditto ša a-mi-e*
RU-TIK = *ditto ša ubâni*
SI-GA = *ditto ša ṣu-ba-ti*
SI-GA = *ditto ša ku-si-t*[*im*].

arkat ša kima [illegible] *nat-pa-tu* Bezold Cat. 1376 von der sumerischen Zeile ist nur ... *SI-GI* ... erhalten. *muruṣ ik-ki-pi* [illegible] *MAH*, ZA 6, 236, 35.

I, 2 *šumma šeni ina tarbaṣišunu it-tak-ki-pu tarbaṣu šuatu isappih* wenn Schaafe sich in ihrem Stalle hin- und herdrängen, wird dieser Stall zerstört werden, Bezold Cat. 1579.

II, 1 *šumma rimu alpa ina ali u-na-kap lâ damiḳ* wenn ein Stier ein Rind in der Stadt bespringt (?), ist es nicht günstig Bezold Cat. 1710.

nikiptu eine Specerei. Rm. 367 + 83, 1—18, 461a Col. II, 11. *GIŠ-ŠIM-AN-NIN-IB* = *ni-ki-ip-tu*. Dieselbe Gleichung (nur ohne *GIŠ*) findet sich auch K. 2034, Col. II, 10 = 80, 7—19, 308, 11. Vgl. auch Bezold Cat. 760 *ni-kip-ti* und Amarna B. n°. 18 Rs. 15 2 (*iṣ*) *ni-kip-tum ru-bâti ultêbilakku*.

nakkapu (?). (*il*) *Nugimmud rêštû alilu nak* (?)-*ka-pu ûmu la padû* Ea, der älteste, der starke, ..., der schonungslose Tag, Craig Rel. T. 30, 32.

נכר II, 1 *ša ina pâni* (*am.*) *nakru šubatsu ana ḳirib Arrapḫa u-na-ak-ki-ru-ma* deren Wohnsitz früher ein Feind nach A. verlegt hatte, Nab. Const. Col. IV, 20. *muruṣ ḳaḳḳadi nu-uk-kir-ma nussi diḫu ša zumri'a* in der Kopfkrankheit lass eine Aenderung eintreten, entferne das Fieber meines Körpers, IV R. 57, 60a.

III, 1 (*am.*) *mâr-šipri ša* (*il*) *Šamaš-šum-ukin ana šu-uk-ku-ru ša mâti u ana panî'a ittalka* der Bote des S. kam, das Land zum Abfall zu bringen, und zu mir, K. 5457, 6 (Winckler Keilschr. 2, 55).

nukaribbu (*nu-ka-ri*[*b-bu*]) auch K. 4560, 12 zwischen *mâḫiṣu* und *šandabakku*; vom Ideogramm nur noch Spuren des letzten Zeichens sichtbar.

נכש Rm. 344 Col. I, 7 ff. wird 4 Mal hinter einander in einem Paragraphen *na-ka-šu* erwähnt; von den Ideogrammen ist nichts erhalten; vgl. II R. 22 add. bei Delitzsch AW 170.

nakištu (*na-kiš-tu*) = *ME-ME-A*, II R. 22, 41 ef.

nallu (*na-al-lu*) = *kištu* Wald, II R. 23, 55cd.

nambulbu Beschwörung. *duppu* ... *KAN nam-bul-bi-*

Pl., IV R. 60, 35b. *ina eli nam-bul-bi limutti kalama šarru bêli išpuranni* wegen der Beschwörung von allerlei Unglück hat mein Herr Koenig mir geschrieben, K. 21, 6 (PSBA 1887 Nov.). *nam-bul-bi šumma Sin u Šamaš* die Beschwörung: Wenn Sin und Samas, K. 602, 15 (Harper Letters n°. 23). *muḫallik raggi mupaššir nam-bul-bi-e* der die Bösen vernichtet, die Beschwörungen löst, IV R. 17, 15b, vgl. Craig Rel. T. 80, 13 *nam-bul-bi niḳû ipaṭar. nam-bul-bi šarri bêli'a lîpušma limuttašu lušêtiḳ* Beschwörung für meinen Herrn Koenig möge er machen und sein Unglück verscheuchen, Bezold Cat. 1832; vgl. ib. 439; 1551; 1732 (von einer Mondfinsternis); III R. 54, 36c. *nam-bul-bi ma'dûti bît rimki šala' mê nîpišê ša âšipûtu šegê naḳabûte ša dupsarrûtu usalimu etapšu* viele Beschwörungen, die Serie bît rimki und šala' mê, Beschwörungsceremonien, Busspsalmen und schriftliche ..... haben sie veranstaltet; *nam-bul-bi annûti ša ipšunu isalmu adanniš* diese Beschwörungen, welche gemacht waren, waren sehr günstig, K. 168, 17 u. Rs. 4 (Winckler Keilschr. 2, 28 = Lehmann Sams. XLVI).

נמה *namû* verfallen sein. *bîtu lâ šutêšuru na-ma-a-tu iṣratsu* das Haus befand sich nicht in gutem Zustande, seine Sculpturen waren zerfallen, Nbk. Winckl. Col. III, 17.

II, 1 *u-na-am-mi ešrêtiš* er verwüstete seine Tempel, Nab. Const. Col. I, 8. *mu-na-am-mi bît* ...., K. 3600, Col. I, 18 (Winckler Keilschr. 2, 2 = Craig Rel. T. 55).

namû Wüste. *alu ina madbari ina na-me-e aṣbat* eine Stadt baute ich in der Wüste, Masp. Rec. 16, 176 ff. Z. 11; vgl. Maql. 4, 23.

nammû. K. 2020 Rs. 16 *nam-mu-u = mi* ....

namullu ein Gegenstand aus Holz. K. 4172, 2 (s. MAP 105)

GIŠ-NA-MU-UL-LUM = ŠU-lum
GIŠ-NA-MU-UL-LUM = lu-'-tum.

Vgl. Bezold Cat. 1893

GIŠ-NA-MUL = na-mul-lu.

nammu. ZA 10, 208, 17 *pi-it-tum, nam-mu.*

namuṣu ein Gegenstand aus Holz. K. 4172, 4 (MAP 105) *GIŠ-NA-MU-ṢU = ŠU.*

נמר IV, 2. *bît amêli ḫarrânêšunu it-tan-mar*, Boissier Doc. 3, 16.

namurtu Schmuck, Geschmeide. *na-mu-ra-a-te ša šarri ša ummi šarri isiniš iteši* die Schmuckgegenstände des Koenigs und der Koenigin-Mutter hat er zusammen weggenommen, K. 1101 Rs. 7 (Harper Letters n°. 152). Vgl. *na-mur-tu ša (araḫ) Ṭebitu karmatûni*, K. 660, 13 (ib. n°. 86).

namtaru auch Geschick (?). *(il) Ea pâtiḳ nišê nam-tar-šu lilamman.* Ea, der Schöpfer der Menschen, möge sein Geschick (? oder seine Krankheit) ungünstig gestalten, Grenzst. n°. 101 Col. III, 11 (BA 2, 165 ff.).

nindû. *I-GI-IN-ZU = ni-in-du-u*, VATh. 244 Col. I, 13 (ZA 9, 159).

nindanaku Messrohr auch K. 4174 + 4583 Col. III, 23 ..... | *[GI-NINDA]-GAN* | *gi-nin-da-ga-nu-u* | *gi* (od. *ḳan*) *nin-da-n[a-ku]*. Hierher wird auch wohl II R. 24, 11 ab *GI-GAR-NINDA-NA = ŠU-ku* und V R. 32, 43efg *GI-GAR-NINDA-NA = SU-ku = ḳa-an* .... zu ziehen sein. Nabp. Phil. Col. II, 24 findet sich die Schreibung *(gi)ninda-na-ḳu.*

nanšû 83, 1–18, 1330 Col. III, 14 *DAH* mit der Aussprache *du = na-an-šu-u.*

נסא *i-sa-a i-sa-a* weichet, weichet, Maql. 5, 166; vgl. 170. *libbi ili kîma ḳirib šamê ni-si-ma*, ZA 10, 11, 234.

I, 2 sich empören. *ana tarṣi Nabû-naṣir Barsip itti Babili it-te-si* zur Zeit Nabopolassars hatte sich Borsippa gegen Babylon empört, Bab. Chron. Col. I, 7. Wohin gehört III R. 51, VII, 33 *it-ta-'-si*?

II, 1 *mu-ni-is-si (mât) Bît-Burutaš*, Sarg. Cyl. 23. Unklar ist noch Sarg. Pr. 127 = Ann. 322 *ašlatam lapân dûri šu u-ni-is-si*, wo eine Variante *ušib* bieten soll.

III, 1 *ekimmu paḳdâti ḫarrâniki u-ša-as-[si]* der Geist hat die Zeichen deines Weges entfernt, Maql. 3, 147. *ruggu u ṣênim ina niši u-še-is-si*, Nbk. Col. II, 29.

III II, 1. *dunḳi tašaraḳ tuš-na-as-si ḫi-du* du

schenkst Gnade, entfernst die Sünde (*la* für *ta* wegen der Alliteration), Bezold Cat. 905.

IV, 1 jedenfalls die Stelle Berl. Merod Col. II, 36 *ša ina zikir šumišu (am.) nakrušu ina panišu limnis iṭṭarudu i-ni-is-su-u.*

nisutu (ni-su-tum), Fem. Sing. Rm. 131 Rs. 15.

nasa'is. ušabṭilu na-sa-'-is, Sarg. Ann. 258 Text richtig?

nu . . . siti eine Fleischsorte. (*šêr*) *ṣili* (*šer*) *nu . . . sa-a-ti* (*šer*) *pi karšu,* Nbk. 247, 5.

nassab(p)u ein Gefäss. K. 10452, 4 wird *na-as-sa-pu* vor *pisannu, amrummu, alallu* genannt. K. 4220, 7 . . . | *ditto* (d. i. *dikur*) *ša me-e* | *gan-gan-nu ša na-as-sa-pu.*

נסח *nishu* Exemplar. *nis-hu šarri,* BA 3, 240, 2. *nis-hi mahrû ša nis-hi-e-ti* erster Teil, Bezold Cat. 490; 1232. *ana pi ni-is-hi ša ṭiṭi,* ZA 4, 262, 43. *ištu lib biti nis-hu kašudak,* K. 1101 Rs. 12 (Harper Letters nº. 152).

nusahu Abstrich. *š'ei nu-su-hi-ši-na la innasuhu* vom Getreide soll kein Abzug gemacht werden, BA 2, 566, 31, vgl. 572; Masperos Recueil 16, 176 ff. Z. 19.

nisihtu K. 2024, 10c lautet ein unpubliciertes Sprichwort *ittika luṣlal ilu ša ni-sih-ti* (*ZI-GA*) *šûkil* ich will mich mit dir hinlegen, o Gott des . . . gieb Speise. Vgl. K. 4152 Vs. 10b.

nushu ein Gegenstand aus Rohr. II R. 22, 2def. (ergänzt nach K. 4574) *GI-MAL-KIL-DA* = *garru* = *nu-us-hu. GI-GAN-NU-US-HU* = *ŠU,* Rm. 2, 27, 11; vgl. auch Nbd. 1119, 4, 5.

נסך *nasiku* Prs. auch *anasik.* [*kîma šû*]*šurat iṣṣiri a-na-as-sik-šu-nu-ti* wie ein Mauereinsturz will ich sie hinwerfen, Maql. 2, 167. Vgl. auch Nbd. 966, 11.

I, 3. *šumma kippû kisaliti it-ta-na-suk*(!), Boissier Doc. 27, 9; vgl. 16 *šumma (iṣ) kašta našima it-ta-na-suk.*

nasku hingefallen. (*il*) *Bêl mâtâti ašib E-lah-ul ṣâbit ḳâtâ na-as-ku* der Herr der Länder, der in E. wohnt, die Hand des Gefallenen ergreift, IV R. 40, 29a. *eṭirat kamî ṣa-bi-tat* (das Zeichen *kat* hat hier wie z. B. Z. 19, 21 den Lautwert *tat*) *ḳâtâ na-as-ku,* Craig Rel. T. 1, 22. King Magic nº. 9, 36 *ṣâbitat ḳâtâ na-aš*(!)-*ki.* Die Verben נסך und נסק scheinen überhaupt promiscue gebraucht zu werden.

nasikatu. na-si-ka-tu lulli-ki, ZA 4, 237, 12.

nasikûtu Fürstentum. *Arteanu ahuśu ana (am.) na-si-ku-te u'kun* seinen Bruder A. machte ich zum Fürsten, III R. 6 Ls. 42.

nisakku ein hoher Priester. (*am.*) *ni-sak-ki am. Tibiti (il) Nabu,* Rm. 3, 105 Col. I, 10b (JRAS 1892, 350 ff.). *ni-sak-ku* (*NU-ME*) *le prêtre de Bel u Bêlit,* Bezold Cat. 482. 82, 9-18. 4159 Col. IV, 32 f. wird das Zeichen *NISAG* mit der Aussprache *ni-sag* durch *ni-sag-gu* und *ni-sak ri-eš-tu-u* erklärt; das Duplicat Rm. 341 Rs. 8, 10 bietet dafür *ni-sak-ku* und *ša ni-sak ris-tu-u;* vgl. S^b 89.

nisannu K. 4220, 4 wird *ditto* (d. h. Gefäss) *ni-sa-an-ni* = *ditto* (d. i. *gangannu*) *ša nam-zi-ti* gesetzt.

נסס II, 1 *ša tu-na-sis-a-ni kimmatkunu išši* dass eure Umschliessung mich traurig gemacht hat, Maql. 5, 81. S. auch II R. 20, 41b ff. *šumma ina arah Nisan (il) Rammân pâšu kima kirri u-na-sis* wenn im Nisan Gott Rammân seinen Mund wie ein Schaf . . . ., Bezold Cat. 1475.

nassu betrübt. *marṣu nakdu na-as-su šudlubu,* Šurp. 2. 4.

nissu. lillidu nis-su kališ ina maharri ZA 10, 11, 237. *izizma ina ṣillika dunnamû takibi nis-su,* ZA 4, 15, 16.

נסר II, 1 *nu-us-su-ru,* K. 13608; s. o. S. 34 unter *zumšu.*

napâdu. 83, 1—18, 1335 Col. II, 22. *KUD* mit der Aussprache *ku-ud* (ergänzt) *na-pa-du.*

נפח II, 1 *ú-tni-is nu-up-pu-hi.* IV R. 38 Col. II, 16.

nappahatu Blasebalg. Surp. 3, 115; 8, 58.

nupuhatu. V R. 41, 47ef.

tanpahu. 82, 9—18, 4158 Rs. 17 [*UH*] = *ta-an-pa-hu.*

נפל Anstatt *nabâlu* zerstören wird wohl *napâlu* als Wurzel anzusetzen sein. Ausser Tigl. Col. VI, 30 findet sich die Form auch K. 844. 21 (Winckler Keilschr. 2, 48 *adû (al) Kibi-Bêl ana na-pa-li š*[*i*] nunmehr ist die Stadt K. zu zerstören. Auch II, 1 ist *unapil* zu lesen, wie 83, 1—18, 1330

Col. III, 7 *DAH* mit der Aussprache *du-u* = *na-pa-lu ša êni* beweist. Eine Stelle, die für Ansetzung der Wurzel mit ב spräche, existiert meines Wissens nicht, und allein die Zusammenstellung mit *nabultu* ist auch nicht beweisend.

nupallu. 83, 1—18, 1330 Col. III, 16 *DAH* mit der Aussprache *du* = *nu-pal-lu*.

niplu Spross. V R. 26, 26gh wird, wie das Zusatzfragment 83, 1—18, 461a lehrt, *GIŠ-ŠE-KAK* durch *ni-ip-[lu]* erklärt. Delitzschs Ergänzung HW 475 ist unrichtig. Ebenda Col. III, 25 wird *GIŠ-A-AM-GIR-RA* durch *ni-ip-[lu]*, *ziḳ[pu]*, *šit[lu]* erklärt.

napilu... K. 4152 Rs. 9 *na-pi-lu*...; Aequivalent weggebrochen.

napalû ein Beamter. [*MULU*]-*PAL* = *na-pa-lu-u*, K. 2012, 9 (s. ZK 2, 302).

nupâru Gemüt. *limmir nu-par-šu* es glänze sein Gemüt, ZA 4, 241, 34.

נפשׁ *napâšu* zerzupfen. *giṣu ašâbirma aḫartinnu ana ni-ip-ši a-nap-pa-aš* die Dornen werde ich zerbrechen und den Stachelwein werde ich zu Flocken zerzupfen, BA 2, 633, 15.

nipšu s. o. Vgl. auch *SU-KAD* mit der Aussprache *pi-eš* *na-pa-šu*, *ni-ip-šu*, *nu-up-pu-šu*, 83, 1—18, 1330 Col. I, 14.

niṣu. *ni-ṣu kîma nabli ištu pût šamê litanaḳuta ina ḳaḳḳari* u. wie ein Brand möge vom Himmel auf die Erde fallen (מקת), Bezold Cat. 1174; vgl. ib. *ni-ṣu ikârar*.

נצב *naṣabu*. [(*il*)] *Šamaš*(?) *bêl na-ṣa-bi*. Craig. Rel. T. 59, 27.

nanṣabu Ständer. *itti mâmît urû na-an-ṣa-bu sippu šigaru daltu sikkuru u parkannu* von Bann durch Balken, Ständer, Schwelle, Verschluss, Thür, Riegel und Verriegelung, Šurp. 8, 59.

ninṣabu Stütze. *nin-ṣa-bi* (*iṣ*) *gušurê ša* (*il*) *Zamama-iddin iânu* Stützen haben die Balken des Z. nicht, Dar. 129. 10.

נצה *naṣû* kommen und bringen. *380 napšâti na-aṣ-ṣa* 380 Seelen sind gekommen, K. 513, 20 (S. A. Smith, Asurb. 2, 34). (*al*) *Darâte na-ṣa-ni* die Stadt D. haben wir verlassen, V R. 53, 4a. *nišê alpê ša ultu Guzana na-ṣu-ni-ni*, K. 582, 8 (Smith Asurb. 3, 67). *na-ṣu-u-ni ana šarri bêli'a*, K. 525, 25 (ib. 3, 31). (*am.*) *rab-ḳiṣir*... *ina* (*al*) *Anisu ina muḫḫi'a na-ṣa*, K. 686, 7 (Harper Letters 173); vgl. K. 594, 9 (ib. n°. 90). *138 erini šattu annîtu*... *na-ṣu-ni* dieses Jahr sind 138 Cedern angekommen (od. gebracht worden), K. 1461, 15 (Harper Letters n°. 120). (*am.*) *ṣirûti* (*mât*) *Kumuḫai ittalkûni madatu na-ṣu-ni 7 urâte ša* (*imêr*) *kudin issiniš na-ṣu-u-ni* die Vornehmen von Kumuch sind gekommen und haben den Tribut gebracht, 7 Mauleselinnen haben sie mitgebracht, K. 125, 9 (Winckler Keilschr. 2, 16 = Harper Letters n°. 196). *napḫar 593 sisê ša Mugalli ša Ilu-ukallanni na-ṣa-an-ni* zusammen 593 Pferde, die M. und I. gebracht haben, K. 286, 9 (KB 4, 148, XIII). Vgl. auch Amarna B. n°. 71, 76. Unsicher ist noch ZA 10, 6, 79 *kitta tattaduma uṣurti ili ta-na-ṣu*, ebenso *an-nu-ṣu aṣabasu* (!) *ina siparri asakanšu*.... ich greife ihn und lege ihn in Fesseln, K. 655 Rs. 6 (Harper Letters n°. 132).

naṣâlu. 83, 1—18, 1332 Col. I, 15 [*HAL*] = *na-ṣa-lum*. III, 1 BA II, 418, 2 *u-ša-am-ṣi-il*...

נצר III, 1 Inf. *šuṣṣuru*. *kidudê ili ana lâ šu-uṣ-ṣu-ru taḫšiḫu kabattuk* die Heiligtümer Gottes nicht zu bewahren, begehrte dein Herz, ZA 10, 7, 80.

maṣṣartu. *bît maṣṣarti* auch Gefängnis. *ina bît EN-NUN-ti* (d. i. *maṣṣarti*) *it-ta-kan*(?)-*šu u iklêti ša mâtâti gabbi uktallimšu* in ein Gefängnis warf er ihn und zeigte ihm die Finsternisse aller Länder, K. 1250, 25 (Winckler Keilschr. 2, 59).

niṣirtu das Sichtbarwerden. *ašar ni-ṣir-ti ikšudamma* er erreichte den Ort des Sichtbarwerdens, BA 3, 234, 4.

נצר *naṣṣaru* vielleicht Schwert Šurp. 6, 198; vgl. Zimmern S. 59.

naḳabîtu. *ina maḫar* (*il*) *Šamaš na-ḳa-bi-ia-te ša dupsarûte usaḳabišu*, K. 1263, 10 (Winckler Keilschr. 2, 58). *na-ḳa-bu-a-te ša dupsarrûtu usalimu*, K. 168, 20 (Lehmann Sams. XLV = Winckler Keilschr. 2, 28). Stamm eventuell קבא.

נקד *naḳidu* Hirt. *ibâku rê'ê na-ḳi-di* es weinen die Hirten und Wärter, S. A. Smith Asurb. 2, 2, 30.

attama na-ḳid-si-na ša eliš u šapliš du bist ihr Hirt oben und unten, ZA 4, 8, 24. *na-ḳid ṣalmât kakḳadi* der Hirt der Menschheit, BA 3, 230, 34.

nikudu ein Sumpfvogel. *iṣ-ṣur ap-pa-ri* = *ni-ḳu-du*, ZA 6, 244, 50.

niḳsiliḳu (*ni-iḳ-si-li-ḳu*) ein Synonymum von *pašturu*, II R. 23, 26ab.

niḳḳu ein Teil des Feigenbaums. *ša tittu ni-iḳ-ḳa-šu* der n. des Feigenbaums, IV R. 29*, 12b. ... *BUL-BUL* = *tu-ma-ṣu* = *niḳ-ḳ[u]* *ša ba-nu-u*, II R. 49 n°. 3 add. (Strassmaier AV 6304). Wohin gehört *šar šamni ša ikulu ni-iḳ-ḳu*, Sintfl. 65?

nuritu. *nu-ri-e-tum ša* (*araḫ*) *Du'uzu* (?) *ana* (*il*) *Lu-gal-ku-azagga*, ZA 6, 243, 35.

nuriḫu. *1 nu-ri-ḫi šanîtu ša kaspi*, Amarna B. n°. 28 Col. II, 46.

נרט *pânuka ul urraḳ ul i-nir-ru-ṭa* [*šêpika*] dein Antlitz soll nicht schlaff werden, nicht sollen erlahmen deine Füsse, S. A. Smith Asurb. 3, 12, 36. *šêpika lâ issanâmâ lâ i-nar-ru-ṭa ḳâtâka* deine Füsse sollen nicht ...., deine Hände nicht müde werden, Craig Rel. T. 5, 8. Mit ד findet sich das Verbum K. 257 Vs. 50 (ASKT 126) *i-nar-ru-du-nim-*[*ma*].

nirriṭu Rebell. *Dunânu... nir-ri-ṭu šarrûti'a*, S. A. Smith Asurb. 3, 2, 59. Oder ist die Form als aus *munirriṭu* verschrieben anzusehen?

nirṭu. *ni-ri-iṭ bêl ṭâbti bêl damiḳti ša šarri bêlišu šûtuni*, K. 2729, 59 (BA 2, 566 ff.)

נרט *nariṭṭu*. *ittaziz ina na-ri-iṭ-ṭu kali ina rušumdu* er liess sich nieder in einem n., wird zurückgehalten im Sumpfe, ZA 4, 237, 44. 46. 48.

nurmû ein Schmuckgegenstand (in Form einer Feige?). *5 nu-ur-ma-a aban* ..., Amarna B. n°. 25 Col. II, 4, 38: *7 nu-ur-ma ṣiḫrûti ḫurâṣi*.

נרר *narâru* helfen. *ariba iṣṣura na-ri-ir* (*UBARA*) *ilâni ina imni'a atmuḫ* den Raben, den Vogel, der die Götter unterstützt, hielt ich mit meiner Rechten, IV R. 30*, 36a. Inf. *na-ra-ru*, BA 2, 418, 13.

נשא IV, 1 erhoben werden. *ana bêlûti mâti an-na-ši-ma* zur Herrschaft über das Land wurde ich erhoben, Nab. Const. Col. V, 10: vgl. Nbd. 50, 4.

ša nâšišu vgl. BA 1, 636.

נשף IV, 1 weggeblasen werden. *li-in-na-aš-pa ki-ma pu-u* ... *lim-ma* ... ihr Zauber möge weggefegt werden wie Stroh, abgeschält werden wie Knoblauch. Maql. 5, 57; 6, 31

našabbu. *1 mana 2 ša šiḳlu kaspi ana ep-šu ša kettam ša na-ša-ab-bu*, Dar. 34, 3.

nišu. *TE* mit der Aussprache *te-e* = *ni-šu-u*, 83, 1–18, 1330 Col. IV, 7.

נשח (*il*) *Samaš mûlaru rêšu i-na-aš-ša-ḫu*, (*MA-RA-AN-RI*) IV R. 28, 14a. Die Form *in-na-aš-ḫu* II R. 8, 54cd gehört natürlich zu נסח.

נשך I, 1 scheint Bezold Cat. 1481 zu bieten *šumma amêla ṣiru iš-šik-šu*. Ob hier dem Zeichen *šâ* der Lautwert *šuk* zu geben ist?

II, 1 beissen. *šumma sisû iššegûma l tappašu lû amêli u-na-šak amêlu šuatu imâtma bêtsu issapaḫ* wenn ein Pferd wild wird und seinen Genossen oder Menschen beisst, wird dieser Mann sterben und sein Haus wird zerstreut werden, Bezold Cat. 574.

נשר *našâru* wegnehmen. *ta-na-aš-šar ḫiṣbu* du nimmst weg den Überfluss, ZA 4, 236, 9; ib. 13, 7 *na-ši-ir a-kal*....

I, 2 liegt vielleicht K. 257 Vs. 57 (ASKT 126) vor, wenn dort mit Brünnow n°. 109 *im-da-*[*aš-šar*] zu ergänzen sein sollte.

II, 1 IV R. 1, 1a *mu-na-aš-šir* (*BA-E*) *napḫar... šu*; vgl. IV R. 1*, 9b.

IV, 1 weggeschaft werden. *baṣṣa šipik epiri... in-na-ši-ir-ma* der Sand und die Erdaufschüttung wurde weggeschaft, Nab. Bez. Col. I, 43 (PSBA 11, 104 ff.). Bezold Cat. 1437 *in-na-šir*.

nišru Abzug. S. Hilprecht Assyriaca 12, 14 und Nbd. 118, 2; 276, 5; 356, 9.

nušurrû dass. *nar-tu nu-šur-ru-u šussi*, K. 3600 Rs. 23 (Winckler Keilschr. 2, 3).

nuširtu Grenzst. n°. 102 Col. III, 29 (BA 2, 171 ff.). Unsicher.

niššu. *ina ûru niš-še rišâta ellata u ḫidûti*, ZA 4, 12, 44; vgl. Amarna B. n°. 28 Col. I, 33 (*na-aš-ši*).

נתא *natû* zerspalten. *šalši paṭru*.... [*ša*] *kaḳḳadu i-nat-tu-u* der dritte ist ein... Dolch, der das

Haupt zerschmettert, IV R. 56, 3a (ergänzt nach den Additions).

nutahu ein hölzerner Gegenstand. *GIŠ-BAD* = *su-un* (!)-*nu*, *kir-ṣap-pu*, *nu-ta-bu*, V R. 26, 27ab; vgl. II R. 44 n°. 6 add. (Strassmaier AV 6466).

נתך ...*A* (?)-*DE* = *na-ta-ku*, Bezold Cat. 1329.

III, 2 *šumma ištu murṣi šuptišu uš-ta-nat-tak*, Boissier Doc. 23, 7.

נתן *natânu* geben auch Nbd. 854, 7 *šaṭâri ki išṭurru* *it-ta-na-aš-šu* als er das Schriftstück geschrieben, gab er es ihm.

נתר *natâru*. *TAR* mit der Aussprache *ta-ar* = *na-ta-rum*, 83, 1—18, 1335 Col. III, 21; vgl. auch S[c] 5b, 1 wo Strassmaier AV 6172 *na-ta-[ru]* ergänzt.

nittu. K. 7331 Vs. 8ab wird *ni-it-tum* in einem Paragraphen mit *ra-bi-ṣu* und *šar-ra-ku* genannt; vom Ideogramm fast nichts mehr erhalten.

ס

סאה *šâ'u*. *daianuša kîma nêši li-sa-a eliša* ihr Richter möge wie ein Löwe auf sie losgehen (?), Maql. 5, 27. *i-sa-u adanniš u ilâni rabûti ša šamê irṣitim mala šumu nabû issišunu is-sa-u*, K. 595, 12 (Harper Lett. n°. 6).

1, 2 s. o.

sû (*su-u*) = *daltu*, II R. 23, 13cd.

si'ûtu Sturm (?). *lû ina si-'-u-tu*... (*al*) *Kišassu iṣabatû*, Kundtzon Geb. n°. 1 Vs. 6, 12. Rs. 8.

suadu eine Specerei. Rm. 367 + 83, 1—18, 461a Col. III, 6 *GIŠ-SIM-DU* = *su-a-du*. Vgl. II R. 42, 13a.

siḫu ein Parfüm, das von der Cypresse gewonnen wird. *GIŠ-ŠIM-LI-LAH* = *si-i-ḫu*, Rm. 367 + 83, 1—18, 461a Col. II, 15; ib. 31 *GIŠ-ŠIM-ZA-LUM* = *si-i-ḫu*.

sualu. *guḫḫu su-a-lu iratsu utanniš*, Šurp. 7, 30. Zimmern S. 60 übersetzt zweifelnd Husten (سُعَال).

sâpu Rm. 341, ein vierspaltiges Vocabular, bietet Vs. 3 hinter einander *sa-pu*, *sa-a-pu*, *si-i-pu*. Der Name der Ideogramms ging auf ....*u* aus.

sâru ein Tier. *šumma sa-a-ri* neben *turâḫu*, *ṣabîtu*, *nêšu*, Bezold Cat. 1247; vgl. III R. 57, 42a. Ein anderes s. s. II R. 47, 54ef.

סבא *sabû*. *ša tâmtim gallati i-sa-am-bu-' ru-ub-bu-ša*, Craig Rel. T. 43, 16.

sib(*p*)*û*. Rm. 2, 555, 5 *si-bu-u ša šârti*. Ideogramm vielleicht *TAB*. 83, 1—18, 1331 Col. III, 17 *si-bu-u*.

sabû Most. *takkal tašatti ella kurunšina si-bi-'-i kâri inaḫḫanikka šikar sa-bi-' tamaḫar* essen und trinken sollst du ihren hellen Wein, den ....., spenden werden sie dir Bier, Most wirst du empfangen, ZA 4, 12, 46. Rm. 358, Vs. 2 *nam-ḫar sa-bi-i*, vom Aequivalent nur ....*ru* erhalten.

sabû ein Amtsname. (*am.*) *sa-bi-e*, Bezold Cat. 1393; auch Craig Rel. T. 66, 19; vgl. Z. 8.

sibu' s. o.

sabîtu. *šumma sa-bi-tum elippu* (*kirru*, *nûnu*, *šaḫû*) *ibâši*, Bezold Cat. 1131. Bezold übersetzt es durch cloud.

sibiḫutu ein Kleid. 2 *TA* (*ṣubat*) *si-bi-ḫu-tum*, Camb. 295, 10.

sagîtu (?). *sa-ga-a-te* (*mašak*) *maṣa'*, K. 546, 7 (Harper Lett. n°. 75).

סדד II, 1. *pût su-ud-du-du re'itum u maṣartum alpi buštum Ubar naši*, Dar. 257, 9; 348, 9; vgl. Cyr. 377, 21.

סדד *sadidu* alt. Rm. 2, 200 A. 14 ff.

ku-ud-mu = *maḫ-[ru-u]*
ul-lu-u = *maḫ-[ru-u]*
sa-di-du = *ditto*.

סדה *ṣabê dalḫûti ša isišunu i-sa-du-u-ni adî* (*am.*) *šakê adî* (*am.*) *ša šapûti 1 C šunû ṣabê di*(!)-*e-ku* die erschreckten Soldaten, welche mit ihnen...., nebst den Officieren und Dollmetschern (?) sind

100 an der Zahl gefallen. K. 194, 10 (Harper Letters n°. 144). Oder von סאר?

סדר II, 1. *su-ud-du-ru guggum*, Craig Rel. T. 30, 28. *balu urpati su-ud-di-ru-ši-ma*, ib. 54, 16.

sadarû. bel biti šuati ul-tab-bar sa-du-ru-u illaku selbiger Hausherr wird alt werden und… gehen, Boissier, Doc. 3, 19.

šihb(pu ein Teil des Wagens. *1 narkabtu dulimišu(?) maršišu u si-ih-bi-šu gabba hurâṣu*, Amarna B. 26 Col. I, 2.

suhû. MU mit der Aussprache *mu-u* *su-hu-u*, 83, 1—18, 1331 Col. I, 29.

suhatu. K. 4159, 8 folgt *su-ha-tum* auf *i-si*, Aequivalent weggebrochen. *2 ša su-u-ha-tu-a-ti hurâṣi kaspu uhhuzu*, Amarna B. 26 Col. I, 9.

סחל *sahâlu* durchbohren. *si-ih-lu šâ ištu bit i-sa-hal-an-ni-ni* seit jener Stachel mich gestochen, K. 577, 10 (Harper Letters n°. 203); vgl. Maql. 5, 32. IV, 1 *is-sa-ah-lu*, ib. Z. 12.

sihlu 1) Stachel s. o. und vgl. Rs. 3. 2) eine stachelichte Pflanze. *U-ZAG-HI-LI-SAR* = *sih-lu*, IV R. 15*, 2b ebenso Maql. 5, 32 und V R. 6, 79. K. 8727, 4 f. *sih-l[u]* und *zir sih-[li]*; vom Ideogram nur …*SAR* erhalten. (*šam*) *sih*(?)-*lu-u* auch K. 4152 Vs. 10.

suhumu. Rm. 2, 24, 10 *su-hu-mu*, vorhergehen *du-ru-u, du-ku-mu;* Aequivalent weggebrochen.

suhummu (*su-hu-um-mu*) II R. 29, 14cd; vgl. Sarg. Ann. XIV, 50 *suh-hi-ma-ti*.

suhumbu (*su-hu-um-bi*) eine Art Kleid, V R. 28, 72cd.

suhindu. Die ungefähre Bedeutung, Rate od. ähnl. ergiebt Camb. 34, 3 ff. *ištên su-hi-in-du 5 mana hurâṣi 2 su-hi-in-du 1⅚ mana 6 šiklu hurâṣi*. Ob Nbk. 10, 2 *hi-in-du paṭirtu* hierher gehört?

סחף *sahpu. liškinu sa-hap-ti mâtu ibil* aufrührerische Rede wird das Land beherrschen, III R. 61, 20b.

nashapu ein Gegenstand aus Rohr. *GI-MAL-NA-AS-HA-PU* = *ŠU*, Rm. 2, 27, 12. Vgl. Nbk. 402, 14; Camb. 355, 3, 7.

nishiptu (*nis-hi-ip-tum*) Camb. 265, 3.

סחר *sâhiru* Zauberer Maql. 1, 77; 2, 39; 3, 132.

sahhiru Šurp. 3, 2.

suhru. K. 4152 Rs. 37 *su* (?)-*hu-ur aga-lim* = *u*….

sikiru ein Amtsname. K. 2012, 17 *si(?)-ki-rum*, vom Ideogramm nur noch unbedeutende Spuren erhalten.

saku. zanin sa-ki-šu re'um muttâu der ausstattet seinen s., der Hirt seines Landes, Bezold Cat. 933 vgl. III R. 66 Rs. 29c.

sakutu. *Zeri'a aki sie*; s. ZA 7, 272) *sa-ku-u-tu upakkiru*, Nrgl. 42, 7.

סכך *sakâku* verstopfen. *ilâni rabûti arrat lâ napšura turti îni sa-kik uznê ubbur mešreti likrubušumma* die grossen Götter mögen ihm unauflöslichen Fluch, Blindheit, Taubheit und Lähmung schenken, Berl. Mer. Bal. Col. V, 38. Nicht sicher ist Sams. L⁴ Col. I, 18.

sukkuku. zamanû limnûti su-ku-ku-u-ti la šemû'a die bösen, tauben Gegner, welche mich nicht hören, Rm. 3, 105 Col. II, 2 (JRAS 1892, 350 ff.).

סכר *sikkatu*. Rm. 353 Vs. 2 ff. werden *sik-kat nap-pi-e, ditto šu-me-e, ditto ta-at-tur-ri-e* erwähnt; von den Ideogrammen fast nichts erhalten.

סכל *siklatu* Vergehung. *sak-la-tu-u-a*, Craig Rel. T. 71, 7 *limnûtia*.

sukkallu Bote. K. 4226 + 4567, 11cd ergänzt durch Sm. 54 und Sm. 293 bietet verschiedene Ideogramme und Arten von s.

LA-BAR = *suk-kal-lum* [*EME-SAL*]
LAGAR = *suk-kal-l*[*um ditto*]
…*NA*(?)-*BI-IR* = *suk-*[*kal-lum ditto*]
LUH = [*suk-kal-lum*]
[*LUH*]-*MAH* = [*SU-hu* d. i. *sukkalmahhu*]
….. = [*suk-kal šarri*]
….. = [*ditto bi-i-ti*]
….. = [*ditto ki-rib ditto*].

סכפ *sikiptu* auch von Personen. *si-kip-ti arrat il u Nabû-bêl-šumâti*, K. 1550, 31 (Winckler Keilschr. 2. 30). *si-kip-ti* (*il*) *Bêl arrat ilâni Nabu-bêl-šumâti*, K. 1250, 14 (ib. S. 59). *sik-pi-e-tu* II R. 38, 4gh.

סכר II, 1 *mu-sa-kir-a-te* III R. 50, 8b als Bezeichnung einer Örtlichkeit.

סלא *salû'. bitâti raspâte šina mâ ta-sa-bu-'-un-ni*, K. 596, 6 Harper Letters n°. 190).

sili'tu Krankheit. *šumma šaman barbari iddinšu*

ṣubat si-li-'-ti wenn er ihm Schakalsfett giebt, giebt es Krankheit, Bezold Cat. 1437.

סלה II, 1 beten. 83, 1—18, 1330 Col. I, 22 *ZUR* mit der Aussprache *zu-ur* = *su-ul-lu-u*.

סלה *salû* 1) vielleicht giessen. King Magic XIX heisst eine Serie von Gebeten *bît sa-la-' mê*. K. 168 Vs. 18 (Winckler Keilschr. 2, 28 = Lehmann Sams. XLIV) steht dafür *bit ša-la me-e*; vgl. dazu שלה 2) sich empören (auch ohne *nîru*). *ša ana šarri bêli'a is-lu-ni*, K. 653, 10 (Harper Letters n°. 154).

silâtu Empörung. *mâmît sarri u si-la-a-ti*, Šurp. 3, 131. Ebenso ist wohl auch *sillatu* aufzufassen.

סלה *salû* vertrauen (?). *ana balâṭ napšâti ša šarri bêlišu uṣallâ u UD-DA itti šarri bêlišu ḳatû ana eli šarri bêlišu sa-lu-u* für das Leben seines Herrn Koenigs betet er, jetzt (?) ist er mit seinem Herrn Koenig fertig und vertraut auf ihn, K. 1459, 28 (Winckler Keilschr. 2, 22).

silîtu Gnade. *šurḳimma šumu u zêru lû rêmu si-li-ti lušâpu zikirki* schenke Namen und Samen, Gnade und Erbarmen; dann will ich deinen Namen preisen, King Magic n°. 30, 14.

sulû. 83, 1—18, 1335 Col. IV, 20 führt hintereinander auf *su-lu-u ša sûḳi* und *su-lu-u ša barbari*; Ideogramm *TAR*.

סלח *5 ša sa-la-ḫi siparri* 5 broncene Sprengkannen, Amarna B. 26 Col. IV, 26; vgl. Šurp. 3, 60; Maql. 5, 115 ff. 83, 1—18, 1330 Col. IV, 10 *TE* mit der Aussprache *te-e* = *sa-la-ḫu*.

suluku. *su-lu-ku gišimmari ubbalma ilaḳi*, II R. 14, 49d.

סלל *sillu* Korb. Sp. III, 6 (PSBA 1894 Dec.) bietet hinter *sussulu* und *saltu* Z. 6 *sil-lu*. Ideogramm wohl [*GI*]-*AL-ḲU-MA*. Nbd. 239, 16 (*ḳan*) *si-el-lu*; Nbk. 313, 5 etc. (*ḳan*) *sil-li*; ebenso Camb. 147, 10.

saltu dass. Sp. III, 6 (s. o.) Z. 3 f. *sa-al-tum*; vom zweiten Ideogramm ist noch …*RA* erhalten.

sillatu eine Getreideart. *24 imêr* (*še*) *sil-la-a-tu*, BA 3, 264, 24.

סלם II, 1 versöhnen. *su-ul-lu-mu ilâni zinûtu* Versöhnung der zürnenden Götter, Nab. Const. Col. X, 8.

salsalu (*sa-al-sa-lu*) Knudtzon Geb. n°. 30 Rs. 7.

salâṣu. *TAK* mit der Aussprache *ta-ak* (Zeichenname *šuridu*) = *sa-la-ṣu*, IV R. 63, 35abcd.

silaru. ZA 10, 202, 9 *bi-bi-en-du* = *si-la-ru*, *bi-bi-en-du* = *pul-lu-uk-ku*.

siltu. *7 mašiḫi ša si-il-tum*, Camb. 258, 4.

sumâdu (oder *sanâdu*?). *šumma ubânu imnuša u šumêluša taiarati sa-an-da-at tibût eribê* wenn ihr rechter und linker Daumen …., werden Heuschrecken kommen, Bezold Cat. 1432. *šumma ubânu HAR-MURUB ana imni ṭeḫat u sa-an-da-at*, Boissier Doc. 37, 1.

sindu Nbd. 644, 2.

סמה I, 3. *šêpâka lâ is-sa-nam-ma-a lâ inarruṭa ḳatâka* deine Füsse werden nicht krank (?), nicht erlahmen deine Hände, Craig Rel. T. 5, 8.

II, 1. *kîma* (*šam*) *KUR-ZI-SAR li-sa-am-mu-ši kišpuša*, Maql. 5, 33.

sammû ein hölzerner Gegenstand. *suddurû gugganê ḳutrini šanakkê* (*iṣ*) *i-ni* (*iṣ*) *sa-am-me-e u* …, Craig Rel. T. 30, 28.

samêtu Umschliessung. *sa-me-it dûri*, King Magic n°. 21, 26, vgl. 16; *lipit bît ili. ana dûri u sa-me-ti tapḳidainni*, Maql. 4, 24; vgl. 5, 134. *ḫurri nadbaku u sa-ma-a-ti ša šadî*, Craig Rel. T. 81, 11.

simitu. K. 8065, 3ab wird …*e-tu* durch *si-me-tu* erklärt.

samaḫḫu grosses Netz. *GIŠ-SA-MAH* = *ŠU-ḫu*, V R. 26, 65cd.

סמך II, 1. *kîma kibsi kirri li-sa-am-me-ku-ši-ma lêtikuši*, Maql. 5, 44; vgl. für den Stamm auch S. A. Smith Asurb. 2, 52, 24.

simakku Götterschrein. *ušêšibu ina si-ma-ak-ki-šu* sie liessen wohnen in seiner Götterkammer, Nab. Const. Col. III, 29. *si-ma-ak-ku* auch unter lauter andern Bezeichnungen für Tempel etc. 81, 4—28, 327 Rs. 21; vgl. ZA 4, 240, 24.

simmu Krankheit. *si-im-mu ma'du šumišunu ul idi*. Krankheit ist vielfach vorhanden, ihren Namen kenne ich nicht, Bezold Cat. 759.

סמם *sammatu* Geruch. *ana bîtini ina sa-am-ma-ti* (Var. *mat*) *erini irba* in unser Haus tritt ein unter Cedergerüchen, NE 6 Col. I, 13.

סמן *samanu* achtjährig. *imêru saman-u samu ša šudu ina muhhišu išnu* ein achtjähriger, grauer Esel ohne Flecken (?), Camb. 4, 4.

saminu eine Krankheit. Auch Craig Rel. T. 18, 20 *ašakku sa-ma-nu murṣu*.

samenu (*sa-me-nu*) eine Pflanze 79, 7—8, 19, 22b.

simanu. ...*kaspi ana si-ma-na-u*, Dar. 4, 8.

simnunu. *minu si-mu-nu lutĕruba*, K. 1197, 8 (Harper Lett. n°. 15).

summmu. ...*KA šamaššammi ša ištên su-um-mu-nu*, Camb. 438, 8, 16.

sumassuḫu (*su-mas-su-ḫu*) K. 2020 Vs. 5. S. auch *šumassuḫu*.

sunatu. *bitu u su-na-tum ša Sin-iḳiša*, VATh. 815 Seitenr. (KB 4, 14).

sunnu. 1) ein hölzerner Gegenstand. *GIŠ-BAD* = *su-un*(!)*-nu*, *ḳirṣappu* und *nutabu*. V R. 26, 25ab; vgl. II R. 46 n°. 6 add. 2) *ina su-un-ni ramani'a dûru šiši lû epuš*, K. 4445, 7b (Winckler Keilschr. 2, 73).

סנק II, 1 gefangen nehmen. (*am.*) *rab ḳaḳḳulite*(?) *ša lâ šarri ša lâ mâr šarri iṣabta u-sa-ni-ḳu-a-ni* der r. ḳ. hat mich ohne Befehl des Koenigs oder Kronprinzen ergriffen und gefangen gesetzt, K. 1101, 11 (Harper Letters n°. 152). *šar* (*mât*) *Urarṭai ina* (*al*) *Ṭurušpi etarab u-sa-ni-iḳ-šu-nu* der armenische Koenig hat T. betreten und hat sie gefangen gesetzt, K. 194, 9 (ib. n°. 144). S. auch Amarna B. 8 Rs. 2.

II, 2 dass. *iṣṣabtunišśu us-sa-an-ni-ḳu-šu*, K. 527 Rs. 6 (Harper Letters n°. 32).

סניש II, 1. *GIŠ-MA-NU ina kalâtišu tu-sa-na-aš*, Maql. 8, 14.

sinništu Adv. *sinnišaniš* wie ein Weib. *Ištar bêlit ḳabli u tuḫazi zikrûsu sin-niš-a-niš lušâlikšu* Istar, die Herrin des Streites und Kampfes, möge seine Männlichkeit in Weiblichkeit verwandeln, Berl. Asarh. Rs. 57. Wir erlernen hieraus die interessante Thatsache, dass Femininformen, wenn sie das Adverbium auf *aniš* bilden, ihr Feminin-*t* verlieren. Daher ist auch *karpaniš* nicht von einem nicht vorkommenden *karpu*, sondern von *karpatu* herzuleiten; ebenso *urpâniš* von *urpatu*; dagegen *šallatiš*.

sisitu *si-si-it ritti*, K. 2148 Col. III, 29 (ZA 9, 124).

sisitu eine Pflanze. Bu. 89. 4—26, 112, 9 (*šam*) *si-sa-tum*.

sussuku. *arnu mamit ša ana su-us-suk amêlûti iššaknu*, Šurp. 4, 67. Vgl. Zimmern Glossar s. vv. סכר und סוק.

sissiktu ṣabatu auch Nbk. Winck. Col. III, 25; Sams. L[4] Col. II, 27. *si-si-ki-ti-šu* K. 6082 Col. II, 8 (Winckler Keilschr. 2, 67). Vgl. ZA 5, 151.

sussulu Korb (= סַלְסִלּוֹת). Sp. III, 6 (PSBA 1894 Dec.), das lauter Rohrgegenstände aufführt, erwähnt Z. 1 [*su*]*-us-su-lu*; Ideogramm weggebrochen. Es folgen *saltu* und *sillu* (q. v.). 80, 11—12, 9 Col. III, 9 erweist *su-us-su-lu* als ein Synonymum von *buginnu ša akâli*, Esskorb (q. v.); auch K. 4138, 5 wird *su-us-sul-lu* hinter *buninnu* und *buginnu* erwähnt. Ebenso ist Sintfl. 64 aufzufassen. Vgl. auch Nrgl. 28, 24.

sissimu. 81, 4—28, 327 Rs. 14

si-is-si-mu = *i-šit-tum*

si-is-si-ru = *ditto*.

sisânu eine Heuschreckenart. K. 4373, 12 (ergänzt durch K. 10028) *ḪUBIR-MAL-AN-NU-GID* = (*arib*) *si-sa-nu*.

sassu. 79, 7—8, 170, 10 *sa-as-su*; Ideogramm weggebrochen. Es folgt *ŠU-lum*.

sassatum eine Pflanze. K. 4174 + 4583 Col. I, 20 *sa-as-sa-tum* die drei ersten Columnen weggebrochen. Eventuell fehlt ein Zeichen am Anfang.

sisseru. S. *sissimu*.

sissêrinûtu. 81, 4—28, 327 Rs. 11 *si-is-si-ri-in-nu-tu*.

sipu. *ḫadanûteka*...*ki si-pi ina pan šamê ili'* deine Widersacher werden wie s. am Himmel schwach werden, Craig Rel. T. 6, 9. Vgl. 9[1], *ḲA ša si-pi*, BA 2, 636, 35 und *ša si-ip-pi* ib. 629, 19.

sap'altu. III R. 66, Vs. 5c (*il*) *Sa-ap-'-la-te*.

ספד *sapâdu* Prs. *isápid* trauern. *ibikû ri'î mikidi*... *i-sa-ap-pi-du dadmê urru u mûšu* es weinen die

Hirten und Wächter...., es trauern die Wohnstätten Tag und Nacht, S. A. Smith Asurb. 2, 2, 31. 83, 1—18, 1331 Col. IV, 11 *DIR* mit der Aussprache *su-u* *sa-pa-du.* — Gehört *lubar sip-du* Camb. 277, 10 auch zu dieser Wurzel?

ספה II, 1 *li-sa-pa-a-ni mê tâmti*, IV R. 29*, 1b.

ספח 83, 1—18, 1335 Col. III, 18 *TAR* mit der Aussprache *ta-ar* = *sa-pa-ḫu.*

supalu eine Pflanze auch K. 4174 Col. I, 23 und K. 4152, 17c.

sapnu. *šumma GIŠ-BU sa-ap-ni nêši šakin* wenn ein Kind die Prauken(?) eines Löwen hat, Bezold Cat. 1075.

sappandu eine Specerei. *GIŠ-ŠIM-EŠ-HA-RA* = *sap-pan-du*, Rm. 367 + 83, 1—18, 461a Col. III, 7.

sapsappu. *šumma GIŠ-BU lišanšu ina sa-ap-sa-pi* wenn die Zunge eines Kindes in dem s. ...., Bezold Cat. 1516.

sappu. 82, 9—18, 4159 Col. IV, 9 *UD-KA-BAR* = *sa-ap-pu.* Ebenso V R. 23, 13 f.; nicht *šabbu.*

sippu. K. 8665, 9ab [*ti*?]-*ib-ḳu* = *si-ip-pu*
[*ti*?]-*ib-ḳu* = *ri-kis sip-pi.*

K. 4256 Vs. 4 wird *si-ip-pu* zwischen *tušaru* und *zamû* in einem Paragraphen erwähnt.

supuru Hof, Stall. *šumma ana su-pur alpê* (*kirrê, enzê*) *illik* wenn er nach dem Rinder- (Schaaf-, Ziegen-) Stall geht, Bezold Cat. 1393.

siparrûtu(?). *ša* (*am.*) *TU-bit-u-tu u* (*am.*) *UD-KA-BAR-u-tu* ... *nadna*, Camb. 236, 4.

סרד *sirdu* Gebot. *pabiḫu aḫâzu si-ir-du* [*ilâni*?] *šite'u* Furcht zu lernen und die Gebote der Götter zu suchen, K. 4370 Vs. 5, Rs. 21 (Winckler Keilschr. 2, 52).

siruldatu. *ištênit si-rul-da-tum ša šikiri ṭâbi*, Dar. 301, 4.

sarâmu II, 1. *mu-sa-ri-mu ummâni*, Nab. Const. Col. XI, 34.

sariam. *1 ŠU sa-ri-am*, Amarna B. n°. 26 Col. III, 37 f.

סרק *sarâḳu* S. noch King Magic 1, 20; 18, 13; 30, 3; 57, 9; Nab. Cyr. Chron. Col. II, 8 und 83, 1—18, 1331 Col. III, 14.

sirḳu auch ZA 4, 12, 48; Maql. 4, 59.

סרר IV, 1. 83, 1—18, 1335 Col. III, 26 *KUD* mit der Aussprache *ku-ud* = *na-sa-ru-ru.*

sarirû. *šumma sa-ri-ri-i naši*, Boissier Doc. 27, 8.

surâru. *šarru bêli ṣi-ḫi-it-tu-šu ikaššad ipšêti u su-ra-a-ri ša šarri bêli'a pân ilâni maḫ[rû]* mein Herr Koenig wird seinen Wunsch erreichen, und die Thaten und ... meines Herrn Koenigs werden den Göttern angenehm sein, K. 1263, 27 (Winckler Keilschr. 2, 58).

sirišu Most. *si* (nicht *kir*)-*ri*-[*šu*] wird jedenfalls Sintfl. 72 zu lesen sein (s. IV R. 43 Col. II, 15); es folgen *kurunnu, šamnu u karânu.*

סתק *santak* dauernd. S. unter *kaimanu;* King Magic 9, 42 *uddakam tabarri sa-an-tak* täglich schaust du unablässig. *ša ana paraṣ* (*il*) *Nabû* ....*pu-tuḳḳu sa-an-tak* der auf den Befehl Nebos unablässig schaut, Rm. 3, 105 Col. I, 12a (JRAS 1892, 350 ff.).

santakku. *sarrâtu u lâ kênâtu išruḳušu sa-an* (Var. *at*)-*tak-ku*, ZA 10, 12, 258. *kunukka sa-an-tak-ki-na-a-ti*, ZA 4, 239, 11.

sitmatu. II R. 22, 42ef. *ME-ME-A* = *si-it-ma-tum.*

satinnu. *2 sa-ti-in-nu birmu*, Amarna B. 26 Col. I, 44.

פ

(*am.*) *PA* ein höherer Beamter, etwa Aufseher. (*am.*) *PA ša* (*am.*) *MU-MEŠ* Camb. 353, 5; 358, 5; 359, 6; Dar. 21, 5; 54, 6 etc. *lû PA lû labuttu*(?) *lû ḫazannu*, IV R. 38 Col. III, 1. Bezold Cat. 960 (*am.*) *šaknu ša* (*am.*) *PA-Pl.*

פוא *pûtu* Rand. *ša pa-as-su ḫurâṣu uḫḫuzu* dessen Rand mit Gold eingefasst war, Amarna B. 26 Col. II, 63.

pû eine Art Stroh. *IN-BUL-BUL* = *pu-u*, S. 21 Rs. 4 (ZA 8, 198); vgl. V R. 42, 23gh. *mannu pâ iblat ŠI-BAR uṣaṣṣir* wer vernichtet die Stoppeln?, schneidet ab das Getreide? Maql. 5, 11; ib. 15 *kima pi la iblaši* wie Stoppeln(?) existiert er nicht. Vgl. noch Maql. 5, 57; 6, 31; 8, 74, 79; IV R. 55, 12a.

pegu. ikkanu ulamkunu pu-e-gu, K. 619, 14 (Harper Lett. n°. 174).

פ־אח *pih* anstatt von *puhhu* tauschen abgeleitet): *u la (am.) munagiru igir pu-uh-šu* oder einen Mietling an seiner Stelle mietet, BA 3, 495, 30b; vgl. 497 Aehnlich sind die andern Stellen bei Delitzsch HW 516 aufzufassen. Unsicher ist noch *ina eli ṣalum pu-u-ḫi ša šarru bêli ana (am.) ardišu išpurani*, K. 939a, 5 (Harper Letters n°. 46).

piḫtu K. 530 Rs. 18 (Harper Lett. n°. 158).

pûlu auch K. 1247, 13 (Winckler Keilschr. 2, 36) *tikpi ša (uban) pu-u-li*. Rm. 339 Vs. 7 [*pi*]-*i-lu* = *abnu pi-zu-u*.

piimu. pi-ia-a-mu = *ši-bit(kit?)*...., 81, 4—28, 327 Rs. 10.

פאן *pi-e-ṣu*. 83, 1—18, 1332 Col. IV, 4. Als Ideogramm ist *DAR* zu ergänzen.

פאר I, 2 auswählen(?). *7 biltu ištu libbi ni-ip-ti-ar* 7 Minen haben wir davon ausgewählt(?), K. 125, 21 (Winckler Keilschr. 2, 16). Form wie *niḫtiaṭ* von חאט (q. v.).

pâru. ana maṣṣarti Esagila u Babilam lâ naškunu pa-ri-im damit den Befestigungen von E. und B. nicht ein p. zugefügt werde, Neb. Ball Col. II, 20. Eine Variante liest *la naškun na-ba-lum*. Vielleicht gehört hierher [*BAR?*] = *pa-a-rum*, hinter *nazâku*, II R. 30, 43ef.

pagitu (pa-gi-tum) ein Tier, ZA 4, 362, 7. Unsicher. Vielleicht gehört hierher *1 pa-ku-du u mirtušu*, Amarna B. 28 Col. II, 47.

puglu oder *puḳlu* bedeutet auch eine Pflanze; vgl. K. 40 Col. I. 63f. [*kanânu*] *ša PAP+ŠE+PAP-SAR* und King Magic n°. 53, 18. S. auch ZA 6, 295.

pagumu ein Gegenstand aus Leder. *1 (mašak) pa-a-gu-mu*, Amarna B. 26 Col. I, 48.

pagat (?). *laḫratum ana pa-ga-at ša*(?) *ina maḫar Zerûtu mannata*. Cyr. 247, 6.

פדה *pedû* auch aufhören (s. V R. 16, 75gh = *ku-(du)*) [*ud*] *lâm la pa-la-a kurudka lutlul* ungleich ohne aufzuhören will ich deine Tapferkeit preisen, King Magic n°. 5, 9. Vgl. IV R. 15, 2b und 60, 44a. *la padû* auch von Bergen, Sarg. XIV, 6. Unsicher ist es, ob hierher auch *DAH* mit der Aussprache *tu-uh* = *pa-du-u ša pa-a* gehört, 83, 1—18, 1330 Col. III, 29.

IV, 1 Vielleicht Knudtzon Geb. n°. 21 Vs. 8, Rs. 6.

pidu. ana pi-di-šu-nu. K. 168, 12 (Winckler Keilschr. 2, 28 = Lehmann Šamš. LXIV).

pudû. ana pu-di-e Camb. 265, 3. Unsicher.

padattu. (il) Nâru kakkadi'a kibir (il) Nâri pa-da-at-ti die Flussgöttin ist mein Haupt, das Ufer der Flussgöttin mein..., Maql. 6, 82; 8, 35. Vielleicht steht *p.* für *padanti*.

pazadu. 83, 1—18, 1330 Col. I, 13 *SU-KAD* mit der Aussprache *pi-eš* = *pu-za-du*.

piznuḳu. ušalḳu iššikki ša pi-iz-nu-ḳu te'i[tu], ZA 10, 12, 250. *aḫrâtaš pi-iz-nu-ḳiš lullariš*, ZA 4, 240, 6. *bi-iz-nu-ḳiš ana ḳirbi*, ZA 10, S. 142.

פזר *tapzirtu* Verbergung. *ašar ta-ap-zi-ir-ti-šu-nu* der Ort, wo sie sich verborgen hatten, Sarg. Ann. 273.

פחה *piḫu. DAH* mit der Aussprache *du-u* = *pi-hu-u ša elippi*, 83, 1—18, 1330 Col. III, 6. *bibu piḫ-ina pani N.N.* gefangen setzen, Bab. Chron. Col. II, 33. Vgl. Maql. 4, 33, 35. II R. 11, 45gh.

IV, 1 verschlossen werden. *šumma rimu ina maḫar abulli irbiṣ nakru abulla ali iṣabatma abullu šuatu ip-pi-iḫ-ḫi* wenn ein Stier sich vor dem Stadtthor lagert, wird der Feind das Stadtthor einnehmen, und es wird verschlossen werden, Bezold Cat. 1710.

puḫḫu etwas mit Pflanzen zusammenhängendes. *U-LAL-LAL* = *pu(?)-uḫ-ḫu*, II R. 41, 10cd (Strassmaier AV 7104).

puḫalu. (iṣ) pa-ni pu-ḫa-lu ein Hausgerät, Nrgl. 28, 22.

paḫasimunu (?). *10 TA bilti ša šammu pa-ḫa-si-e-mu-nu ša Nabû-nadin-šum*, Dar. 388, 2.

puḫpuḫû. UD mit der Aussprache *u* = *pu-uḫ-pu-uḫ-ḫu-u*, 82, 9—18, 4159 Col. I, 18. — Eine Pflanze *pu-uḫ-pu-ḫu* II R. 42, 17a.

פחר I, 1. *ṣītukka ip-ḫu ru ilâni mâti* bei deinem Aufgang versammeln sich die Götter des Landes, ZA 4, S, 45.

I, 2. (*am.*) *rab biti ina Akkadi bi-ḫir-tum ip-te-ḫir* der Praefect veranstaltete eine Volksversammlung, Bab. Chron. Col. VI, 4.

II, 2. sich versammeln. *annušim gabbišunu nu-up-ta-ḫir* jetzt haben wir uns alle versammelt, K. 679, 6 (Harper Lett. n°. 212). *up-ta-ḫa-ru*, Boissier Doc. 5, 1.

pâḫiru ein Titel. *Nik-ili* (*am.*) *pa-ḫi-ru*, K. 505, 3 (Harper n°. 166).

puḫuru Fem. *puḫurtu* versammelt. *kinna pu-ḫur-ta usappiḫu* hat er eine versammelte Familie zerstreut? Šurp. 2, 53.

piḫirtu Versammlung; s. unter I, 2.

פטר In sehr verschiedenartiger Bedeutung in den Amarnabriefen; s. Winckler KB 5 Glossar s. v. Bezold Cat. 1710 *šumma ina ûmišuma ip-ṭur ittalak*.

II, 1 befreien. (*am.*) *Aššurai mala ina pa*[*ni*]*šunu ṣabtu u-paṭ-ṭa-ru* die Assyrier, so viele bei ihnen gefangen sind, wird man befreien, K. 1250, 20 (Winckler Keilschr. 2, 59).

napṭaru II R. 39, 51gh.

napṭartu auch I R. 27, 41a.

tapṭirtu. *ša takbû tap-ṭir-tum* ZA 10, 3, 12.

pakku. *ina libbim šundulu ša ilu bani'a ušarsanni ina pa-ak-ki-ia rabim*, Nab. Phil. Col. II, 20.

פלד *šupludu* (?). *10 šiklu kaspi ana dullu ša* (*iṣ*) *nar-kabti šup-lu-du*, Camb. 404, 9.

פלח II, 1 in Schrecken versetzen. *ekimmu mu-pal-li-ḫi*, King Magic n°. 53, 6.

II, 3 dass. *ina kal muši up-ta-na-laḫ-an-ni* in der ganzen Nacht setzt er mich in Schrecken, ib. Z. 8.

פלך *palâku* abtrennen. [*ki*] *pil-ki ip-lu-uk-ma* welches er als Gebiet abgetrennt hatte, Hilprecht Assyr. 10, 5. Eine andre Bedeutung scheint das Verbum in den Amarnabriefen zu haben.

פלך *pallukku* eine Specerei. Rm. 367 + 83, 1—18, 461a Col. II, 21 *GIŠ-ŠIM-MUK* und *GIŠ-ŠIM-PAL* = *pal-lu-ku*. *8 mana rikkê 1 mana* (*rik*) *pal-lu-uk-ku 18 KA burišu ana kinûnu ša Šamaš* 8 Minen Specereien, 1 Mine p. und 18 KA Cypressenparfüm für das Kohlenbecken des Samas, Camb. 126, 2. Rm. 145 Vs. 8 werden *ka-ni-e pal-lu-uk-ku* erwähnt; vgl. auch V R. 55, 56 und Mitteil. d. vorderas. Ges. 1896, 4, 10.

pillu eine Pflanze. *GIŠ-GEŠTIN-BIL* = *pil-lum*, II R. 45, 60ef.

palâmu. 82, 1—18, 4154 + 4155 Col. I, 6 *KUR* mit der Aussprache *ku-ur* = *pa-la-mu*; es folgt *šemîtum*. Danach ist vielleicht II R. 22 n°. 2 add. weder mit Strassmaier AV 5962 *pa-la-du* noch mit Delitzsch AW 171, HW 515b *pa-ad-du*, sondern *pa-la-mu* zu lesen.

פלס I, 1. K. 12056, 6 wird *pa-la-s*[*u*] in einem Paragraphen mit *nap-lu-su*, *a-ma-ru* und *ba-ru-*[*u*] aufgeführt.

palsû (*pal-su-u*) eine Götterwaffe, II R. 43, 28a.

פלסה III, 1. *bît šu-pal-su-ḫi edlûti*, Bezold Cat. 1776.

IV, 1. *bît illu ip-pa-la-sa-ḫu* | *bît šubat* (*il*) *Marduk*, ib.

פלק *palâku*. 83, 1—18, 1330 Col. II, 34 *ṬU* mit der Aussprache *tu-un* = *pa-la-ku*.

פלש *palâšu*. *šumma... kaskasu ina kablišu pa-liš* wenn ein Zahn in seiner Mitte hohl ist, V R. 63, 31b. *u uznâšu pal-šat* und seine Ohren durchbohrt sind, II R. 61, 41a. Vgl. Amarna B. 91, 17; L. 45, 17.

pulluštu ein Hausgerät. *1 pu-ul-lu-uš-tum si-parru*, Amarna B. n°. 26 Col. IV, 27.

punnugu. *ša itti ḫurâṣi pu-un-nu-gu*, Amarna B. 25 Col. III, 61 etc. Vgl. ZA 5, 15.

פנה *âlik panûtu* Gouvernement. *adû Bêl-ibni ardi'a u* (*am.*) *manzaz-pani'a ana a-lik-pa-nu-ti ana muḫḫikunu altapra* nunmehr sende ich B., meinen Diener und Vezier, zu euch, um euch zu beherrschen, S. A. Smith Asurb. 2, 49, 11.

paskaru. *1 pa-as-ka-a-ru ḫurâṣi*, Amarna B. 26, Col. II, 12.

פסל II, 1. *šêpâšu pu-us-su-la ana pânišu šârat nêši šakin* wenn eine Frau einen Knaben gebiert und seine Füsse sind ...., und er hat an seiner Vorderseite Löwenhaar, Bezold Cat. 917.

pasallu. *umalû pa-sal-lu*, ZA 10, 12, 249.

פסס *pasuttu* ein Gegenstand aus Holz. *GIŠ-TIM-*

KAK = *pu-su-ut[tu]*. *GIŠ TIM KAK-KAK* ditto, K. 4338 Col. VI, 51 f.

pisannu. Rm. 2, 27 Vs. 7 ff. bietet für *pi-sa-a[n-nu]*, die Ideogramme *G[I-GUR]-MAL*, *GI-MA-AL]-DUB*, *GI-MAL-IM-MA*, *GI-MAL-IM-SAR-RA*.

pissu. *ana pi-is-si (mât) Amadai ... atturad*, Salm. Obel. 121.

פסק II, 2. *dûru ša êkalli ša imkutûni nu-up-ta-si-iḳ* die Mauer des Palastes, welche eingefallen war, haben wir repariert(?). Bezold Cat. 922.

papallu. 83, 1—18, 1332 Col. II, 35 *MUL* mit der Aussprache *mu-lu* = *pa-pal-lum*. Vgl. auch Meissner-Rost Bauinsch. Sanh. 41.

papanu(?). *pa-pa-an libbiša agê itaddu*, K. 2148, 12 (ZA 9, 121).

puppinu ein Körperteil. *šumma amêlu ina burki aššati (ina pu-up-pa-ni-šu) ṣalil* wenn ein Mensch auf dem Schosse seiner Frau (auf seinem p.) ruht, Bezold Cat. 1020.

pupittu (*bubittu*?). *pu-pit-ti ultêribu mimma ša ḫapê gabbišunu ultibbubu*, K. 1250, 10 (Winckler Keilschr. 2, 59). *agi gabbi ina pu-pit-ti šu (am.) emuḳu*, IV R. 45, 10b; ib. 18 *pu-pit-ti ultêribu*.

פצא *piṣû* polieren. *3 mašiḫu labiri ... ana pi-ṣu-u u ṣubât butḳa ana Bunene-šimanni nadna* 3 alte Maasse sind zum Aufpolieren und zur Reparatur an B. gegeben, Camb. 415. 3.

puṣṣûtu Braut. *pu-uṣ-ṣu-t[um]*, II R. 29, 74g unter lauter Synonymen für Braut.

פקד I, 1. K. 4587 Vs. 3 f. wird *pa-ḳa-du* durch ... *u ša mi ...*, *ša-a ...*, *a-šu ...*, *sa-na-[ḳu]* und *pa-ra-su šu ...*, erklärt.

II, 1. *ana (il) Nidu nidugal ša irṣitim lu-pa-ḳid* dem Gotte Nedu, dem Oberpförtner der Unterwelt, möge er ihn übergeben, King Magic n°. 53, 20.

piḳdu Verwaltung. *pi-iḳ-da ša Bit-Ada ana ališu ana lâ paḳâdi*, III R. 45 n°. 2, 7.

paḳûdu Aufseher. (*am.*) *pa-ḳu-du ša (al) Šaḫrini* Cyr. 328, 2. Jedenfalls aramäische Form, entsprechend syr. ܦܩܘܕܐ.

puḳdatu. S. Dar. 439, 1, 7, 11.

pa-ḳi-ti Pl. Wegzeh ren(?). *ek-immu paḳ-d-a-ti ... harrânki ušteṣi*, Maql. 3, 117.

piḳittu. *TAR* mit der Aussprache *su-u* = *pi-ḳit-ti*, 83, 1—18, 1335 Col. IV 26.

piḳittetu Amt. *ana pi-ḳit-t-e-u-tu ... lipḳidu* zum Amte möge er ihn bestellen, Knudtzon Geb. n°. 116 Vs. 4; 122 Vs. 3 etc. *bêl piḳittuti* Beamter ib. n°. 126 Vs. 4.

paḳu. *lip-ḳa-ni ana ḳaḳḳari*, Maql. 6, 50. — Nicht hierher, sondern zu *piḳu* gehört *ša ana birîka ṭâbi u-paḳ-ḳu-u* der auf deine Gnade sieht, S. A. Smith Asurb. 3, 77, 24.

piḳitu. 81, 2—4, 263, 8 *PAP-E* ditto (d. i. *A-KA-GA*) = *pi-ḳi-tu* (und *naṣ-ṣa-ru*).

פקר *paḳaru* Prt. auch *ipḳir*. *10 gur zêri ša ana B-lani nadnu šarru ip-ḳir-ma* die 10 Gur Ackerland, welche dem B. gegeben waren, reklamierte der Koenig, Grenzst. n°. 104 Col. III, 4 (BA 2, 187 ff.).

II, 1 auch Nrgl. 42, 8.

פרא *parû* abschneiden. *nakru šu ukni ip-ru-'-ma (DA-AN-KUD) mârateu iškun* dieser Feind hat meinen Schmuck abgeschnitten und ihn seiner Tochter angethan, K. 41 Col. II, 18 (PSBA 1895 S. 64). *ki mehê i-par-ru-[']*, IV R. 22, 28a. 83, 1—18, 1335 Col. II (ergänzt nach 83, 11—18, 465) *KUD* mit der Aussprache *ku-ud* = *pa-ru-u ša iṣi* und *ša šam-mi*; s. a. Z. 23. Vgl. ZA 10, 10. 226.

II, 1. IV R. 8, 40b *ina ḳitišu ellûti u-par-ri-'*. Nicht sicher ist ZA 4, 8, 42 *tu(?)-par-ri ḫattu*.

naprû eine Waffe. *URUDU-ŠUN-ID-LAL* = *nap-ru-u*, K. 8676 Col. III, 26.

פרד Prt. *iprid*. *ilânišu u ištaritišu ip-ri-du* seine Götter und Göttinnen flohen, Bu. 88—5—12, 103 Col. I, 13 (BA 3, 224).

I, 2. *u lû tâmit ina pi'a ip (Var. up)-tar-ri-du* oder ein Wort meinem Munde entflohen ist, Knudtzon Gebete S. 42.

II, 1 *u-par-ri-da-an-ni* (*IM-MU-UN-GUB*) er hat mich vertrieben, K. 41, Col. II, 10 (PSBA 1895, 64 ff.)

II, 2 s. u. I, 2.

pirittu 1) Schrecken. Z.B. Knudtzon Gebete S. 41; Maql. 5, 70, 78; 7, 128. Auch IV R. 29*,

19b *birittu* geschrieben. 83, 1–18, 1332 Col. III, 37 *MUD* *pi-rit-tu* 2) ein Teil des Hauses. *šumma eribê ina bit amêli ina pi-rit* (*šit*?)-*ti bîti innamru maṭí* (resp. *šanê*) *pi-rit-ti* wenn sich Heuschrecken in einem Hause auf dem p. sehen lassen, wird der p. abnehmen (verändert werden), Boissier Doc. 2, 1; vgl. 32, 10 ff.

purdatu. *pur-da-a-tum* Rm. 339 Vs. 2.

puridu. *ša ammê pu-ri-di-šu zamar iḫalik*, ZA 10, 10, 214.

פרדא III, 1. *šu-par-du-u šušupu* auch Craig Rel. T. 76, 3; K. 2801, 8 (BA 3, 228) hat dafür *šu-par-du-u u šûbubu*. Vgl. auch K. 4219 Rs. 6 .... *u* = *šu-par-du-u*.

IV, 1. *kabattu ip-pa-ar-da* das Gemüt hellte sich auf, Nab. Bez. Col. II, 50.

nepirdu. 82, 9–18, 4159 Col. II, 5 *UD* mit der Aussprache *ba-ab-bar* = *ni-pir-du-*[*u*].

parû. *4 pa-ri-e*, IV R, 55, 11a; vgl. 14, 16, 18, 20, 22.

פרח *purḫu*. *2 ša pu-ur-ḫi ḫurâṣu uḫḫuzu*, Amarna B. 26 Col. I, 7.

napraḫatu. K. 4220, 6 *ditto* (d. i. wohl *diḳaru*) *ša maš-ka-ni* *ḳûl-da-tum nap-ra-ḫa-tum*.

פרך II, 2 versperren. (*am.*) *dupsarrê aššurai*(?) *up-tar-ri-ku-in-ni* die assyrischen Schreiber haben mich eingesperrt (od. mir verwehrt), K. 4730 Rs. 14 (Winckler Keilschr. 2, 53).

IV, 1. *ip-pi-ri-ik*, III R. 64, 3a.

parku Riegel. *išlud par-ku*, Weltsch. 4, 39.

parkinu Riegel(?). *daltu sikkuru u par-kan-nu*, Šurp. 8, 59.

pariktu. *pa-ri-ik-tum elenîtu*, Dar. 267, 2.

piriktu s. II R. 30, 74bc.

פרך I, 2. *u ištên kirru ana sîdu ša Elamti ip-te-ir-ku* K. 524, 40 (S. A. Smith Asurb. 2, 55).

פרס I, 1. *ana UD-DA-HUL aḳrabi pa-ra-si* um einen Scorpionstich (?) unschädlich zu machen, Boissier Doc. 33, 7. *ḫarrâna ina bîrit Babili u Barsip lip-ru-su*, S. A. Smith Asurb. 3, 51, 27.

II, 1 hin- und herstreuen. *aṭbuḫšu u-par-ri-sa mešrêtišu* ich schlachtete ihn und zerstreute seine Glieder, S. A. Smith Asurb. 3, 3, 61.

IV, 1 aufhören. *taḫâzu u ḳablum lâ ip-par-ra-su*, Bezold Cat. 640; vgl. IV R. 20, 8; Amarna B. 8 Rs. 9.

pirsânu (?). *dama ina pir-sa-a-nu uḳannan*, IV R. 29*, 8b.

pursaggu. *šurḳa pur-sag-gu u da-pa ...*, Craig Rel. T. 30, 39. *ilâni ša pur-sag-gi*, ib. 59, 32.

פרץ *parriṣu* Lügner. *bêl ḫiṭu šû* (*am.*) *par-ri-ṣu šû* er ist ein Übelthäter, ein Lügner, K. 617, 17 (Harper Lett. n°. 208).

pirištu. *gabbi pi-ir-ṣa-a-ta* lauter Lügen, K. 2889, 11 (Winckler Keilschr. 2, 14). Ein anderes *pirṣatu* s. Kohler-Peiser Rechtsl. 2, 7 f.

par-ṣa-a-ti Knudtzon Geb. n°. 108 Vs. 22.

פרץ IV, 1. *la ip-par-ra-ṣu*, K. 1349, 6 (Winckler Keilschr. 2, 1).

פרק 83, 1–18, 1335 Col. II, 22 [*KUD*] mit der Aussprache *ku-ud* = *pa-ra-ḳu*.

פרר II, 1. 83, 1–18, 1335 Col. III, 25 *TAR* mit der Aussprache *ta-ar* = *pur-ru-ru*.

purrurtu (*pur-ru-ur-tum*) Rm. 131 Rs. 11.

פרש I, 1. *mašru pa-ar-šu pîšu*, Šurp. 2, 60.

IV, 3 fliegen. Bezold Cat. 1472 *it-ta-nap-ra-šu*.

פרשם II, 1 alt werden. *šarru bêli'a ana mâr-marâni lu-par-ši-im* mein Herr Koenig möge bis zu seinen Enkeln leben, K. 595 Rs. 7 (Harper Letters n°. 6).

pirtu. *mârušu ištu pi-ir-ti-šu izaz*, K. 122 Rs. 25 (Harper Letters n°. 43). *pirtu* auch Sm. 896, 13 (ZA 4, 160), wo aber nach K. 40 Col. I, 36 ff., das hier durch das Duplicat, V R. 20 n°. 3 ergänzt wird, *kannu* anstatt *inu* zu lesen ist.

paratitenu. *pa-ra-ti-ti-na-šu* (*aban*) *ḫulâlu banû*, Amarna B. 26 Col. I, 4.

pišâti Pl. *ša akkalu kurummat pi-ša-a-ti u ir-ri-e-ti* was ich essen soll, ist Speise der... und der Flüche, IV R. 41, 29b.

פשח II, 1 heilen. *zikit aḳrabi pu-uš-šu-ḫi* einen Scorpionstich zu heilen, Boissier Doc. 33, 5. *ana bu'anê sapḫûti ša ḳatâ u šêpâ pu-uš-šu-ḫi*, Bezold Cat. 760; vgl. Chron. P. Col. II, 8 (JRAS 1894, 807 ff.).

pušuḫu. *kakišâti pu-uš-ḫa-a-ti ša idababûni* die besänftigenden (?) Flüstereien, welche sie reden, IV R. 61, 44b.

pušuhtu Beruhigung. *ana pa-aš-ha-a-ti*, Maql. 7, 36.

tapšuhtu auch Maql. 7, 35.

pašku. pa-aš-ku Pl. i-mi-aš(?)-šu, Camb. 102, 6.

פשל vgl. auch BA 3, 224, 24 und S. 274, dann auch Amarna B. 28 Col. IV, vorl. Z.

pišannu. 7 mana širtu ana dimitum ša pi-ša-an-nu, Camb. 24, 2; 158, 6; Cyr. 190, 6; Nbd. 186, 5; 213, 2; 1029, 7.

פשק III, 1. *mu-šap-šiķ tamh[ari]* der den Kampf schwer macht, King Magic n°. 42, 16.

III, 3. *šamu irṣitum ul-ta-nap-ša-ķu* Himmel und Erde kommen in Bedrängnis, K. 1349, 5 (Winckler Keilschr. 2, 1).

פשר *paširu. ušuzbita pa-ši-ru*, Sarg. Ann. 340.

pišru. pi-š-ir-šu dumiķ Bezold Cat. 1759.

pašru ein Gebrauchsgegenstand. *1 pa-aš-ru kaspi uhhuzu 1 šuši šiķlu kaspi ina libbišu nadi*, Amarna B. 26 Col. III, 11.

piširu. ana ebiš biti šuati pi-ši-ri kala Šamaš Rammân u Marduk aprus um dieses Haus zu bauen, habe ich alle Geheimnisse(?) Samas', Rammans und Marduks entschieden, Nebk. O'Connor Col. II, 20.

piširtu Lösung. *ina pi-šir-ti iba'*, V R. 47, 37b. *kirru anâkuma pi-šir-ti ab*..., Bezold Cat. 841. Maql. 3, 129.

tapširtu Erlösung. Šurp. 2, 2, 138; II R. 24, 6ab.

פשש *piššatu* wohl auch Salbenbüchse. *1 bi-iš-ša-tum*, Amarna B. 25 Col. II, 43.

napšaltu auch IV R. 55, 32a.

paš(l)tu eine Waffe. S. ZA 8, 78.

פתא I, 2. *utta pika tap-ti-ti-a* du öffnetest deinen Mund, BA 2, 628, 13.

II, 3. *up-ta-na-at-ta-ka (il) Nabû ina puhur ilâni rabûti* Nebo hat dir in der Versammlung der grossen Götter eröffnet, Craig Rel. T. 5, 1.

pit bâbi (Thoröffnung) eine Name des Tammuz. S. BA 3, 234, 4 und 278. — Ein anderes *pit* s. Berl. Mer. Bal. Col. III, 51.

naptêtu. K. 8676, welches lauter mit *URUDU* = Bronce anfangende Ideogramme erklärt, hat Col. IV, 12 .... *TUR-TUR nap-te-e-tu*.

pittu plötzlich, sofort. *pi-ti dulla ... ep-uš-ma* soll er ... wird man die Arbeit machen, K. 657 Rs. 7 Harper Lett. n°. 102. Sonst vgl. K. 504 Rs. 5 ib. n°. 157; K. 540 Rs. 14 (ib. n°. 149); K. 1247, 10 (Winckler Keilschr. 2, 36). — Ein anderes *pi-it-tum* ZA 10, 208, 17.

pitûtu ein paarweis vorhandenes Glied. *amtu ša šarri (sinn.) Bau-gamelat marṣat adannis ... pi-ta-tan umi šarru bêli ṭêmi liškun ... lilliku limurši* die Magd des Koenigs, B., ist sehr krank; ihre ... sind schwach. Es möge also mein Herr Koenig eine Ordre erlassen, dass ein Arzt komme und sie untersuche, Bezold Cat. 1842. *pilat nêši ipušu pi-ta-as-su hastum!*, ZA 10, 6, 62.

פתח I, 1. *ina pa-ta-hu sa*.... Dar. 358, 8.

II, 1. *alpesunu 500 600 ki u-pat-ti-hu ittasi* ihre Rinder 5-600 tötete (?) man und nahm sie weg, K. 1550, 28 (Winckler Keilschr. 2, 30).

פתל *patâlu* Prs. *upâtil* schlingen. *kima pi-til-ti ana pa-ta-li-ia*, Maql. 2, 153, 164.

pitiltu Schlinge s. o. Vgl. auch Zimmern Surp. S. 58.

פתן *patanu. pa-ta-ni arnaia ana (il) Bêlit šame uṣalla*, BA 2, 634, 9.

II, 1 *u-pat-tin ķinne*, V R. 47, 18b. Eventuell *upahhir* zu lesen.

naptanu Mahlzeit auch Maql. 2, 9; 6, 95; Sams. L[a] Col. III, 9; ZA 4, 13, 16 vgl. S. 226; Šurp. 6, 66.

pitpânu. In dem sumerisch-akkadischen Vocabular 82, 5—22, 574, 7 wird [*MU*]-*RU* und *GIS-BAR* ? = *pit-pa-a-nu* gesetzt.

פתק *patâķu* auch vom zubereiten von Getränken. *lip-ti-ķu kurunna*, Weltsch. 3, 9, 134.

pitiķtu Einfassung. *pi-ti-iķ-ti IM-KAK-A i(?)-tišu ilami* mit einer Einfriedigung umgiebt er seine Grenzen, II R. 15, 39cd.

pitru. 82, 8—16, 1 Rs. 1 (S. A. Smith Msc. T.) *KI-KAL* mit der Aussprache *ķi-ri-im* = *pi-it-ru*. Vgl. auch IV R. 44, 37 f. a.

patturu eine Waffe. *URUDU-ŠUN-TAB-UD-KA-BAR-HUS-A* = *pat-ta-ru* und *hutpalû*, K. 8676 Col. III, 32.

צ

צא$_1$ד I, 1 jagen. *ina sûḳi zilip[tum] i-ṣa-ai-ad aplum* auf der Strasse jagt nach Schlechtigkeit der Sohn, ZA 10, 10, 227. *irpu piṣû ina panišu i-ṣa-ad,* Bezold Cat. 557. III R. 61, 19b.

ṣidânu das Jagen. Šurp. 7, 16; IV R. 14, 37b.

צא$_6$ד gelb, feurig sein. Maql. 1, 91; 4, 15. Für einige Ideogramme und Ableitungen beider Wurzeln s. K. 12026, 6 ff.

צא$_7$ח *ṣûḫu. itti mimît ḫuluti ṣu-u-ḫi ḳabû enû lâ nadânu,* Šurp. 8, 56. 82, 9—18, 4159 Col. II, 15 *UD* mit der Aussprache *bi-ir* = *ṣu-u-ḫu.*

ṣiḫtu. ṣi-ḫi (oder *iḫ*?)-*ta-šu* (*I-SI-IŠ*) *ušanašanni,* K. 41 Col. III, 17 (PSBA 1895 Febr. 64 ff.).

צאן füllen. *lû kimru ina eli paššuri te-ṣi-en* du sollst k. in die Schüssel füllen, Bezold Cat. 921.

ṣâṣu ein mottenartiges Tier. *šumma ṣa-a-ṣu ina bît amêli ibši* wenn eine Motte in einem menschlichen Hause ist (und die Kleider, das Haus oder die Kleider der Frau frisst), ist das ein gutes Vorzeichen, Bezold Cat. 558.

צא$_8$ר II, 1 erhaben machen. *Babilu irṣitimšu lu-u-ṣi-ir* Das Gebiet Babels vergrösserte ich (sum. *MAH*), Samsil. Col. III, 21 (KB. 3, 1, 132).

ṣiriš gegen. *ṣi-ri-iš nakiri liššizanni* über meine Feinde mögen sie mich stellen, BA 3, 256, 12. *ṣi-riš tâmtim,* BA 3, 240, 52. S. auch ZA 4, 237, 38 ff. Zur Bildung vgl. Delitzsch Weltsch. 132.

צאר *ṣîru. alâku ana ṣêri* aufs Land gehen = ein (ländliches) Geschäft abwickeln. *Itti-Marduk-balâṭu ša lâ Bêl-kišir aḫišu ana ṣêri ul illak* I. soll ohne seinen Bruder B. kein Geschäft machen, Ev. M. 13, 3, 8.

ṣîru. BAR = *ṣa-a-ri,* ZA 6, 241, 9.

צבא II, 1. *ša Ašur-ban-apli šar mât Ašur ṣalam (il) Sin ana zikir sumišu u-ṣa-ab-bu-u-ma* womit A., der Koenig von Assyrien, die Sinstatue mit seiner Namensnennung umgeben (behängt) hatte, Nab. Const. Col. X, 37.

צבב I, 1. *kappi iṣṣuri imitti u šumêli ṣa-bi-ib,* III R. 52, 32a. Vgl. 83, 1—18, 1332 Col. II, 26 *MUL* mit der Aussprache *mu-lu* = *ṣa-ab-bu.*

I, 2. *šumma sisû iṣ-ṣa-bi-ib-ma maškêšu ikkal* wenn ein Pferd .... und seine Haut frisst, Bezold Cat. 574.

II, 1. *ṣu-ub-bu-bu* III R. 35, 7c.

ṣubabû ein Teil des Baumes. *GIŠ-BIR-GAM-MA-U-KU* = *ṣu-ba-bu-u,* Rm. 367 + 83, 1—18, 461a Col. II, 8.

צבה I, 2 wollen. *Na'id-Marduk ul iṣ-ṣi-bi-e-ma nisḫi ana muḫḫi Rêmûa* (!) *ul inasaḫi* wenn N. nicht liefern will, soll die R. doch keinen Abzug erfahren. Nbd. 113, 8.

ṣibûtu Wunsch. Nbk. 406, 8; Nrgl. 71, 10; Nabd. 375, 10 = 619, 9; Dar. 428, 11. Vgl. auch K. 1459, 33 (Winckler Keilschr. 2, 22), K. 1541, 10 (ib. 23); K. 1210 Rs. 8 (ib. 39).

ṣubban ein Längenmaass. BA 3, 246, 20; 250, 30; 358.

צבר III, 1. *ukannu ubarru u-ša-aṣ-ba-ru,* Šurp. 2, 60.

ṣaburtu Verläumdung (?). Amarna B. 40, 23, 30. *ṣab-ra-ti,* III R. 61, 17a.

צבר *ṣibaru.* Vgl. ausser ZA 9, 276 auch Bezold Cat. 1770 *šumma šapat ṣi-ba-ri-ša.* Eine Pflanze (*šam*) *ṣa-ab-ru* auch II R. 42, 7c. Was bedeutet IV R. 44, 12a *issukaššu ana*• *ṣab-ri-šu*?

צבר *naṣbaru. 5 na-aṣ-ba-ru,* Nbd. 432, 2. *2 na-aṣ-ba-ra-an-nu,* Cyr. 84, 3. Auch Nbd. 1046, 2 ist vielleicht *2 na-ṣa-ba-ru Pl.* zu lesen; vgl. auch Nbd. 555, 2.

צבת *ṣabâtu uruḫ šimti* sterben, Nab. Const. Col. IV, 36. *ṣabâtu supê* flehen, auch Nab. Const. Col. III, 43.

ṣaddu. ša ina nipḫišu ukallamu ṣa-ad-du, Craig. Rel. T. 30, 42; vgl. BA 3, 274. Vgl. K. 576, 8 (Harper Lett. nº. 110) *ina eli (iṣ) ṣa-di* und ib. Rs. 12 *basi (iṣ) ṣa-di iḫaliḳu.*

צדה II, 1. *ṣu-di-e annûti tu-ṣa-ad-di-šu-nu-ti,* IV R. 55, 30b.

ṣudû s. o.

ṣidurû eine Holzart. BA 3, 281.

ṣuduru (*ṣu-du-rum*) auch K. 12022 Rs. 1; Aequivalent ging auf ....*rum* aus.

ṣaḫannu. S[b] 1 Col. II, 7 wird das Zeichen *za-ḫa-an* (Brünnow n°. 9175) durch *ṣa-ha-an-nu* erklärt.

צחר *ṣiḫru* kleiner Krug. Amarna B. 28 Col. I, 35, 52, 53.

ṣuḫîru Verkleinerung. *ana ṣu-ḫi-e-ri ša šarrâni ša limêtika iltaknukama* zum Gespött deiner Nachbarkoenige hat man dich gemacht, IV R. 34, 1.

ṣaḫḫaru (kleines) Büchschen. Amarna B. 28 Col. II, 1, 53; Col. III, 70. Vgl. auch Meissner-Rost Bauinschr. Sanb. 108.

miṣḫirûtu Kleinheit. *ištu mi-iṣ-ḫi-ru-ti-ia* aus meiner Kleinheit, Nrgl. Ripl. Col. I, 19.

ṣuku. Der Gott Papsukal hat den Beinamen Nin-azagga als *ša ṣu-ki*, III R. 67, 62cd. Oder ist *rik-ki* zu lesen?

ṣillibu. *ina eli kurûri ša ṣil-li-ba-a-ni*, K. 494, 6 (Harper Lett. n°. 19).

צלה *ṣilû*. 83, 1—18, 1330 Col. III, 13 *DAH* mit der Aussprache *du* = *ṣi-lu-u ša ḳut-rin*(?)-*nu*. Vielleicht = צָלָה braten.

צלה II, 2. *mu-uṣ-ṣa-lu* (*MULU-NE*) *atta* du bist ein Feind, IV R. 13, 56a.

ṣulûtu Kampf. *itti* (*am.*) *Barsip Pl. ina eli eḳlišunu ippušu ṣu-la-a-ti* mit den Borsippäern kämpfen sie auf ihren Feldern, Rm. 3, 105 Col. I, 20a (JRAS 1892, 350 ff.).

ṣallitu. *1 ṣa-a-al-li-e-tu siparri*, Amarna 26 Col. I, 39.

צלח I, 1. *ṣa-lu-aḫ ṣa-la-*[*aḫ*], Bezold Cat. 1093.

צלל II, 1 beschatten *mu-ṣal-lil ûmi*, King Mag. 21, 78. Vgl. Sintfl. 26.

ṣillu. 1) *iṣu ša ṣilli* Baldachin, G. Smith Asurb. 165. 2) eine Pflanze. S. *dimmušatu* (S. 31).

ṣullulu dunkel. *aštasî kammu naklu ša Šumeri ṣu-ul-lu-lu ana šutêšuri ašṭu*, Sams. L[4] Col. I, 17.

ṣillatu. *ṣi-il-la-a-te laššu*, K. 660, 15 (Harper Lett. n°. 80).

ṣul(l)ultu Bedachung. V R. 65, 5b. Vgl. Boissier Doc. 36, 11; 40, 2, 10.

muṣlalu ein Teil des Hauses. Ram. mr. I Col. I, 35. *ina mu-uṣ-la-li*, Boissier Doc. 42, 4 82, 9—18, 4159 Col. I, 35 *UD* *mu-uṣ-la-lum*. Vgl. II R. 47, 29cd *AN-BIL-GIM* = *kima mu-uṣ-la-li*(!).

צלל I, 1. Prs. *iṣalal*. *ul i-ṣal-lal* (*KU-KU*) IV R. 27, 38b. Vgl. Šurp. 4, 64; Maql. [illegible]. Bezold Cat. 597 *ina ṣa-la-li-šu*; ib. 808 [*šumma*] *amêltu ina erši i-ṣal-lu-ma*; vgl. ib. 1020 und o. S. 67 s. v. *nisiḫtu*.

ṣallûtu das Liegen spec. Begatten. *šumma amêlu ina ṣa-al-lu-ti-šu*, Bezold Cat. 501.

taṣliltu das Ruhen. *ašar ta-aṣ-lil-t*[*i*] *ina eri danni bâbša aknuk* wo er lag, habe ich sein Thor mit fester Bronce versiegelt, K. 7856 Vs. 7. Unpubliciert.

צלם *ṣalamt*(*d*)*u*. 1) ein Stein. BA 3, 246, 23 (Anm.); 256, 23; vgl. S. 360. 2) ein Baum. V R. 26, 55 ef.

ṣalûp(*b*)*u*. [*BAR*] = *ṣa-la-pu*, II R. 30, 29 ef.

ṣiliptu. *ṣi-lip-tu* (*BAR-NUN*) *ana ṣi-lip-te ušêṣi*, K. 50 Col. I, 28 (ASKT 71).

ṣumu. K. 4166 Vs. 6 *GIŠ* = *ṣu-mu*.

צמד *ṣimditu*. *ṣi-im-di-ti liḳirribu*, IV R. 29*, 9b.

ṣindû. Nbk. 188, 2; 233, 2. *ša muḫḫi ṣi-in-da-a-tu*, Camb. 322, 15.

ṣumuḫu Amarna B. 28 Col. I, 15, 16, 38, Col. IV, 4. 6.

ṣumlalû eine Specerei. *GIŠ-ŠIM-GAM-MA* = *ṣu-um-la-lu-u*, Rm. 367 + 83, 1—18, 461a Col. II, 30.

צמר I, 2 *tiṣmuru*. Craig Rel. T. 81, 2. Knudtzon Geb. 43, 6; 47, 4.

II, 1. ... *GA* = *ṣu-um-mu-ru*, Rm. 345 Rs. 13.

ṣummertu Wunsch. *ṣu-um-me-rat ikpudu tušakšad atta* die heimlichen Wünsche, die er hegte, lässt du erlangen, ZA 4, 12, 50. *ṣu-mi-ra-ti-šu ikašad*, Bezold Cat. 585. *ṣu-um-rat libbi*, K. 481, 7 (Harper Letters n°. 141). Auch Boissier Doc. 27, 2 f. wird *ŠA-SUM-SUM-KI-šu ikšad* als *ṣummerat libbi* aufzufassen sein.

ṣamiru. *1 pitpânu ša ṣa-mi-ri*, Amarna B. 26 Col. I, 42.

ṣinnabu. *UD* mit der Aussprache *la-aḫ* *ṣi-in-na-bu*, 82, 9—18, 4159 Col. II, 39.

ṣanâḫu. *SU-ER* = *ṣa-na-ḫu*, ... *RA* *ṣa-na-a-ḫu*, II R. 44 n°. 1 Rs. add. (Strassm. AV 2873).

ṣinnu ein Insect. *ṣi-in-nu eribu muḫallik ašnan* .... und Heuschrecke, die das Korn zerstört, K. 3600 Rs. 24 (Winckler Keilschr. 2, 3).

ṣinnatu. ṣi-in-na-tu (*il*) *Ištar*, Craig Rel. T. 15, 2.

ṣinnitu. ša malili ṣi-in-ni-ti, K. 3600 Col. I, 15 (Winckler Keilschr. 2, 2). Vgl. *sikkatum ṣi-en-nit-tum*, Bezold Cat. 781.

צפה I, 1 schauen. *ṭibu lû ṣa-pu* (Var. *zu-pu* d. i. II, 1) *zumurša* schön werde erschaut sein Leib, IV R. 44, 32b.

II, 2 gesehen werden. *ul uṣ-ṣa-ap-pu-u kisurša* nicht wurde seine Grenze erkannt, Nab. Bez. Col. I, 38.

IV, 1 gesehen werden. *ṭiba iṣ-ṣa-pi zumurša*, IV R. 44, 38b.

ṣapitu Cyr. 236, 1.

ṣuppûtu. 1 gur ṣu-up-pu-u-tù inamdin, Dar. 382, 22. *ṣipiritum ša ṣu-up-pa-a-tum*, Camb. 235, 2.

ṣuppu (*ṣa-up-pi*) Bezold Cat. 543 (bis). *ṣap-pi imêri* .... *ṣap-pi šaḫî*, IV R. 55, 7a.

ṣuppu. ina eli (*iṣ*) *paššuri ṣu-up-pi ukulli*, K. 4780 Rs. 8 (Harper Lett. n⁰. 26).

ṣippatu. GIŠ .... NA(?)*-U-KU* = *ṣip-pa-*[*tum*], Rm. 367 + 83, 1—18, 461a Col. II. 4.

צפר *ṣupru* auch die krallenartige Verzierung an Moebeln. K. 4338a Col. II, 55; III, 40, 70.

צפר II, 1. *ša ki šipir ḫaṣṣi zu-up-pu-ru*, Amarna B. 26 Col. II, 13; vgl. Col. I, 46.

צפר flüstern. S. auch Maql. pass. und Šurp. 2, 9 (II, 2); 7, 12 (III, 1).

ṣipiritu. ṣi-pi-ri-e-tum ša ṣuppâtum, Camb. 235, 2; vgl. Camb. 44, 18.

ṣaṣallu. 10 ṣa-ṣa-al-li-e, Amarna B. 26 Col. III, 56.

ṣaṣiru. šumma ṣa-ṣi-ru ina ali, Bezold Cat. 786. Vgl. K. 4152 Rs. 10 *ṣa-ṣi* ....

צרב *ṣarab*(*p*)*u* brennen (von Ziegeln). *ana ṣa-ra-bu ša agurru* um Ziegeln zu brennen, Camb. 88, 2.

ṣarbatu ein Baum. *kima ṣar-ba-ti* (*GIŠ-A-TU-GAB-LIS*) *êli ina kibri ušêmanni* wie einen am Ufer alleinstehenden ṣ.-Baum hat er mich gemacht, Reisner Hymnen 10, 130.

צרח I, 1. *ṣa-ri-iḫ adanniš lû ṣa-ri-iḫ*, K. 494, 7 (Harper Lett. n⁰. 19).

ṣurḫu. ṣu-ur-ḫi-e ib. Z. 11.

צרח *ṣiriḫtu* Glut. *likiṣṣa* (*išât*) *ṣi-ri-iḫ-tù ša libbi ênâšu* er kühle die Glut in seinen Augen, IV R. 29*, 3b. Ebenso wird Asurb. Col. V, 37 *ina ṣi-ri-iḫ-ti libbi'a* in der Zornesglut meines Herzens aufzufassen sein. Eine Krankheit scheint *ṣi-ri-iḫ-ti libbi* Bezold Cat. 959 zu bedeuten.

צרם I, 1 Prt. *iṣrim* Pr. *iṣârim* häufig bei Kundtzon Gebete; vgl. S. 75; 140.

ṣirmu (?). *ṣi*(?)*ir-ma dulliḫa tanittaša aḫza*, K. 3600 Rs. 10 (Winckler Keilschr. 2, 3). Craig Rel. T. 54 bietet dafür *i-ir-ma*.

ṣirmaḫḫu eine grosse Schlange. *ša kima ṣir-maḫ-ḫi* (*MUŠ-MAH*), II R. 19, 14b.

צרף *ṣarâpu* färben. *šumma ina* (*araḫ*) *Nisan mêlu illikma nâru kima dame ṣa-rip* wenn im Monat Nisan Hochwasser kommt, und der Strom wie Blut gefärbt ist, Boissier Doc. 31, 9. Vgl. Amarna B. 6 Rs. 7, 9.

ṣirpu Amarna B. 168 Rs. 3.

צרף *ṣarpu* gereinigt. *ina kâsi lâ ṣa-rip-tum mê šatû* aus einem unsaubern Becher Wasser trinken, Šurp. 3, 21.

ṣurṣuru. ina ṣurṣuri mê šatû, Šurp. 3, 56.

צרר II, 1. *ištu libbi u-ṣa-ru-ru*, BA 2, 636, 47 vgl. 29.

ṣaruru. ṣa-ru-ru, 79, 7—8, 170, 7; Ideogramm weggebrochen.

ṣuraru eine Weinsorte. *lâ* (*karan*) *ṣu-ra-ri lâ* (*diḳâr*) *ḫariâti ina maḫar Ašur umallûni*, K. 14 Rs. 8 (Harper Lett. n⁰. 42).

צרש *muṣarrištu* eine Waffe. S. ZA 8, 78.

ק

ḳû Pflanzenwuchs (od. ähnl.). *banû še'am u ki-e mudiššû urḳiti* der Getreide und Futter schafft, der das Grün fett wachsen lässt, King Mag. 12, 30. Wohin gehört IV R. 56, 47b?

קאא *ka'u* speien. *miru šanu u naru ka-ai-u* in den Fluss urinieren und in den Fluss speien, Surp. 8, 59.

קאד anbrennen. *gibillu ina išâti kibir mêri ta-ḳad-ma abra tuštâhaz* eine Fackel sollst an einem Feuer am Flussufer anzünden und Lohe sie fassen lassen, IV R. 55, 17a.

קאה II, 1 jem. ansersehen. *Marduk bêli išti u-ḳa-'-an-ni* mein Herr Merodach ersah mich, Nab. Const. Col. X, 5. *šipri šâši u-ḳa-ai-an-ni-mi u-šadgil pânû'a* zu diesem Werke ersah er mich, beauftragte mich damit, Rm. 3, 105 Col. I, 13a (JRAS 1892, 350 ff.). *u-ki-' ḳakkadaki bêlir salimu*, King Mag. 8, 8.

ḳaiatu. *3 gur ana ḳa-ai-tum ša bit Bêlit Sippar*, Cyr. 80, 9.

קאל *ḳâliš* laut. *ša niš šumikâ rabi ḳa-liš izkuruma* der deinen grossen Namen laut aussprach, S. A. Smith Asurb. 3, 80, 24. Vgl. *altanasi ilânima ḳa-liš ḳu-ai-al* ich rufe zu den Göttern, laut schreiend, Bezold Cat. 905.

ḳûlu Stimme. *šakânu ḳûlu* (laut) rufen, Sintfl. 126; BA 2, 409, 23; Weltsch. 1, 44.

ḳultu. IV R. 23 n°. 4, 4.

ḳêsu (?). *ḳatâ bêl niḳê iṣabat ḳi-e-su išasi ipaṭaršu* er soll die Hände des Opfernden ergreifen, ḳ. sagen und ihn lösen, Bezold Cat. 921. Oder von *ḳîtu*?

קאפ III, 1. *ša ullanûa unnušatu šu-ku-pa-at išidsa* dessen Fundament seit langer Zeit vor mir alterschwach geworden und eingefallen war, Nabpl. Phil. Col. 1, 33.

ḳûru Palmenmark. S. ZK 2, 26; ZA 3, 45. Auch ZA 10, 202, 10 wird *GIŠ-ŠÀ-GIŠIMMAR* durch (*šam*) *ḳu-ru* erklärt *ḳuru arni'a lipṭur* das Palmenmark möge meine Sünde lösen. IV R. 57, 15b. Möglich ist auch die Lesung *u-ḳu-ru*, wenn auch כיוס Lehnwort ist.

קבא *ḳabû* 1) Wort. *liḳi unnini'a šimi ḳa-ba* (!)*-ai* nimm an mein Gebet, höre meine Worte, Craig Rel. T. 12, 5. *bêli ina ûmi anni izizamma šime ḳa-ba-ai* IV R. 57, 59a; vgl. Surp. 3, 39. 2) (*aban*) *ḳabê* Amulett. (*aban*) *ḳa-bi-e u magari*, BA 3, 245, 51. (*aban*) *ḳa-bu-u u magâru* (?), IV R. 40 n°. 2, 4b.

קבא II, 1. *1* (*ṣubat*) *lu-ruh ša bêt ḳu-ub-bu-u*, Assurnasirpal B. 26 Col. III, 27 f.

קבא *ḳabutu* Becher auch BA 2, 636, 29

ḳabutu auch Cyr. 206, 9 und Camb. 239, 2 *ma mahar* (*amêl*)*rê'i ša ḳi-bu-tu ina bêt ḳâtê*; vgl. Nbd. 1043, 2.

ḳabulu Schild. Die beiden Ideogramme für *ḳ*. lauten Rm. 344 Rs. 5 f. ed. das K. 4362 ergänzt. *SU-U-UB-GUŠUR-TAHAZ* und *SU-KA-BA-BU-I M*.

ḳabîlu (?). *ana abi liḳ-bil*, ZA 10, 6, 77. Vgl. auch *ša ḳablu ḳab-lat* die einen Kampf kämpft, Craig Rel. T. 15, 8.

ḳablu. (*ṣubat*) *ša ḳab-lu* ein Kleid, III R. 41 Col. 1, 24.

ḳabbaltu. *HU-NER* = *ḳab-bal-tu*, II R. 29, 31cd in einem Paragraphen mit *maḳirtu*, *ḳabbartu*.

קבר Prt. *iḳbir*. Maql. 4, 31, 36, 37.

II, 1. *ušḫi* (כבס) *sikkâtiki ḳu-ub-bi-ri ki-i-ki*. IV R. 56, 47b.

II, 3. *puṭur ḳu-tan-nab-ra-šu hipi illu*[*rta-u*] *šu* sein Begrabensein (?), zerstöre seine Fessel, ZA 4, 240, 1.

ḳigallu. Wie ZA 4. 239, 26 zeigt, ist auch *ḳi-gal-lu* mit ק anzusetzen wie *ḳirubu*, *ḳimaḫḫu* etc. Weshalb man die mit sum. *ki* zusammengesetzten Worte im Assyr. mit ḳ sprach, ist noch nicht ganz sicher aus zumachen. *ṣibit kippat ki-gal-li*, Craig Rel. T. 2, 13, 7.

קדר I, 1 dieses Verbums wird auch Sintfl. 245, 250 anzunehmen sein. Gilgamos ist gekommen, indem er zwar ruhig, aber niedergebeugt ist. *HAR ḳa-da-du*, II R. 25 n°. 4 add. (Strassmaier AV 4010).

II, 2 beugen. *kîma šibi uḳ-ta* (Var. (*a*)*-ad-di-da-an-ni* wie einen Greis hat er mich gebeugt, King Magic 11, 6.

ḳiddu. *2 ši-pi ša ki-id-di* ein Mitgiftsgegenstand, Nrgl. 28, 9.

ḳududu, Rm. 345 Vs. 15, das ein Duplikat zu K. 2061 ist, hat die Var. *ḳu-ta-du*.

ḳiddutu, 82, 9—18, 4156 Col. 1, 13 f. [*HAR*] — *ḳid-da-tum*, *ḳid-da-tum ú-mu*; Col. II. 16 [*HAR*] *ki-id-da-tum*. Vgl. Craig Rel. T. 56, 18.

maḳaddu ein Gegenstand aus Holz. *GIŠ-GAN-GUŠUR*(!) = *ma-ḳad-du*, K. 4338a Col. I, 57. Danach ist auch II R. 14, 9cd zu lesen *ina* (*iṣ*) *ma-ḳad musarê ušakkak*. Vgl. V R. 26, 18ab.

maḳdadu ein Gefäss. K. 55 Vs. 18 ....*SA* = *ma-aḳ-da-du*.

קדה *ḳadû* ein Beamter. *ana* (*am.*) *ḳa-di-e... ašpura*, K. 1347, 10 (Winckler Keilschr. 2, 20).

maḳdû ein Gegenstand aus Holz, wohl ein Gefäss. *GIŠ-GAR-KAM-PAL* = *ma-aḳ-du-u*, *GIŠ-KU-LAL* = *ditto*, K. 4338a Col. IV, 18.

קדה *ḳadû* ein Vogel. *mâmît atudu ḳa-du-u* Bann von einem Ziegenbock, einem ḳ.-Vogel, Šurp. 3, 64 (vgl. Hebraica 13, 144, 146). Davon das Deverbale *ḳadû* schreien wie ein ḳ. (Delitzsch HW 581 s. v. קדה).

קדם *ḳudmu*. Rm. 2, 200 A, 4 ff.

ḳu-ud-mu = *maḫ-*[*ru-u*]
ul-lu-u = *maḫ-*[*ru-u*]
sa-di-du = *ditto*

alu kidini šubat pulî ḳu-du-um dadme, K. 1349, 12 (Winckler Keilschr. 2, 1).

קדש II, 1 reinigen. *têbibtišu u-ḳa-ad-diš-ma* seinen Glanz reinigte ich, Nab. Bez. Col. I, 32.

ḳuddušu rein. Maql. 6, 36; 8. 17. Vgl. Jeremias, Izd. 45.

ḳiziyu eine Tageszeit, wahrscheinlich die erste Tagwache. *šumma ina šêrti mariṣma ina ḳi-zi-gi murussu....* wenn er am Morgen krank ist, und seine Krankheit während der ersten Tagwache...., Boissier Doc. 25, 13, 15.

קלה I, 1. S. Maql. pass.

II, 1 verbrennen. *lû išâti mimma u-ḳa-al-li* oder das Feuer etwas verbrannt hat, K. 185 Rs. 5 (Harper Lett. n⁰. 74).

III, 1. *išâtu u-šaḳ-lu-u* mit Feuer verbrennt, I Nebk. Col. II, 36.

ḳalû Bezeichnung einer besondern Geldart. *3 mana kaspi akkadû* $^1/_3$ *mana* $1^1/_2$ *šiḳlu kaspi ḳa-lu-u*, Nbk. 38, 2; Ev. M. 16, 3; Dar. 84, 1; 393, 1.

ḳalû auch in dem Bronceverzeichnis K. 8676 Col. IV, 10 [*ŠA*]-*SA-SA* = *ḳa-lu-*[*u*].

קלל II, 1. *mannu lâ u-ḳal-lil* wer hat nicht gefrevelt? King Magic 11, 10. Berl. Asarh. Rs. 35 *u-ḳal*(!)-*li-lu*. *arni ša u-ḳal-li-lu* die Sünden, die ich beging, Craig Rel. T. 14, 2. *ramanki kî tu-ḳal-li-li* (*PI-EL*) als du selbst schmähtest, K. 41 Col. III, 19 (PSBA 1895 S. 64).

IV, 2 ist vielleicht (so Strong) die Form *at-ta-ḳa-al-la-al-la* BA 2, 628, 16.

ḳallu leicht. *mâmît kabitti u ḳal-la-ti* Bann durch Schweres und Leichtes, Šurp. 3, 13.

ḳallalu klein. *2* (*iṣ*) *maššanu Pl. rabûti 2* (*iṣ*) *maššanu Pl. ḳal-la-lu-tu*, Nrgl. 28, 21; vgl. Cyr. 376, 6.

ḳallalu ein Gefäss. K. 55 Vs. 23 [*ŠA-SA*]-*SA* = *ḳal-la-lum*. K. 8676 Col. IV, 8 hat dagegen [*ŠA*]-*SA-SA* = *ḳal-ḳal-lum*. S. auch Delitzsch HW 332a.

ḳullu. *kaspu rašûtu ša ina eli ḫurâṣi ḳu-ul-lu u ḫarû ḫurâṣi Iddin-Nabu inašamma ana Marduk-šumiddin inadinma ḳu-ul-lu u ḫarre inaši*, Camb. 45, 7.

ḳullatu Maql. 3, 17.

kulul(p)tu auch ein Teil des Rohres. *GI-ME-GI* = *ḳu-lul(lup)-tum ditto* (d. i. *ḳanê*), Sp. III, 6, 24 (PSBA 1894 Dec. 4).

ḳullultu. K. 4166 Vs. 4 *BU-SU-UD* = *ḳul-lul-tu*.

קלפא III, 1. *muš-ḳa-al-pi-ti ilâni*, Craig Rel. T. 56, 18.

IV, 1. *nâru lâ iḳ-ki-lip-*[*pu*] (*ŠU-ŠU*) einen Fluss nicht überschreitet, Bezold Cat. 469.

ḳimaḫḫu Grabmal. *bît ki-maḫ nitupaššu* wir machen das Grab, K. 168, 13 (Winckler Keilschr. 2, 28). Maql. 4, 31; Bezold Cat. 543; 1369. Für den Cult daselbst vgl. Bezold Cat. 1731 *annîu ina bît ki-maḫ-ḫi ana* (*al*) *Ašur* und besonders K. 7856 (unpublic.), wo nähere Angaben über Totencult gemacht werden.

קמין wohl in derselben Bedeutung wie *kamâsu*. *ka-mi-iṣ ina ki-in-ṣi-e-šu*, Craig Rel. T. 5, 19. *ki-mi-iṣ ina ḳin-ṣi-šu*, Chron. P. Col. III, 17.

III, 1. *ina ḳin-ṣi-šu tu-šaḳ-mas-su*, Craig Rel. T. 66, 15. Ebenso ist Asurn. Col. I, 13; Mon. 17 aufzufassen.

ḳim(n)ṣu ein paarweis vorhandener Körperteil. S. o. und *šumma uḳrabu ḳim-ṣi imnušu* resp. *šumê-*

lašu, Boissier Doc. 32, 1. Maql. 6, 8 *ḳin-ṣa-ai šêpai. kinṣa ša tappêšu*, ZA 9, 120, 16.

ḳumḳummatu (*ḳu-um-ḳu-um-ma-tum*) Maql. 6, 19 ein Name der Hexe.

ḳumaru. ku-ma-ar-šu ša imitti, ZA 9, 110, 28.

ḳanadânu eine Pflanze. *U-KUL-KU-LAL* = *šam-mu ḳa-na-da-nu*, Sm. 8, 9ab.

ḳinazu mit dem Determinativ (*iṣ*) auch Amarna L. 30, 48.

קנה *ḳanû* erwerben. *amar ša abûa* [*ina*] *ṣilli šarri iḳ-nu-u-ni intaš* alles, was mein Vater im Schutze des Koenigs erwarb, hat er weggenommen, K. 1101, 16 (Harper Lett. n°. 152). *eḳlê kirê nišê ša ina ṣilli'a iḳ-nu-u* die Felder, Gärten und Sclaven, die er in meinem Schutze erworben hatte, BA 2, 566, 24.

ḳinû wird V R. 47, 18b durch *šad-u* (Berg) erklärt. Dasselbe Wort wird vorliegen V R. 65, 7b *kima nêribi ḳi-ni-e udannin* wie einen Engpass im Gebirge befestigte ich sie.

קנן I, 1 s. S. 41 s. v. *ḫarbaḳânu* und Bezold Cat. 808.

II, 1. *dama ina pirsânu u-ḳa-an-na-an*, IV R. 29*, 8b.

ḳannu. ṣabtakuma ki tîri ina ḳa-an-ni-ka, King Mag. 18, 10. *issiniš lâ ina ḳa-an-ni uṣa*, Bezold Cat. 1929. *ina ḳa-an-ni* (*al*) *Ḫarran*, K. 2701a, 11 (Winckler Keilschr. 2, 9). *ana ḳa-an-ni lâ uṣû*, K. 1118, 9 (ib. 19). *ḳa-an-ni aḫiš nizâz*, K. 1026, Rs. 10 (Harper Lett. n°. 118). In den Amarnabriefen bedeutet es nach Winckler Grenze; B. 24 Rs. 84; L. 2, 20. Vgl. auch Knudtzon Geb. 108, 8; 109, 7, Craig Rel. T. 6, 3 und vielleicht BA 2. 60.

קנך od. כנך I, 2. *ak-ta-nak*, K. 664 Rs. 5 (Harper Lett. n°. 179), K. 573, 12 (ib. n°. 180). *ik-ta-an-ku*, K. 1366, 16 (Winckler Keilschr. 2, 44).

ḳuppû. 6 *ḳup-pu-u ša ḫurâṣi*, Amarna B. 28 Col. II, 6.

ḳapsu Bezeichnung einer Örtlichkeit. (*mât*) *Mannai ina ḳa-ap-si mâtišu iktala*, K. 497 Rs. 5 (Harper Lett. n°. 165). *ḳap-si ali iduḳi*, K. 614 Rs. 4 (ib. n°. 175). *ša ina ḳap-si* (*al*) *Kalḫa ašmûni*, K. 662 Rs. 9 (ib. 211). *ina ḳu-ap-si êkalli ina pân šarri irrab*, Bezold Cat. 1929.

ḳiṣṣu ein Teil des Schuhs. *1 ŠU mešênu ša takilti ki-iṣ-ṣi-šu-nu* [*ḫurâṣu*] ein Paar Schuh aus blauem Leder mit goldenen ḳ., Amarna B. 26 Col. II, 29, vgl. 25 Col. II, 37.

קצר *ḳaṣâru* binden. Ideogramm *UL-UL* (*il*) *Damu ša bu'ana batḳa i-ḳaṣ-ṣa-ru* (*UL-UL*) Damu, welche die zerrissenen Glieder wieder zusammenknüpft, Craig Rel. T. 18, 7. — Bezold Cat. 1545.

II, 1. *u-ḳaṣ-ṣir*, Chron. P. Col. I, 8.

ḳaṣiru Craig Rel. T. 66, 7.

ḳiṣrûtu III R. 63, 33b.

ḳiṣru scheint auch noch in den neubabylonischen Contracten Lohn (eines Arbeiters) zu bedeuten. Nbd. 898, 7; 1035, 5; Camb. 126, 8; 264. 2. 316, 2, 7, 11. Dar. 116, 4.

ḳiṣirânu (*am.*) *šangu ša bit ka-ṣi-ra-nu*, Camb. 384, 16.

ḳiṣirûtu ein Gewerbe, wohl Walkerei. Camb. 245, 7; vgl. Meissner De serv. 34.

ḳaḳḳadu Kopf (auch übertragen). *ammar ḳaḳḳad ubâni ṣiḫirti* wie der Kopf des kleinen Fingers, S. 1064. 22 (S. A. Smith Asurb. 2, 58).

ḳaḳdâ s. S. 43 unter *kaiamanu*. Vgl. Nab. Const. Col. VIII, 28; Craig Rel. T. 33, 13; ZA 10, 5, 42.

ḳaḳûlu ein Kleid (?). (*am.*) *irrišê ša* (*ṣub.*) *ḳa-ḳu-lu*, Nbk. 131, 20; vgl. Dar. 47 (*ṣub.*) *ḳa-ḳu-ul-l*[*u*].

ḳaḳḳullu. amâtsu ḳaḳ-ḳul-lu (*GAKKUL*) *kâtimtu ḳiribšu mannu ilâmad*, Reisner Hymnen, 8, 66.

ḳaḳḳultu. ḳaḳ-ḳul-tu (*GAKKUL*) *la patê liktum*, IV R. Add. 3, 14b. (*am.*) *rab*(!) *ḳa-ḳu-la-te ša ṭi šarri ša lâ mâr-šarri iṣabta usaniḳani* der r. ḳ. hat ohne Wissen des Koenigs und Prinzen mich ergriffen und gefangen gesetzt, K. 1101, 8 (Harper Lett. n°. 152).

ḳaḳḳaru. Daneben kommt die Form *ḳaḳḳiru* vor. *karâne* ... *ana ḳaḳ-ki-ri itábuku* Wein soll man auf die Erde giessen, BA 2, 635, 10. Vgl. auch K. 97, 9 (Winckler Keilschr. 2, 33) *ḳaḳ-ḳu-ru*.

קרב Von *ḳarâbu* scheint auch ein Prt. *iḳrub* vorzukommen. *upšašû ai iṭḫûni ai iḳ-ru-bu-ni* Zauberei möge nicht nahe sein, nicht herankommen. King Mag. 7, 57. Danach wird auch Sanh. Col. V, 41 «bei Šuzub versammelten sie sich» aufzufassen sein, zumal da die Variante Const. 46 *iḳ-ri-bu* bietet.

Sonst vgl. *i-ḳar-ru-ub-šu-nu-tu* IV R. 40, 25c und K. 146 Rs. 2 (Harper Lett. n°. 192) *i-ḳar-bu-u-ni-ni.*

II, 1. 1) heranbringen. *ina pánikunu lu-ḳar-ri-bu* man soll es vor euch bringen, K. 1396, 10 (Harper Lett. n°. 185); vgl. Knudtzon Geb. 114 Rs. 9. 2) ein Opfer (*ḳurbânu*) darbringen. *ina pân parakki ginû lu-ḳar-rib* vor dem Adyton soll er das Opfer darbringen, K. 168 Rs. 16 (Winckler Keilschr. 2, 29). *ana ḳur-ru-bi* [*na*]*ptan nadân zibi*, Craig Rel. T. 11, 39. Nicht sicher ist Bezold Cat. 921 *u-ḳar-rab.* 3) herankommen. *u-ḳar-rib-ma ašar* (*il*) *Šamši* er näherte sich der Sonne, BA 3, 232, 8.

ḳirbitu Mitte(?). *ḳir-bi-is-su aptaras.* Sintfl. 59. Unsicher. Vgl. Knudtzon Geb. 11b Rs. 8.

קרב *ḳirubû. šumma ina araḫ Samna šarru ki-ru-ba-a uddiš epuš* wenn im Marcheschwan der Koenig das Feld von neuem bestellt(?), IV R. 33*, 17c.

ḳarbatu Gefild. Rm. 3, 105 Col. I, 15 (JRAS 1892, 305 ff.); ZA 4, 13, 10; Berl. Mer. Bal. Col. III, 21.

ḳarbit ein Kleid. (*ṣub.*) *ḳar-bit*, V R. 61 Col. V, 43

קרד II, 2. (*am.*) *šangû uḳ-ṭa* (!)*-ri-da-aš-šu*, K. 1316, 25 (Winckler Keilschr. 2, 44).

קרט *naḳruṭu. naḳ-ru-ṭu ana ardika*, ZA 4, 234, 6 *naḳ-ru-uṭ*, ib. 241, 30. *naḳ-ru-ṭu*, ZA 10, 5, 44;

ḳirṭunu ein Gefäss. V R 42, 33gh. Lesung unsicher.

קרן *gurunû. buše* (*am.*) *nakri šadlûtum upaḫ*[*ḫiru*] *ana gu-ru-ni-e ušêli* die ausgedehnte Habe des Feindes sammelte er und häufte sie zu Haufen, Chron. P. Col. II, 9.

ḳirsu. dullini ina libbi ḳi-ir-si ibáši, K. 89, 9 (Harper Lett. n°. 181). *kîma ana ḳi-ir-si ittalku*, K. 113, 6 (ib. n°. 183).

ḳursêtu. šulmu ... ana ḳur-si-e-te ana êkalli ana dûri ana bîtâti ša ali gabbi, K. 623 Rs. 2 (Harper Lett. 191). Unsicher.

קרץ Prt. *iḳriṣ.* [*ina bî*]*rit ali iḳ-ri-ṣu-u-ni di*[*nu*]*ki* in der Stadt kneipen sie ab dein Gericht(?), Maql. 2, 171. *ka-ri-iṣ ṭiṭṭašina*, ZA 10, 12, 255.

ḳarṣu. a-ki-lat ḳarṣu steht Craig Rel. T. 1, 19 merkwürdiger Weise unter lauter Epitheta der Göttin Ṣarpanitu. Sonst vgl. Bezold Cat. 520; V R. 48 Col. II, 32; K. 122 Rs. 9 (Harper Lett. n°. 43).

ḳirṣappu Fussschemel. S. BA 3, 238, 281.

קרר *ḳararû* Feuer. II R. 28 n°. 5 add. (Strassmaier AV 4183) [*AN*]*-BIL* = *ka-ru-ru-*[*u*]. Ob die beiden Verben *ka-ra-rum*, welche in den vorhergehenden Zeilen erwähnt werden (s. Strass. a. a O.), hierher gehören, ist unsicher.

קרר *ḳariru. teṭṭirma ḫiṣba la ḳatâ ḳa-ri-ra tepti* du erhältst die Fülle unversehrt, und ohne Ende öffnetest du ...., ZA 4, 15, 8.

ḳurratu. ḳar-ra-ti-ia ḳar-ra-ti-ia, Bezold Cat. 1102.

קשׁ *bît ḳašti* als Bezeichnung einer Örtlichkeit. *ša ina bît* (*iṣ*) *ḳašti*, Dar. 307, 2.

ḳiššû eine Büchse. *29 ki-iš-šu-u ša iṣi*, Amarna 28 Col. IV, 5; vgl. Col. I, 44.

ḳašûlu V R. 40, 1ab.

קשׁר *ḳešêru* ‖ *uddušu. uddušu ešrêti ki-še-ri abtâti*, Nbk. Winckl. Col. III, 29. Bors. Col. II, 10. *maḳit-tašu liḳ-šir*, BA 3, 262, 37. *maḳtu aḳ-šir*, ib. 266, 6. Nicht hierher gehören *iḳšur* Nbk. Col. V, 30; II, 32, die vielmehr nur aus *iḳṣur* verschrieben sind.

ḳâtu Griff. *5 nalpatu siparri ša ḳatušunu* (*iṣ*) *ušû* 5 eherne Messer mit eichenem(?) Griff. Amarna B. 28 Col. III, 7.

קתן *šumma* (*kak.*) *SAG-ME-GAR ina šerti iḳ-tu-un* II R. 59, 37a. *šumma šârat ḳaḳḳadišu ka-ab-bar* resp. *ḳa-at-ta-an* wenn sein Haupthaar lang resp. kurz ist, Bezold Cat. 571. *ḳat-ta-na* ZA 8, 142 Anm. 1.

ḳatanu Name e. Strasse. *ita* (*suḳ*) *ḳa-ta-nu mûtaḳu*, Dar. 275, 2. Auch *ḫarrân ḳa-at-ni*, K. 335, 6 (KB 4, 110 IV). Vgl. *ḳutanu* Tallqvist Nbd. 125.

ḳatinnu ein Beamter. (*am.*) *ḳa-tin-ni šarri*, K. 185, 11 (Harper Lett. n°. 74).

קתר I, 1 rauchen. *ina bîtiki i-ḳat-tur ḳutra* in deinem Hause wird der Rauch rauchen, Maql. 6, 44. K. 13663 Rs. 3 .... *TU-RI* = *ḳa-ta-ru.*

II, 1 in Rauch verwandeln. *šumma išâtu ina*

kinuni šarri iṣi ablati u-ḳat-tar wenn das Feuer im Kohlenbecken des Koenigs trockenes(?) Holz in Rauch verwandelt, Bezold Cat. 568.

ḳutru eine Pflanze. K. 4174 + 4583 Col. I, 9 *ḳu-ut-ra* | *U-KI-AN-IM* | *u ki-i-š-ku-rak-ku* *ṣu-ut-ra* *ḳitaru*. V R. 26, 63gh. Unsicher.

ḳutaru. *ina eli 3 ḳu-ta-ri mananu*, IV R. 55, 14b. vgl. Add. 11, 17a. *unnê ḳu-ta-ri*, IV R. 55, 37a.

ר

ra'u. *ID-GIŠ-AK-A* = *ru-'-u*, VATh 244 Col. II, 23.

ראב *šumma* . . . . *šipaša i-ra-'-u-ba libbiša itteninbiṭu*, Bezold Cat 1449; Boissier Doc. 25, 6. 10. Vgl. auch Amarna B. 92, 41.

ribu ein Gefäss. II R. 22, 18def. Ein anderes II R. 35, 37ef. und auch Ašurišiši 9.

rûdu. *5 šiḳlu kaspi ša irbi ana muḫḫi ru-u-du*, Dar. 11, 5. *4 šiḳlu 3 ribat kaspi ana* [*muḫḫi*] *ru-u-du*, Camb. 295. 13.

ראה *rê'û* weiden. *lu e-ri-ši-na-ti* ich weidete sie, Hamm. Louv. 1 Col. II. 8. *ta*(Var. *te*)*-ri-'* ZA 4, 81, 23.

I, 2. *šumma rimu ana lîtâti erubma ûmišamma ittišina ir-te-'-e* wenn ein Stier zu Kühen kommt und täglich mit ihnen weidet, Bezold Cat. 1710.

I. 3. *niš"a rapšâti ina šulmi ur-ta-ni-'-e*, Nrgl. Ripl. Col. II, 3.

ri'tu 1) Weide. *pût sudduḍu ri-'-i-tum u maṣartum alpu buštum Ubar naši*, Dar. 257, 10. 2) Sm. 2052 Rs. 10 *ri-e-tum* unter Synonymen von *dannûtu*.

miritu Weide, Speise. *mi-ri-tu u mašḳîtu lû aškunšinaši* mit Speise und Trank versorgte ich sie, Hamm. Louv. 1 Col. II, 5.

ראט *râṭu*. *ru-a-ṭa ki uptû* als ich den Brunnen(?) öffnete, IV R. 44, 29a. Danach vielleicht auch Z. 7. *ra-a-ṭu* unter Gefässen auch K. 55 Vs. 22 und in dem Bronceverzeichnis K. 8676 Rs. 7a; Ideogramm beidemal . . . *U-U*.

ראם *rîmtu* Wildkuh(?). *ri-im-tum munakkipat kibrâti* eine Wildkuh, die die Weltteile niederstösst, Craig Rel. T. 15, 7. Unsicher.

ראם *ra'imânu*. *šumma ru-i-ma-ni mârê ma'dûti ibašši* wenn er barmherzig(?) ist, wird er viel Kinder haben, Bezold Cat. 1698.

ראם I, 2. *ina appiša ir-ta-mu*, S. 1064, 4 (S. A. Smith Asurb. 2, 58).

rimtu. *ri-im-tum* [*GUL-ZI*] *šakuti*, Reisner Hymnen 107, 16, 18.

rûmtu wird V R. 41, 16ab — *ka-bit-tum* gesetzt. Ebenso das Duplicat 81. 4—28. 327, 10. *ru-um-ti tuš-erti* die erhabene, die Richterin, BA 3, 260, 4. *ru-um-tum* (*il*) *Ea*, ZA 10, 293, 28. II R. 29, 62g wird *ru-um-*[*tum*] auch unter Synonymen von Mädchen genannt. Jensens Vergleich (WZKM 6, 109) mit ܪܘܡܬܐ ist nach der Syllabarangabe fraglich.

ראץ *râṣu* helfen. *ru-ṣa-nim-ma* helft mir, King Mag. 53, 4; Maql. 7, 139.

ראק Maql. 7, 166 *ri-e-ḳa ri-e-ḳu*. Vgl. Nrgl. Col. II, 2; Nbpl. Phil. Col. I, 25.

II, 1 entfernen(?). Šurp. 4, 76; 8, 63. Unsicher.

ראש *ša riši* Kopfstütze. *1 ša ri-e-ši ḫuraṣu uḫḫuzu*, Amarna B. 28 Col. II, 19, 62, Col. III. 68. 69; Col. IV, 12. 83, 1—18, 1330 Col. I, 40 *GUN* mit der Aussprache *gu-un* = *ri-ša-an*.

rišti Kopfgegend. *šumma ultu ri-še-ti ana šepiti ultu šepiti ana ri-še-ti*, Boissier Doc. 23, 13. Anders ist wohl *bît ri-ši-tu*, K. 306, 2 (KB 4, 135 IV) aufzufassen.

ראש K. 12849, 5 *ra-a-šum*, *HI-LI* = *ditto*, . . . *LI* = *ditto*.

רבב demütig sein. *ir-bu-bu uḳṣûti*, Lehmann Sam. L[5] Col. II, 18.

rabbu klein. *amâtsu rab-bi-iš* (*TUR-TUR-BI*) *ina ahikiša* wenn sein Wort ein wenig daher führt Reisner Hymnen 8, 61. (*rabiš*.

rubbu. *ša timtim gallati isumbu' ru-ub-b-šu*, Craig Rel. T. 43, 15.

rabibu. (*il*) *Šamaš u* (*il*) *Rammân ra-bi-ba-ka* (... *ZU-MEŠ*), Hamm. Bil. Col. I, 22.

רבה *rabû.* Vgl. *rabû kaspi*, Ev. Mer. 16, 8. *rubû* Zins. *2 mana kaspi adi ru-bi-e-šu.* K. 411, 7 (KB 4, 156, XXIII). Vgl. *pût ru-bu-u u maḫrûtum* (?), Dar. 427, 8.

רבא *arbai* ein Beamter. *Duḫḫabat* (*am.*) *ar-ba-ai*, Camb. 211, 7.

rabû vierter. *ra-bu-u* (*4-U-KAM-MA-MU*) *išâtu nâpiḫtum*, Reisner Hymnen 109, 64.

rubatu und *rupatu* ein Baum (nicht Hunger so Delitzsch). Vgl. ausser den HW 601 gebrachten Stellen und S. 15 s. v. *urbatu* noch *kîma rupa-ti* (*U-GUG*) *ušêmanni kîma elpiti ušêmanni* wie einen r.-Baum hat er mich gemacht, wie einen e.-Baum hat er mich gemacht, Reisner Hymnen 10, 128.

רבץ *rabâṣu* Prt. *irbiṣ. šumma kalbu .... ir-bi-iṣ* wenn ein Hund sich hinhockt, Bezold Cat. 892.

I, 2 ruhen. *kakkê nakiri tibûti ir-tab-ṣu* die angreifenden Waffen der Feinde ruhten, Lehmann Sams. L[4] Col. II, 16.

narbaṣu. K. 4174 + 4583 Col. IV, 39 wird *KI-*[*KU*] durch *šub-tum, mu-ša-bu, ru-ub-ṣu, narba-ṣu* erklärt.

רגב *ritgubu* S. ZA 7, 20 f.; 28 Col. IV, 25.

רגג II, 1. *ša rug-gu-gu tumassi dînšu*, ZA 4, 11, 15.

רגם I, 2. (*sinn.*) *ra-gi-in-ti tar-tu-gu-mu*, K. 168, 23 (Winckler Keilschr. 2, 28 = Lehmann Sams. XLV).

rigamu (?). *ittidi ri-ga-an-šu*, BA 2, 634, 13.

raggimu ein Titel. *Kuki* (*am.*) *rag-gi-mu*, Bezold Cat. 1739.

ragim(n)tu. (*sinn.*) *ra-gi-in-tu ina puḫur ša mâti taktibaššu* die Beschwörerin (?) hat ihm in der Versammlung des ganzen Landes gesagt, K. 168 R. 51 (Winckler Keilschr. 2, 30); s. a. I, 2. *ra-gi-in-tu ša kizippi ša šarri*, K. 540, 7, (Harper Lett. n°. 149); BA 2, 633, 1.

רגן *margunu* eine Specerei. *GIŠ-ŠIM-MAR-GU-NU = ŠU*, Rm. 367 + 83, 1—18, 461a Col. III, 3. Vgl. *argannu*.

רגץ *marguṣu* eine Specerei. *GIŠ-ŠIM-MAR-GU-ṢU = ŠU*, Rm. 367 + 83, 1—18, 461a Col. III, 4.

רדד *ana ašakku i-rad-da-ad*, ZA 6, 242, 15. Vgl. eventuell auch Šurp. 2, 58.

riddu. Lâbaši-Marduk mâršu ṣaḫri lâ âḫiz ri-id-di, Nab. Const. Col. IV, 39.

רדה *ridû* Knecht. [*MULU*]*-UŠ = ri-du-u*, K. 2012 Vs. 8. *ri-du-u mutninnû* der Knecht, der Beter, Rm. 3, 105 Col. I, 11a (JRAS 1892, 305 ff.).

radiânu. (*am.*) *ra-di-a-nu laššu*, K. 657, 9 (Harper Lett. n°. 102).

ridûtu. ri-du-su ušzizu, King Mag. 53, 9. Vgl. auch Boissier Doc. 2, 12 *bêl bîti imâtma UŠ* (*ridû*)*-su UŠ* (*ire*)*-di* mit Z. 14 *bêl bîti imâtma bîtu šuatu êkallu UŠ* (*ire*)*di*.

mardîtu. Rm. 353 Rs. 8 wird unter lauter Stricken *mar-di-it ḫar-ri* erwähnt. *egirâte ša bît mar-di-a-te ..... aḫiš ipakidu*, K. 4785, 23 (Winckler Keilschr. 2, 50).

terdinnu. išdrak tir-din-nu ana kati te'ûta, ZA 10, 11, 228.

רחה *raḫû* lieben. Maql. 7, 24 ff.

רחה *raḫû* (Id. *DE*) steht Reisner Hymnen 130, 25, 27 im Gegensatz zu *šûlû* hinaufführen, und scheint dort hinabbringen zu bedeuten.

riḫtu. ri-ḫa-a-te ša (*il*) *Nabû ana mâr šarri bêli'a usibila*, K. 589 Rs. 1 (Harper Lett. n°. 187). Vgl. Tigl. Pil. III Ann. 7.

רחה II, 1 umbringen (?), bezaubern (?). Maql. 3, 152; 6, 54.

רחל *raḫultu. ana ra-ḫul-ta ša limêtika*, Amarna L. 1, 61.

marḫallu ein Stein. (*aban*) *mar-ḫal-lu*, Amarna B. 25 Col. II, 49; 26 Col. II, 67.

רחץ *raḫâṣu* vertrauen. *li-ir-ḫu-uṣ*, K. 17, Rs. 19 (Winckler Keilschr. 2, 27); vgl. Z. 18 *ru-ḫu-uṣ ša ardê'a, šarru bêli'a lû ra-ḫu-uṣ*, IV R. 47, 33c.

I, 2. *uttakilma ar-ta-ḫu-uṣ libbu* ich vertraute und fasste Vertrauen im Herzen, BA 3. 236, 27.

רחץ *raḫâṣu. ina eli kirrê bêli li-ir-ḫi-ṣa-aš-šu*, K. 175 Rs. 6 (Harper Lett. 221).

riḫṣu in *aban kabê magâri u ri-iḫ-ṣu šûtuki*, Sanh. Const. 73 wird wohl hierher gehören = Regen kommen zu lassen.

marḫaṣu Übergiessung. *ina libî tuballal ina*

mar-ha-ṣi taraḫaṣ mit Fett sollst du es übergiessen, mit einer Bewässerung bewässern, Bezold Cat. 700.

רחש *marhašu* ein Stein. 27 (*aban*) *mar-ḫa-ši*, Amarna B. Col. I, 52. (*aban*) *pi-mar-ḫa-ši*, V R. 33 Col. II, 36.

marḫušu ein Stein. V R. 37, 66gh = 40, 15cd. *TIK-MAR-HU-ŠUM* = *ŠU-u*.

רטב *ruṭibu* feucht sein. *3-tum ruṭ-bat* drittens wurde sie gewässert, IV R. 44, 6b.

narṭibbu. *nar-ṭib-bu* (*GIŠ-RAB-MAH*), IV R. 22, 15a.

רכב *rukubu* Fahrzeug (auch Schiff). *GIŠ-MA-HU + SI* *ru-ku-bu*, K. 8239, 10. *ša ru-ku-pí*, K. 4500, 5 Ideogramm (*MULU-GIŠ*)-*MA-HU + SI*. Vgl. auch Amarna B. 28 Col. II, 17.

rukbu ein Teil des Hauses. *šumma ina bit amíli ina igâri ru-uk-bi birṣu innamir*, Bezold Cat. 1451. Vgl. IV R. 56, 48b und VATh. 244 Col. II, 28 (ZA 9, 16).

rikbu. 83, 1—18, 1332 Col. III, 26.

rukkabu ein Gegenstand aus Holz. II R. 22, 10ab.

rukbûtu. Maql. 7, 100. Unsicher.

רכס II, 2. *talitu ina eli ur-ta-ki-is*, S. 1064, 13 (S. A. Smith Asurb. 2, 59).

ruksu ein Beamter. *ina* (*am.*) *rak-su Pl.*, K. 653, 14 (Harper Lett. n°. 154); K. 550, 9 (ib. n°. 64) und II R. 31, 92b.

riksu. 1) *ri-kis ḳaḳ-ḳa-di* und *mar-kas* (s. II R. 47, 18 f.), K. 8827, 7 unter lauter Bindenamen. 2) Lauf der Gestirne. BA 3, 242.

rikusu Camb. 419, 7. Wohl = *riksu*.

rakistu Bande. *ru-kis-t[a lipru]su*, Šurp. 4, 47.

murakisu ein Beamter. (*am.*) *mu-ra-ki-s[u]*, Rm. 2, 19, 7 (KB 4, 104).

mušarkis ein Beamter. (*am.*) *mu-šar-kis Pl.*, K. 616, 6 (Harper Lett. n°. 127). *ina eli bîtâti ša* (*am.*) *mu-šar-ki-sa-a-ni*, K. 596, 4 (ib. n°. 190). Knudtzon Geb. 108, 6. (*am.*) *mu-šar-ki-si Pl.*, Bezold Cat. 1856.

רכך *rakiku*. *ina šubê u ukni ra-ak-ka-at* (*RAM-SAR-SAR-RA-ZU*), Reisner Hymnen 110, 27. Amarna B. 25 Col. II, 28 *10 ḫarru ḳâti ša parzilli ra-ak-ka-tum*. Ob danach nicht II R. 36, 72ef. *SAP = ra-ka(?)-ku ša kimri* zu verbessern ist?

rimûtu. *kal pagrîa itabu. ri-mu-tu*, Bezold Cat. 923.

רמה *ramû* locker werden. *ša ina takiṣ̌ušu la uram-mu-u ḳabli* bei dessen Kampf der Streit nicht ruht, Craig Rel. T. 2, 14, 16.

II, 1. *memeni la u-ram-mu-na-ši*, K. 89 Rs. 5 (Harper Lett. n°. 181); vgl. K. 11 Rs. 2 (ib. n°. 186). Šurp. 2, 29; 4, 49; 7, 34.

רמם *ramâmu* auch vom Zischen der Schlangen. *šumma ṣîru ana šina innadirma i-ram-mu-um* wenn die Schlange gegen sie wütet und zischt, Bezold Cat. 760.

rininu. *lirik ri-nin-šu-ma ina limutti likla*, Grenzst. 101 Col. IV, 13 (BA 2, 165 ff.). Vgl. Delitzsch AW 104.

רסב *rasib(p)u* auch vom Verfall der Häuser. *bîtiti ra-as-pa-a-te šina* die Häuser sind zerstört, K. 596, 6, 13 (Harper Lett. n°. 190).

רפד II, 2. *lû ekimmu mur-tap-pi-du*, King Mag. 53, 15.

ripittu. *A-ZA-LU-LU* = *ri-pi-it-tum*, VATh. 244 Col. III, 28 (ZA 9, 163).

רפח *nar-pu-ḫu ša LU-NITA* vor *laḫru* und *ṣînu*. K. 9949, 7; vom Aequivalent nur ...*nun*(?)-*ḫu* erhalten.

רפש I, 2. *rit-pu-uš ṣurri* s. S. 40 unter חבה.

rapaštu ein Körperteil. *katattu ra-pal-te ṣi-ḫir-tu*, II R. 35, 62ef. Vgl. *ina eli ru-pa-aš-ti* (*GIŠ-KUN*) *išdišu ummidma* auf den r. hat er sein Fundament gestellt, Craig Rel. T. 2, 11 11a

רצן II, 1. K. 4587 Col. IV, 5 ff.

ru-uṣ-ṣu-nu = *ba-nu-u*

ru-uṣ-ṣu-nu = *mu-us-su-u*

Es folgt noch 4 Mal *ruṣṣunu*, doch sind die Aequivalente fast ganz weggebrochen. Vgl. BA 2, 396, 9.

ruṣṣunu. *šurriḫa banitu šurbâ ru-ṣu-un-tu* erhebt die helle, preist die starke(?). K. 3600 Rs. 14 (Winckler Keilschr. 2, 3).

riṣittu. *ana ri-ṣi-it-tum ša êm 11 KAN ša* (*araḫ*) *Airi*. Camb. 155, 4; vgl. Nbd. 413, 3.

רצף *raṣipu*. *ana eli ekli ḫ-ir-ṣip lûšib*, K. 617 Rs. 13 (Harper Lett. n°. 208). K. 12021 Rs. 3 *ra-ṣa-pu* zwischen *li-ku-u* und *ka-pa-ru*.

riḳûtu. *BAR* = *ri-ḳa-a-tu*, II R. 30, 35gh.

riḳḳu Specerei. *GIS-SIM = riḳ-ḳu*, Rm. 367 + 83, 1—18, 461 Col. III, 10. Damit ist die Lesung mit ק gesichert.

רקק *raḳḳatu* wird auch Dar. 301, 12 unter Hausgeräten aufgezählt.

רשב *rušubu* gewaltig. (*il*) *Sin* (*il*) *Nannaru ru-šu-bu*, King Magic 1, 1. Unsicher.

רשי I, 2. *ûmu Dagil-ilâni aššatu šanîtu iš-ta-aš-šu-u* wenn D. eine andre Frau nimmt, Nbk. 101, 11. Stamm natürlich nicht רשי.
III, 2. *uš-tar-si* BA 3, 236, 32 kommt wohl auch von diesem Stamme.

רשם Zu diesem Stamme gehört wohl das Epitheton der Hexe *naršuudu*, *-atu* Maql. 3, 41; 4, 105; 6, 22; 7, 94.

רשן II, 1. *ru-uš-šu-ḳat*, Boissier Doc. 37, 2.

rišaḳu. 83, 1—18, 1330 Col. III, 21 *DAH* mit der Aussprache *tu-uḫ = ri-ša-ḳu ša améli*.

rušuš. *ru-šu-uš uzakki*, dazu die Glosse *ru-ši-iš = dib-bi*, V R. 47, 27b.

ruštu. S. Meissner-Rost Bauinschr. Sanh. 41 und Camb. 418, 4.

רתח *tartaḫinu* ein Gottesname, III R. 66 Rs. 33f.

רתת *kinú iruddu i-rat-tu-tum*, Šurp. 2, 58.

rittu Hand, Heukel. *ri-it-ta-šu* ZA 9, 119, 30; 407 B. 11. *1 piššatu ri-it-ta-šu* (aban) *AN-ZA-GUL-ME* ein Büchschen, dessen Heukel aus ... Stein ist, Amarna B. 25 Col. II, 43, Col. III, 42 ff. Auch das in den Contracten vorkommende *ina ištênit RIT-tum*, auf ein Mal, das von Tallqvist *minútu* gelesen wurde, ist nach Nrgl. 31, 6 *ina ištenit ri-it-tum* zu lesen.

ש

šu. *kîma šu-u ûmi unammiršu*, V R. 65, 3b.

šuatu. *šu-a-tum = 'u . . . .*, K. 4152 Vs. 34. Es folgen Pflanzennamen.

שאב K. 12021 Rs. 9 *ša-a-bu* zwischen *šiḫu* und *malmallu*.

šibu eine Specerei. *5-tum ši-ba* (Var. *pa*) *ittadi* fünftens that sie Gewürz hinzu, IV R. 44, 7b. Dieselbe Bedeutung hat *šibu = lîru*. Zu trennen davon ist der hautechnische Ausdruck *sib(p)u*.

שאה II, 2. *ina [ki]-se-qi-šu* (? *KI-[NAG]-GA*?) *ul-te-'* (*ŠÚ-BA-AB-LAL*), V R. 52, 61a.

še'u. *ina ḳâtišunu ki iplaḫu ana še-i iḫteliḳ* als er sich vor ihren Händen fürchtete, entfloh er nach..., K. 1374, 18 (Winckler Keilschr. 2, 20).

še'itu. *še-'-i-tu nalbanitu*, Craig Rel. T. 78, 20, 22.

šu'itu Herrin. In einem Zusatzfragment zu K. 2040 (= II R. 29 n°. 3) wird Z. 10 *šu-e-tu* unter lauter Synonymen von *beltu* aufgeführt. 81, 4—28, 327 Vs. 3 *šu-'-c-tum = be-el-[tum]*. *una Gula šu-'-e-ti balaṭam* der Gula, der Herrin des Lebens, Nbk. Hall Col. II, 41. *šu-e-tu šamâmi*, ZA 10, 12, 256; vgl. 11, 232. S. auch Craig Rel. T. 30, 27.

šiḫu ein Gegenstand aus Bronce. *URUDU-ŠUN-HAŠ-LUM = ši-i-ḫu*, K. 8676 Col. III, 27.

שאט *šâṭu* freveln, abfallen. *iḫṭâ uḳallilu i-ši-ṭu* sie sündigten, frevelten und thaten Übeles, Berl. Asarh. Rs. 35. *ana maṣarti lû lâ i-ši-ṭu* gegen die Bewachnung haben sie nicht rebelliert, Bezold Cat. 1551. *u ši-i-ṭu mâtâti gabbi*, K. 1250, 7 (Winckler Keilschr. 2, 59). Daher auch *šêṭutu*.

שאל I, 2. *TAR* mit der Aussprache *ta-ar = ši-tu-lum*, 83, 1—18, 1335 Col. III, 32. Vgl. K. 4606, 6 (ZA 4, 162).
I, 3. *a-sa-na-al*, K. 194 Rs.1 (Harper Lett. n°.144).
ša'ilu. *1* (am.) *ša-i-li našrê uššeranni* schick mir ein Adlerbeschwörer(?), Amarna L. 5, 26.
maš'altu Baun(?), Šurp. 6, 67, 77 etc. IV R. 14, 38b.

שאם *šimtu* d. festgesetzte Abgabe(?). *še-ma-a-ti rêšúti*, Neb. Grot. Col. II, 50. In verschiedenartiger Bedeutung in den Amarnabriefen. S. Winckler KB 5 Glossar.

šaiamu. *ša-a-mu-te ša ana rêšúti šuzuzu*, BA 3, 252, 18.

šaiamânu. ina mitgurtišu kulad ša-ai-ma-a-ni, Grenzst. 103 Col. III, 17 (BA 2, 187).

šêmu ein Körperteil. II R. 37, 65ef. *še-e-mu* = *še-me-tu*.

שאן *mešênu* Sandale. 2 *mi-še-nu ša šêpi ša hurâṣi*, Amarna B. 28 Col. I, 63; Col. II, 57. Nbd. 566, 8 etc.

שאן *šînu* urinieren. *mimit nâru ša-a-nu* Bann durch in den Fluss urinieren, Šurp. 3, 59.

I, 2 dass. *šumma kalbu ana eli amêli lâ mudêšu šinatašu iš-tin* wenn ein Hund einen Mann, den er nicht kennt, anpisst, Bezold Cat. 892.

ašar šinâti Abtritt. *šumma UZU-DIR (= kamunu) ina ašar šinâti iš-tin-nu innamir*, Bezold Cat. 1084.

šêpitu das Fussende. *ina rêš erši u še-pi-ti erši*, IV R. 55, 15b. *ultu rêšêti ana še-pi-ti ultu še-pi-ti ana rêšêti*, Boissier Doc. 23, 13.

šâṣu (?). *bîtu šuatu mimmušu i-ša-aṣ(z, s)*, Boissier Doc. 2, 3, 5. Ob vielleicht *i-da-as* zu lesen ist?

šâḳu. II R. 29, 9f *ša-a-ḳu*.

שאר *šâru ṭâbu* = Gnade. *ša-a-ra ṭâbu ša ilâni šite'ma* die Gnade der Götter such auf ZA 10, 10, 219. Vgl. S. 77b unter *paḳû* etc.

šu'uru. ... *IB-BAR-RA* = *šu-'-u-ru*, II R. 32, 5ef.

שאט *šêtu* fliehen. *mannu lâ i-ši-iṭ ia'u lâ uḫallil* wer hat es nicht an sich fehlen lassen, wer hat nicht geflucht? King Mag. 11, 10. *atâlušu ul i-še-iṭ* seine Finsternis hört nicht auf(?), III R. 64, 11b.

שבא *šebû* = *ŠU*, II R. 21, 54ab. *še-bi-e* (*ŠA-SI-SI-E*) IV R. 12, 17; vgl. ZK 2, 83, 11.

I, 2 auferziehen. *ša* .... *taš-tab-bi-'-u* welchen sie aufgezogen hatte, K. 382, 10 (KB 4, 154)

I, 3, *iš-te-ni-ib-bi* (*ŠÀ-AN-SI-SI*). ZK. 2, 81, 26.

II, 1. *mu-še-ib-bi* (*ŠA-SI-SI-A*), Hamm. bil. Col. IV, 11.

šibbu. suluppu imitti ... *ša ši-ib-bu*, Dar. 254, 2.

šabbu. pût ša-ab-bi u murṣu (!) *našû*, Nrgl. 14. 10.

שבה II, 1 zerbrechen. *ina ramânî'a u-ši-ib-ba-an-ni* (*SIG-SIG-GI*) von selbst hat er mich zerbrochen, Reisner Hymnen 9, 93; ib. Z. 122 *u-ši-ba-an-ni*. Danach ist vielleicht auch IV R. 19, 46b zu lesen *nakru dannu kîma ḳanî êdi u-šib-ba*(!)-*an-ni* (*MU-UN-SIG-SIG-GI*) der starke Feind hat mich wie ein einzelnes Rohr zerbrochen.

šebitu ein Musikinstrument. *sut GIŠ-ZAG-SAL še-bi-ti u kanzabi*, Craig Rel. T. 55, 7.

שבט *šibṭu*. *šarru bêli ana ši-ib-ṭi lâ ikunanni*, K. 662 Rs. 17 (Harper Lett. n°. 211). *undu ultu pân šib-ṭu ša šarru bêli išpuranni*, K. 679 Rs. 7 (ib. n°. 213). Sonst vgl. III R. 67, 71cd; Šurp. 4, 79; IV R. 21, 44a; Craig Rel. T. 35, 14; 2, 1, 6.

šâbiṭu ein Beamter. K. 2012 Rs. 15 *ša-bi-ṭu*; vom Ideogramm fast nichts erhalten. Vgl. ZA 4, 279.

שבל *šubultu* Ähre. *ina šu-un-bu-ul-te šiḳi ubânu 7-tum* mit der Aehre ist er 7 Zoll hoch. Bezold Cat. 714.

šubultu. mimma šu-bul-ta libbašu ubla, Craig Rel. T. 4, 3a. Unsicher.

šab(p)nu ein Gegenstand aus Rohr. *GI-MAL-KIL-DA ša-ab-nu* = *nu-us-ḫu*, II R. 22, 2 (add. nach Strassm. AV 5051).

שבס *šibistu* (?) Zorn. *šip-sat ili u amêlûti iššakna elî'a* der Zorn Gottes und der Menschen ruht auf mir, King Mag. 12, 57; 27, 12.

šabsû. MULU-BARA-TAG-TAG (Var. *GA*) = *epiš bašimi* = *šab-su-u*, V R. 32, 22def; II R. 51, 50.

שבר *šebêru* zerbrechen. Šurp. 8, 39, 43, 45. Vgl. 83, 1—18, 1335 Col. II, 42.

שבר *šibburu* ein hölzerner Gegenstand. *GIŠ-TIK* (?)-*NAK-KI-NI* = *šib-bu-rum*, V R. 26, 49ab; vgl. 32, 40a und II R. 46 n°. 6 add.

šibrû. KIL = *šib-ru-u*. 80, 11—12, 9 Vs. Col. I (Brünnow n°. 10203). S. 60, 5 (*šam*) *šib-ru-u* = (*šam*) ....

šibirtu. ši-bir-ti (*SI*) *ukni'a*, Reisner Hymnen 37, 15. Wohl ein anderes *š*. liegt vor in *pêt nuḫḫitu*(!) *ši-bir-tum* ... *Nabû-mušallim naši* (!), Nrgl. 15. 10; vgl. 24.

šibburatu eine Pflanze. K. 4152 Vs. 42 (*šam*) *šib-bur-ra-tu*. Rm. 356 Vs. 9

.... *ru* = (*šam*) *šib-bur-ra-t*

.... *tu* = (*šam*) *ditto*

.... *ru* = (*šam*) *ditto ša-di-e*.

שבש Zu *šabîšu* vgl. BA 2, 569 so wie Maspero's Rec. 16, 176 Z. 19 *še-in-nu-šu lâ iš-šab-ba-as*.

I, 2. *iš* (Var. *il*)-*tab-ba-aš*, Craig Rel. T. 80, 5.
II. 1. *mârat* (*il*) *Anim ša u-šab-ba-ša la-'*.... IV R. 58, 45d.

šibšu Ertrag oder ähnl. Vgl. ausser den von Tallqvist Nbd. 131 angeführten Stellen noch Dar. 105, 1; 164, 6; 167, 6 und *eklu šakû še ana lâ ši-ib-še lâ nusâḫi*, K. 330, 25 (KB 4, 154) sowie *ŠE-BAR šib-ši ša* (*mât*) *Elamtu gabbi upaḫḫaru* das geerntete Getreide von ganz Elam wird man sammeln, IV R. 45, 43, 48b.

šubašuku ein Teil des Wagens. *2 narkabâti ša* (*iṣ*) *šu-ba-šu-ki ḫurâṣu uḫḫuzu*, Amarna B. 28 Col. II, 14, 15.

שבת *šabattu* Sabbat. Vgl. ZA 4, 274 und 82, 9—18, 4159 Col. I, 24, wo *UD* mit der Aussprache *u* = *ša-bat-tum* gesetzt wird.

šab(*p*)*tu*. 83, 1—18, 1330 Col. II, 30 *ṬU* mit der Aussprache *tu-un* = *ša-ab-tum*.

šubtu eine Kleid. Amarna B. 25 Col. IV, 3.

שגא 83, 1—18, 1331 Col. III, 12 [*DIR*] = *še-gu-u*.

IV, 1 wild werden. [*šumma sîs*]*û iš-še-gu-ma* wenn ein Pferd wild wird, Bezold Cat. 574.

IV, 3 dass. *šumma kalbê it-te-niš-gu-u* Bezold, Cat. 589.

šegû Busspsalm. Vgl. ausser Zimmern Bussps. Einl. noch Bezold Cat. 456 und III R. 61, 25a *še-gu-um iṣṣaḫir*.

šiggatu eine Krankheit oder ein Körperteil. *šumma amêlu ši-ig-ga-tu mariṣ*, Bezold Cat. 1102.

שגל II, 1. *šumma an-iku u-ša-ga-lu-ka-nu-ni*, K. 97, 18 (Winckler Keilschr. 2, 33).

šagalûtu. *ištu pân ša-ga-lu-ti ša* (*mât*) *Ašur*, K. 97, 4.

שגם *šagâmu* heulen, brüllen. *kîma alê ta-šag-gu-ma eli'a*, Bezold Cat. 1045. *bêlšu iš-gu-um-ma* (*BAD-MA-RA*), IV R. 11, 42, 44a.

III, 1 ist vielleicht mit Brünnow 817 IV R. 22, 22a zu ergänzen.

šigmu. *ana ši-gim* (*KA+ŠID-GI-GI*) *šêpišunu*, IV R. 12 Rs. 4.

šagimu. *ša-gi-ma-šu uštaḫḫaḫ*, Weltsch. 2, 30 (ed. Del.).

šagammu ein Teil der Thür oder des Hauses. *ša-gam-mi-ši-nu ina kurussi ša erî misî luṣabbit*, V R. 33, 46d. Vgl. 83, 1—18, 1332 Col. III, 23 *ša-gam-mu ša*.

šigimmu. K. 96, 9 (S. A. Smith Asurb. 3, 57).

שגץ. S. 1637, 3 *ša-ga-ṣu*. Eventuell = *šakâṣu*.

שגר *šigûru* auch Adyton eines Gottes. *mudaḫḫid ši-gar-šu-nu* der ihren Heiligtümern Fülle verleiht, Berl. Mer. Bal. Col. II, 4. Vgl. K. 2022 Col. I, 45 *šigaru ša ili*.

šuga(*r*)*ru* ein Product der Dattelpalme. Vgl. ausser Nbd. 973, 10; Cyr. 316, 9; 377, 17 noch Camb. 179, 8; Dar. 127, 12; 171, 13; 328, 10; 382, 11; 426, 19. K. 9891, 7 *šu-ga-ru-u* zwischen *ḫuṣṣu* und *im-bu-bu*.

šigšu(?) ein Körperteil des Scorpions. *šumma akrabu ina šig*(*k*, *ḳ*; Brünnow 7008)-*ši-šu ša imitti* resp. *šumêli*, Bezold Cat. 1581. Unsicher.

שדד *šadâdu* in juristischer Beziehung Grenzst. n°. 101 (BA 2, 165) Col. I, 17 *Ibni-Marduk*... *ša-di-id ekli*. Sonst vgl. Weltsch. 4, 139; ZA 10, 10, 218, 223.

šiddu ein hölzerner Gegenstand. Auch Camb. 36, 2.

šiddatu ein Hausgerät. Auch Camb. 330, 6; 331, 11.

mašaddu ein Teil des Wagens. *lû* (*iṣ*) *nîru lû* (*iṣ*) *ma-šad-du lû* (*iṣ*) *asmaru*, Bezold Cat. 448.

שדל *šadlû*. ZA 10, 202, 10.

šadlatu. DT. 103, 8 *šad-la-tum*. Unsicher.

שזב *mâr šizbi* Säugling. K. 679, 9, 21 (Harper Lett. n°. 212). Eventuell ist *šerru* zu lesen.

šuḫ Part., deren Sinn etwa «in betreff» sein muss. *šu-uḫ Marduk-erib ša šarru bêli'a išpuranni* in betreff des M., von dem mir mein Herr Koenig geschrieben, K. 653, 4 (Harper Lett. n°. 154); K. 1235, 4 (ib. n°. 155); V R. 54, 35, 43b.

שחד *palga ul ta-ša-ḫi-id*, Bezold Cat. 906.

I, 2. *ina aḫâti iš-ta-ḫi-id* (*BA-AN-GUD-UD-DA*) er ging zur Seite, IV R. 18*, 8b.

šaḫû(?). (*iṣ*) *ša-ḫu-u ša ana Šulâ* (am.) *ašlaku nadnu*, Nbk. 312, 1.

šaḫâti (*DA*) im Gegensatz zu *tubḳi* auch Reisner Hymnen 131, 6.

šaḫu. narkabtu ša-ki-tu ina ḫuraṣi, Amarna L. 6, 21.

šaḫḫitu eine Art Schiff. *GIŠ-MA-ŠA-ḪA šaḫ-ḫi* (Var. *ḫu*)-*tum*, K. 4338a Col. V, 10.

שחח *šaḫiḫu*. K. 4309, 21 (ZA 4, 158) *ZI-ZI ša-ḫa-ḫu ša* . . .; *UŠ-ZU-A-RI-A* = *ša-ḫa*(?)-*ḫu*, K. 2009, 14 (ZA 4, 155).

II, 2. *uš-taḫ-ḫa-aḫ*, Weltsch. 2, 30 (ed. Del.).

שחט *šaḫâṭu*. Rm. 341 Vs. 10 *ša-ḫa-ṭu*; der Name des Zeichens ging auf . . . *zu-u* aus. Vgl. K. 499 Rs. 15 (Harper Lett. nº. 119); BA 2, 409, 19. Wohin gehört (*am.*) *LUB katâšu i-šaḫ-ḫa-aṭ*, Bezold Cat. 921?

II, 1 zerreissen (?). *mala bašû u-ša-aḫ-ḫa-ṭu* (*A-BA-AN-NUN-NUN*), IV R. 12 Rs. 24.

II, 2. Rm. 345 Rs. 2 *ši-taḫ-ḫu-ṭu* zwischen *birku* und *ku'u*; vom Ideogramm fast nichts erhalten.

šiḫṭu, 1 Neb. Col. I, 15.

שחל *šaḫâlu*. 83, 1—18, 1332 Col. I, 14 *ša-ḫu-lum*; Ideogramm jedenfalls [*ḪAL*].

šiḫlu ein Beamter. (*am.*) *ši-iḫ-lu ûši liddinuni*, K. 653, 8 (Harper Lett. nº. 154).

šaḫillu ein Hausgerät. *ištên ša-ḫi-il-lu sipurri*, Dar. 301, 9.

mašḫalu. Amarna B. 28 Col. II, 44; Col. III, 63.

שחן *iṣê ana šu-ḫu-ni-ia* Holz, um mich zu wärmen, Amarna L. 29, 66.

I, 2. *aiûta kibrâtum ša lâ iš-taḫ-ḫa-nu namirta urraka* wo sind die Gegenden, die nicht dein helles Licht erwärmt? ZA 4, 12, 7.

mušaḫḫinu ein bronceuer Gegenstand. *URUDU-ŠUN-BIL-MA* = *mu-šaḫ-*[*ḫi*]*-nu*, K. 8676 Col. III, 23. Sehr häufig in den Contracten.

šuḫuppatu ein Gegenstand aus Leder. *10 ŠU* (*mašak*) *šu-ḫu-ub-bat-tum*, Amarna B. 25 Col. II, 41. Vgl. Nbd. 1012. 4.

šiḫru. *A-DAN* = *ši-iḫ-ru*, V R. 22, 36abcd.

šaḫarrabû. *u amêni dibbukunu ana ša-ḫar-ra-bi-e mašlu*, IV R. 34, 2.

שחרר *rê'ušu uš-ḫa-ra-ar* (*ŠE-A-AN-GUB*), Reisner Hymnen 49, 17.

šaḫariru. *bît* (*il*) *Nabium ša-ḫa-ri-ri*, PSBA 11, 201, 44.

šaḫšuru. *ki ša-aḫ-šu-ri ša* (*araḫ*) *Simanu* IV R. 60, 10a. Oder ist *saḫ šûri* (Rohr) zu lesen?

שחת *šaḫatu*. *ana libbi ḫultam ša ta-aš-ḫu-tu tarapik* IV R. 29*, 16b. — In den Amarnabriefen bedeutet *šaḫatu* fallen.

šiḫtu(?). *ina ši-ḫat šêri* (eine Krankheit) *liḫṭi zumuršu*, Berl. Mer. Bal. Col. V, 44. Unsicher.

šuḫtu ein Gegenstand von Bronce. K. 8676 Col. IV, 16 *šu-uḫ-tu*; Ideogramm weggebrochen. 82, 9-18, 4159 Col. IV, 14 *UD-KA-BAR* = *šu-uḫ-tum*.

šuḫattu. K. 4606, 8 (ZA 4, 162).

šiklu. *MULU-LUM-LUM-AK-A* = *e-pu ši-il*(*g, k*)-*bi*, VATh. 244 Col. II, 29.

שכד *šikdu*. Rm. 2, 588 Rs. 22cd ein Ideogramm mit der Aussprache *eš* — *ši-ik-du*.

maškadu eine Krankheit. *30 šêr šaḫi lâ ikkal maš-ka-du iṣabatsu* am 30ten soll er kein Schweinefleisch essen, oder er wird krank, V R. 48 Col. V, 34. Vgl. Bezold Cat. 781.

šakḫuku(?) ein Gefäss. K. 10452, 3 wird *ša-ak-ḫu* (*bak*)-*ku* unter lauter Gefässen aufgeführt.

שכך II, 1. *ša abni* resp. *ḫurâṣu šu-uk-ku-ku* mit Steinen (Gold) verziert (eingefasst) Amarna B. 25 Col. I, 72; Col. III, 53, 54 etc.

šikku auch Boissier Doc. 2, 12 *šumma eribi ina karpat ši-ik-ki innamru* wenn Heuschrecken in einem š. gefunden werden.

šikkatu ein Gefäss. K. 10040, 3 ff. bietet die Gleichungen

LUD (Glosse) *ŠEŠ* (Brünnow 10813)	*ši-i*[*k-ka-tum*]
LUD (Glosse) *ŠES*	*ditto.*
LUD ŠAGAN	*ditto.*

שכל *šakilu* s. BA 3, 280.

šiklu klug ib.

šiklûtu Klugheit. *ina ši-ik-lu-tu*, BA 3, 234, 12.

šuklu. *ša bêlum amâtsu appara ina šu-uk-li-šu* (*AN-PUL*) *ušmit*, Reisner Hymnen 7, 27; 21, 25. 73, 4 *appara ina šuk-li-šu* (*MAŠ-PU*) *ubbil*. Welches Ideogramm ist richtig?

šakkullu eine Baumart. *GIŠ-ŠA-DAN* = *šak-kul-lum*, II R. 45, 51ef.

šukâmu Griffel. *rapšu uzni ašîši šu-ka-a-mu* der kluge, der den Griffel hält, ZA 4, 237, 34, 36.

שכן II, 2. *kilu uš-tak-kan-ma*, K. 5481 Col. II, 2 (Winckler Keilschr. 2, 70).

šakintu e. Titel, Statthalterin (?). (*sinn.*) *ša-ki-in-te*, III R. 47 n⁰. 8, 4.

šakkanu e. Gegenstand aus Rohr. *GI-NIR-LAL* = *šak-ka-nu* = *ḳan*..., II R. 24, 13ab; vgl. V R. 32, 45d.

šukunnû 1) Gerätschaft (?). *GAR-GAR* = *šu-kun-nu-u*, K. 56 Col. III, 13. *GAR-GAR-GIŠ-SAR* = *šu-kun-ni kiri*, ib. Z. 17. 2) Machenschaft, Heimsuchung. *šu-kun-ni-e ili u ištar*, Šurp. 8, 64.

šikittu in juristicher Bedeutung Ev. Mer. 12, 8 *ina ḳaḳḳadišu inamdin ina ši-kit-ti-šu išálim* und Nrgl. 43, 8 *kaspu ḳaḳḳadušu ina ši-kit-ti-šu-nu mala bašû ušallimu ši-kit-ta-šu-nu maškanu ša Iddin-Marduk*. Vgl. Nbd. 130, 2; 145, 6; 169, 9. Lesung nicht ganz sicher.

שכפ *naškapu* eine Steinart. *4 TA ḫaṣbattu (aban) erû (aban) na-aš-ka-pu*, Camb. 228, 2.

שכר *šakîru*. BA 2, 636, 32 *šumša i-ša-ki-ru*.

šakiru ein Gefäss. *bêlu (il) Bêl šizibbi lâ mâṣi ina ša-ki-ri (DUG-ŠAKIR-RA) taš-puk* o Herr Bel, du hast nicht genügende Milch in das Gefäss gegossen, Reisner Hymnen 130, 13.

šukurrû Speer. Id. *GIŠ-ŠI-KAK*. S. Zimmern Šurp. 55.

šiktu ein Gewand. *ana (ṣubat) šik-tum ša (il) Bêlit Sippar*, Camb. 4, 2. Vgl. V R. 47. 13b.

šukkutu. *DAR* = *šuk-ku-tum*, 83, 1—18, 1332 Col. IV, 18.

שלא$_3$ *šalû* werfen. *mulmullê* ....*ša ina šala'šunu malû puluḫtu* Pfeile (?)..... die bei ihrem geworfen werden mit Furcht angefüllt sind, BA 2, 434 Anm.

שלא *šelû*. *ana libbi aḫâmeš kakkišunu i-še-el-li aḫâmeš urasapu* indem sie gegenseitig ihre Waffen .... und sich gegenseitig umbrachten, Rm. 3, 105 Col. I, 19a (JRAS 1892, 350).

šil(l)û Haut. 60, 7—19, 307 (= II R. 62 n⁰. 1) Vs. 3 *GAN* = *še-lum ša šêri*. S. 1803, 4 f. *še-e-lum ša šêri*. V R. 36 Col. I, 15 *U* = *ši-lum* (K. 4197 Vs. 4 *U* = *ši-i-lu*); V R. 37, Col. III, 6—8 *šilum ša ṬU, šêri, iṣṣuri*, Z. 19. *ša NU-GIŠ-SAR*. Rm. 346 Rs 11 ....*ku*, ...*mu*, ...*du* = *šil-lu-u*. Vielleicht ist Šurp. 8, 35 *nêbiru ši-lum u amê* als Fahrzeug aus Haut oder Rohr aufzufassen. *šillu ša sinništi* Hymen. 83, 1—18, 1335 Col. IV, 22 *TAR* = *ši-il-lum ša sinništi*. Sm. 1803, 11 [*š*]*il-lu ša sinništi*; Ideogramm weggebrochen. Danach ist auch II R. 35, 72gh zu lesen *ša edlu damḳu šil-la-ša lâ ipṭuru* deren Hymen ein freundlicher Herr noch nicht zerstört hat. Wohin gehört K. 4362 Rs. 27 (ZA 4, 162)?

šallû 1) eine Art Schiff (aus Leder?). K. 8239, 12bc *GIŠ-MA-SAL-LA* = *ŠU-u*. 2) eine Art Pflock oder Riegel. V R. 26, 23cd *GIŠ-KAK-SAL-LA* = *ŠU-u*.

mašlû gehört auch zu diesem Stamme.

mašla'tu. *ša-par-tum* = *maš-la-'-tum*, II R. 43, 40ab — Rm. 131 Vs. 6. Bezold Cat. 1426 *pûtu maš-la-'-tum*.

šalbabu klug (?). ZA 4, 227, 3; 237, 39; Bezold Cat. 948; Craig Rel. T. 10, 7; King Magic n⁰. 53, 3 etc.

שלח eintauchen. *liš-la-ni-im-ma* sie mögen untertauchen, IV R. 29*, 3b.

šulû. *1 ŠU dudinatu ḫurâṣi ša dama šu-lu-u*, Amarna B. 25 Col. I, 27; Col. II, 7, 9; 26 Col. I, 20.

šelîtu. 83, 1—18, 1335 Col. IV, 27 *TAR* mit der Aussprache *su-lu* = *še-li-tum ša DUN-GIŠ-GI*.

שלח *šiliḫtu* Canal (?). *ši-li-iḫ-ti ša (nâr) Banîti ḫira'*, K. 517, 29 (Strassmaier AV. 8220).

šuluḫtu. *uššir šarru bêli'a šu-lu-uḫ-tu*, Amarna B. 165, 8.

mašlaḫu. K. 4200 Rs. 14 *maš-la-ḫu*; Aequivalent weggebrochen.

šuluḫḫu. Vgl. noch Nrgl. Ripl. Col. II, 17. Nab. Const. Col. III, 19; BA 3, 262, 25: IV R. 59, 1b: King Mag. 48, 17; 58, 15. *1 ša šu-luḫ-ḫu*, Amarna I. 25 Col. II, 53; vgl. 26 Col. II, 51; Col. IV, 22.

שלט *šalṭu*. *udunnan šal-ṭu*, ZA 10, 12, 251.

šulukûtu. *BARA-PAP + ŠE + PAP-A-SEGA* (resp. *UD-ZAL-LI*) = *šu-lu-ku-tum*, II R. 30, 63, 67ef. Stamm eventuell אלך$_3$.

שלל *šillatu* Plünderung (?). *šipir (il) Marduk ša ši-il-la-ti*. Nab. Const. Col. II, 34; ib. Col. IX, 32 *2750 ina ummâni ši-il-la-ti nakri ḫumê ...ašruḳ* 2750 Mann, Beute des... Feindes, scheukte ich.

שלל *šullulu*. Vgl. ausser Nbd. 1019, 5; 1033, 5; Nbk. 402, 15 auch Camb. 250, 2. Wohin gehört IV R. 23, 13a *mu-šul-li-lu* (*HI-LI*) *ugari*?

šullu. II R 43, 14ef.

šalâlu eine Rohrart. 79, 7 8, 21, 3 [*GI-SU*]*L-HI* = *ditto* (d. i. *kan*) *ša-la-li*. Vgl. Šurp. 8, 70.

Šalaltu(?) ein Vogel. *1* (*šam*) *ša-lal-tú* (*iṣṣur*). Bezold, Cat. 1577.

שלם II, I in astronomischen Texten. III R. 51 VI, 29.

šalimtu 1) Wohlbefinden. *ina ša-lim-ti ina šubtišu ittušib* wohlbehalten ist er in seiner Wohnung, K. 1234 Rs. 3 (Harper Lett. 134). Vgl. K. 609, 9 (ib. 126). 2) ein Hausgerät. *ištênit ša-lim-tum ša parzilli ša ḫarrâni*, Nrgl. 28, 18. *ištên šu-lim-tum siparri*, Dar. 301, 11.

šilimtu ein Körperteil, wohl Gebärmutter. II R. 37, 58e *ši-lim-tù* und *ipu* = *i-ba-uḫ*. II R. 47, 34cd. *TE* und *SAL-SAL* = *ši-lim-tu*.

tašilimdu (= *tašlimtu*) Kohler-Peiser Rechtsl. 2, 61.

šilênu. II R. 32, 4c.

שלף Zu *pî šulpu* vgl. noch Nbd. 678, 9 (*pî šulpi*!); Camb. 257, 6; 409, 11; Dar. 164, 11; 167, 11; 308, 9.

שלק *šalâḳu*. 83, 1–18, 1332 Col. IV, 16 [*DAR*] = *ša-la-ḳu*.

II, 1 auch K. 10094, 8 *šul-lu-ḳu*.

šelḳu. *še-el-ḳa lišoklilšu*, V R. 33 Col. VIII, 1.

šallaru. S. BA 3, 283. Ein Product scheint *šallaru* Sarg. Ann. 433 Pr. 170 zu bedeuten.

šilûru ein hölzernes Gerät, BA 3, 222, 12; vgl. S. 273.

šalluru ein Baum. Rm. 367 + 83, 1—18, 461a Col. III, 11 *GIŠ-KIB* = *šal-lu-ru*. Rm. 346, ein Duplicat zu II R. 23, wird daher Z. 15 [(*šam*) *ri-ib*]-*ḫu* = *šal-lu-ru* zu ergänzen sein. *šumma ina mušpal ali GIŠ-KIB namir*, Boissier Doc. 31, 7. Vgl. Nbd. 486, 2.

שלש *šalâšu* vielleicht IV R. 30, 5a *i-šal-la-šu*(?) (*GA-GA-MU*).

II, 1. *u-šal-liš-ma*, V R. 63, 5b.

šelaltu. Was bedeutet *erinê dannûti* .... *panim še-lal-ti-šu-nu ušatriṣ*, V R. 34, 4b?

šullultu [1] ₃. *šittašu iluma šul-lul-tu-šu amêlûtu* [2] ₃ vom ihm ist göttlich, [1] ₃ menschlich, NE Taf. 9 Col. II, 16. Vgl. Meissner, Alexander u. Gilgameš 14.

šušlušu. In dem *URUDU*-Verzeichnis K 8676 Col. IV, 6 *URUDU* .... *U-BA* = *šu-uš-lu-šu*. Auch IV R. 4, 26a wird *pašurti šu-uš-lu-*[*šu*] (*IB-A* ...) zu ergänzen sein.

שלק II, 1 zerschneiden. *mu-šal-li-ḳu ḳ-lumni*, King Magic 62, 11. Vgl. S. 21 unter *uguru*.

šeltu ein Gefäss. V R. 32, 3c.

שם *šumu* Sohn(?). *surḳimma šuma u zêru* schenk einen Sohn und Samen, King Mag. n°. 30, 14.

שמאל *šumêlu* links. S. S. 10 unter אמן.

שמה *šamû* Himmel, auch ein Schmuckgegenstand. *šam-e ḫurâṣi ellûti ana Marduk belî'a* .... Chron. P. Col. III, 8 (JRAS 1894, 807 ff.).

šamûtu Regen (so Jensen gegen Delitzsch) auch Reisner Hymn. 39, 8 *kima ša-mu-ti* (*IM* *uš*)*pali* ‖ *kima rádu*.

šamaiatu ein Stein. In dem unpublicierten Steinverzeichnis K. 4232 wird Col. I, 15 (*aban*) *ša-ma-ai-tum* erwähnt.

šemêtu. ...*KUR* = *še-mi-e-tum*, K. 4335 Col. II, 61 (s. Del. HW 515b). Vgl. *šimu*.

שמח *šamâḫu* Prs. *išámuḫ*. BA 2, 429 Col. IV, 3. *šitmuḫu*. *1* (*aban*) *tapatu mašku šit-mu-ḫu*, Amarna B. 26 Col. III, 35.

שמט *šamâṭu*. *liš-mu-ṭu lišši'u*, K. 625 Rs. 3 (Harper Lett. n°. 131).

šamṭu eine Getreideart. S. 23 Vs. 4 (ZA 8, 201) bietet anstatt II R. 32, 65gh *ŠE-KAB-GAR-RA* = *šam-ṭ*[*u*].

šumaku. K. 4338a Col. II, 63 *GIŠ-*[*ŠU-A*] *US-SA* = *ditto* (d. i. *littum*) *šu-ma-ki*.

שמם *šamâmu* vergiften(?). *šêri'a i-šam-mu-mu* mein Fleisch vergiften sie, King Magic n°. 53, 11. Vgl. *šumma amêlu ida šumêlišu i-šam-ma-am-šu*, Bezold Cat. 928.

šammi turti eine Pflanze ... *bar-ti* = *šam-me tur-ti*, 79, 7—8, 188, 6. *šammu balṭiṭi* Lebenspflanze (= der im Gilgamosepos erwähnten). *šarrûtu kîma šammi balâṭi eli šêre nišî liṭib*, BA 3, 254. 11. Ram.-nir. Steinpl. 2 *rê'ûsu kîma šammi balṭi eli nišê uṭibuma*. Craig Rel. T. 59, 5 *šam-me ba-l*..*-ṭi*. Eine andre Bedeutung liegt wohl vor BA 3, 236, 31.

šammûtu. S. III R. 53, 30a.

šumamtu eine Getreideart. II R. 32, 63gh wird durch S. 23 (ZA 8, 201) ergänzt. Ideogramm *ŠE-ŠU-HU-UZ;* der Paralleltext hat indes nach Scheils Edition *la(!)-ma-am-tum*.

šumma auch *šummu* zur Einleitung der indirecten Frage; vgl. BA 3, 270. *aša'al šum-mu ina mâti'a* ich frage, ob sie in meinem Lande seien, K. 469 Rs. 7 (Harper Lett. n°. 138). Die Conjunction *šummu* liegt auch wohl vor V R. 54, 52c; K. 5466 Rs. 17 (Harper Lett. n°. 99); K. 561 Rs 5 (ib. 101). — Ein anderes *šummu* ZA 10, 292, 22.

šumassuḫu (*šu-mas-su-ḫu*), K. 10094, 7. S. *sumassuḫu*.

שמר I, 2 preisen. [*šâra*]*ka ṭûba lul-tam-ma-ra ana nišê rapšâti* deine Gnade will ich preisen zu den weiten Menschen, King Mag. n°. 21, 90; vgl. ZA 4, 15, 7.

II, 2 dass. *uš-tam-ma-ra zikirka* ich bewahre deinen Namen, ZA 4, 12, 53.

שמר *šamâru* stürmen (= ܙܡܰܪ). *alki nabalkuttu šu-um-ri nabalkuttu* komm Aufruhr, stürme einher Aufruhr, Maql. 5, 23. Prt. also *išmur*.

šitmarru. *DIB-DIB-BI* = *šit-mar-ru*, II R. 22, 45de.

šimeššalû ein Parfüm. *GIŠ-ŠIM-ŠAL* = *ši-meš-ša-lu-u*, Rm. 367 + 83, 1—18, 461a Col. II, 12.

šumuttu eine Pflanze. K. 4171 + 4583 Col. I, 5

šu-mu-un-da | U_{DUL}^{DUL}*ŠE-SAR* | *u* .... *mi-na-na-bi* ... | *šu-mut-tum*.

šindu Fleck. *imêru 5-u sâmu ša ši-in-du ina muḫḫišu lânu* ein fünfjahriger, grauer Esel ohne Flecken, Camb. 1, 1; vgl. Nbk. 360, 10 etc. Zu trennen davon ist der Stoff *šindu*, der gewichtweise in den Contracten vorkommt. — Von dem ersten Substantiv denominiert *alpu* .... *ša mu-ši-in-di-i-tum* ein gefleckteS Rind, Dar. 257, 2.

שנה I, 2 *šit-na-a idâtu*, ZA 10, 10, 221.

III, 2. *uš-taš-ni-ma* der Jupiter veränderte sich d. h. ging spaeter als die Sonne auf, BA 3, 234, 4.

šunnûtu Veränderung. *linnipuš ina lâ šu-un-na-a-te* es geschehe ohne Veränderung, BA 3, 234, 17.

שנה *šanû* wiederholen. *aš-ni-ma* ... *ašte'-ma šumma* ich frug noch einmal, ob, V R. 63, 6b. *asmiš ušâlik aš-ni-ma* ich machte es immer wieder prächtig, Nbd. Const. Col. VIII, 16. S. auch die Amarnabriefe.

šanû ein Titel; der Beamte, welcher der Stellvertreter eines andern ist; s. BA 2, 60.

šittu ²/₃. S. unter שלש.

šinîtu ein knoblauchartiges Gewächs. K. 8667, 11 .... [*GA*]-*RAŠ-SAR* = *ši-ni-tu*.

Zu *šanakku* vgl. besonders King Mag. passim. Auch Amarna B. 26 Col. IV, 29 ist *1 ša-na-ak-gu siparri* zu lesen. Vielleicht ist damit auch das *šanaḳu* der Contracte zu combinieren.

šinamû ein Beamter. Nbd. 640, 8; Camb. 394, 4.

šinamtu (?). Amarna B. 97, 25.

שנן *šinintu*. *lâ bêl kussî lâ ši-nin-ti êkalli*, K. 1349, 18 (Winckler Keilschr. 2, 1).

שנן *šunnu* eine Waffe. *URUDU-ŠUN-AŠ* = *šu-un-nu*, K. 8676 Col. III, 22.

šunundu. K. 8665, 6 *šu-nun-d*[*u*]; vorhergeht *ašubatu* und *arubatu*. Vgl. II R. 25, 21b.

šanunkatu Koenigin. BA 3, 260, 6 und 360.

šinnipitu ein Gegenstand aus Rohr. *700* (*ḳan*) *ši-in-ni-pi-tum*, Camb. 417, 1.

שנש II, 1. *ṣiḫtašu u-ša-na-aš-an-ni* (*MU-UN-DA-ṢI-GI*), K. 41 Col. III, 17 (PSBA 1895, 64 ff.).

šasagate (?). *Kuzâ* (*am.*) *ša-sa-ga-te-šu* (so S. A. Smith, *liš* Harper), K. 582, 17 (Harper Lett. n°. 167).

šesû (?). *mârtu še-sa-a tazarru* (*karp.*) *ḳabûtu*, BA 2, 636, 29.

šassukkatu. *irba* (*il*) *Bêlit ṣêri ša-as-suk-kat ilâni rabûti*, Bezold Cat. 1438. (*il*) *Bêlit ṣêri ša-suk-kat šamê u irṣitim*, Craig Rel. T. 64, 36.

šesinâti eine Fleischsorte. (*šîr*) *še-si-na-a-te*, II R. 44, 5e.

šusuppu ein Kleid auch Amarna B. 26 Col. III, 27f.

šasuppu. Amarna B. 26 Col. I, 58; Col. II, 43. Unsicher.

šasurru auch Foetus. *ša-sur-šu-nu* (*il*) *Bêlit ili ubanni* ihren Foetus hat die Göttin B. geschaffen, K. 5418 Rs. 11a (Winckler Keilschr. 2, 71).

שפה *ša šapâti* ein Beamter (Dollmetscher?). *adî* (*am.*) *ša šapâti*, K. 194, 11 (Harper Lett. n°. 144).

šipu ein Hausgerät. *2. ši-pi ša ṭiṭi*, Nrgl. 28, 9. Was bedeutet *ši-p(b)u* Boissier Doc. 36, 14; 37, 2?

שפה II, 1 beten. Nebenform zu *suppû*, wie *sullû*. *teslitu* neben *sullû*, *ṣullû*. *ilâssa u-ša-ap-pa-a* ich betete zu ihrer Gottheit, Asurb. B. Col. V, 29. 83, 1—18, 1330 Col. I, 22 *ZUR* mit der Aussprache *zu-ur* = *šu-up-pu-u*. Vgl. aber ZA 4, 274 Anm.

שפח *šapaḫûtu*. *ina ša-pa-ḫu-ti-ka ina libbi uznâki ulaḫḫiš*, K. 6082, 13 (Winckler Keilschr. 2, 67).

שפך IV, 1 sich hinwerfen. *kullatsunu ana šêpi'a iš-šap-ku-nim-ma* alle warfen sich mir zu Füssen, Nbd. Const. Col. V, 4.

šipku Guss, Amarna B. 23, 25.

šipkitu. K. 4606, 5 (ZA 4, 162).

שפל Prs. *išâpil*. *itti aḫâmeš išâḳû u i-šap-pi-lu* sie werden mit einander Gewinn und Verlust teilen, Camb. 217, 10.

šapulu ein Körperteil des Scorpions. *šumma aḳrabu ša-pu-ul imittišu*, resp *šumêlišu*, Boissier Doc. 32, 5.

šupalu der untere Teil. *šu-pal (iṣ) erini iḫirri* den Boden der Palmen soll er bewässern, Camb. 42, 9.

mušpalu ein Teil der Stadt (Unter-Vorstadt). *šumma ina mušpal* (*ṬUL-LAL*) *ali giparu namir*, Boissier Doc. 31, 1 ff. Vgl. dazu Xen. Anab. III, 4, 10 Μέσπιλα.

šappinate. *2 biltu (al) Aliḫu ana ša-ap-pi-na-te*, II R. 53, 14c.

שפס *šapâsu* Prs. *išâpis*. BA 2, 429 Col. IV, 23. Darf man auch V R. 31, 56ab vergleichen?

שפץ *šapâṣu*. .... *ša šumêli irṣita ša-pi-iṣ*, Rm. 279, 4; vgl. 6, 8. (ZA 9, 408).

I, 2. *A-GIŠ-AK-A* = *šit-pu-ṣu*, VATh. 244 Col. II, 25 (ZA 9, 159).

שפר *šapâru* Sendung, Brief. Amarna B. 92 Rs. 30. *našparu* Entsendung, auch concret. *na-aš-pa-ar-šu-nu* ihr Entsendeter, Nbd. Const. Col. V, 17.

šappuru. S. BA 2, 634, 2.

šippuru wohl ein Körperteil. *ištu ḳaḳḳadiša ana šip-pu-ri-ša*, K. 2148 Col. II, 4, 8, 10 (ZA 9, 121).

šuppuru. *2, 3 ûmi sup-pu-ru-u-tu ana bêli šarri bêli'a ušparamma*, K. 1374 Rs. 24 (Winckler Keilschr. 2, 21).

šupartu = *mašla'tu* (q. v.).

שפרר *summa Sin* .... *kîma kakkabi su-par-ru-ur*, III R. 64, 7a; 13b.

שקה *šaḳû* gewinnen. S. *šapâlu*.

(*am.*) *rab-šaḳ-un-ḳi-šarri*, K. 686, 5 (Harper Lett. n°. 173).

šaḳûtu Bürgermeisterschaft. *ša šarru bêla ana* (*am.*) *ša-ku-u-ti ša Maradda ispurasu*. K. 1107 (Winckler Keilschr. 2, 18).

šaḳḳai ein Beamter. Nbd. 237, 5, 13; Camb. 197, 3 (*am.*) *ša-aḳ-ḳa-ai*.

שקה *mašḳû* Tränke. *kibri limnu ša ṣênu ina maš-ki-e* (*NAK*) *lâ uturri*, Reisner Hymn. 15, 21.

שקל *šiḳlu* Sekel. Für die Aussprache s. ZA 7, 20 und Rm. 2, 588 Vs. 24bc *ṬU* mit der Aussprache *gi-e* *ši-iḳ-li*.

šaḳilu. Der *sikkur šaḳili* wird auch ideographisch geschrieben Bezold Cat. 1721 erwähnt. Unklar ist *sisûka ša-ki-il adi mâr šiprika iašaparkunni*, Sm. 700, 19 (S. A. Smith Asurb. 3, 53).

שקלל *šuḳalulu*. *ina pišu mû šu-ḳal-lu-lu-ni*, K. 2145 Col. II, 16 (ZA 9, 121). Gehört zu dieser Wurzel auch Boissier Doc. 28, 1?

שקמם *šuḳamumu*. *aḫulap bîtu utullašu uš-ḳa-am-ma-mu* (*AL-SI*) *rê'ušu ušḫarar*, Reisner Hym. 49. 17. *ša uš-ḳa-am-ma-[mu]* (*BA-SI-SI* ...), ib. 80, 5.

שקץ *šaḳâṣu*. K. 12846, 5 *ša-ka-ṣu*; Aequivalent weggebrochen.

šaḳṣu Feind. *musaḫip kullat lâ magiri mulitti šaḳ-ṣi*, K. 1349, 7 (Winckler Keilschr. 2, 1).

שקש *šiḳiš(l)tu*. *ša ummân nakru ina ši-ḳil-ti itbaluma*, Berl. Mer. Bal. Col. III, 16. Unsicher ist Bezold Cat. 549 *ina še-ḳil-ti*.

שרא I, 2 wohnen, od. ähnl. *kîma sudinni* .... *ina niḫiṣṣi eš-te-ri* gleich dem s.-Vogel hause ich in Bergspalten, K. 41 Col. III, 4 (PSBA 1895, 64).

III, 1 unterstützen. *dunnamâ u-ša-aš-ra* den schwachen unterstützt er, Bezold Cat. 1457. *mu-ša-aš-ra-a-at kati munaḫišat labni* die den schwachen unterstützt, dem hingefallenen Fülle gewährt, K. 3600 Rs. 12 (Winckler Keilschr. 2, 3). Vgl. ZA 4, 15, 3.

mašrû. ZA 10, 6, 75.

mešrû 1) Fülle. ZA 10, 4, 20; 13, 260. 2) Gestalt. *tam-šil meš-ri-šu* wie seine Gestalt, BA 3, 246, 16.

šeri'tu ein Kleid. (*ṣub.*) *še-ri-'-tu*, V R. 61 Col. IV, 44.

šarbu. *ana šar-bi utâra*, Craig Rel. T. 26 Rs. 2 = BA 2, 633, 16.

šarrabu. ZA 10, 10, 222.

šarbabu. *šar-ba-bi-iš ušḫararumušu*, ZA 10, 13, 264.

שרבב IV, 2. *amat Bêl it-ta-na-aš-rab-biṭ* (*BUL-BUL*), Reisner Hymnen 7, 39; 95, 38.

šurdu ša(il) Šamaš eine Krankheit. *šumma amêlu šur-du ša (il) Šamaš mariṣ*, Bezold Cat. 1102.

שרו *šarû*. (*iṣ*) *binu* ... *ša kimmatu ša-ru-u*, Maql. 1, 21. *ša-ru-u u šamḫu*, ZA 10, 11, 231.

II, 1 anfangen. *šipri šiši u-šar-ri-i-mi epêšu akbi* dieses Werk fing ich an und befahl, es auszuführen, Rm. 3, 105 Col. I, 14a (JRAS 1892, 350 ff.). Gehört hierher auch *u-ša-ri* (Var. *u-šar*) *uštâhiz*, IV R. 60*, 9a?

tašrîtu Anfang. *šumma ina taš-rit murṣišu*, Boissier Doc. 20, 5, 15.

שרח *šarâḫu* auch glänzen. Z.B. *šar-ḫat diparuka* es glänzt deine Fackel, King Mag. n°. 1, 6; ‖ *namrat*.

II, 1. 82, 9—18, 4154 + 4155 Col. IV, 10 wird [*BAR*] durch *šur-ru-ḫu ša BI* (d. i. *šikâri*) und *bur-ru-ḫu ša BI* erklärt.

šarḫu glänzend. Fem. *šaruḫtu*. *attûnu kakkabi šar-ḫu-tum*, Bezold Cat. 439. *ša-ru-uḫ-ti*, BA 3, 260, 1.

šuruḫtu. *1 šu-ru-uḫ-tum* [*ḫu*]*râṣi*(?). Amarna B. 24, 89.

tašriḫtu. IV R. 34, 11 *dibbi ša taš-ri-iḫ-ti* ist noch unklar.

שרט I, 2. *A-GIŠ-AK-A* = *šit-ru-ṭa-at*, VATh. 244 Col. II, 24. Unsicher.

širṭu Binde. *ši-ir-ṭu ša ina libbi ṣabituni aptaṭar* die Binde, die darauf gelegt war, habe ich abgenommen, S. 1064, 17 (S. A. Smith Asurb. 2, 58).

širriṭu. *ši-ir-ri-ṭu ultu libbi êkalli'a ušêṣa*, IV R. 61, 59a.

שרך *širku* und *rab širki* ein Beamter. S. Tallqvist Nbd. 141. Nbk. 253 findet er sich in der Schreibung [(*am.*)] *rab ši-iš-ku*. Vgl. auch K. 1541, 21 (Winckler Keilschr. 2, 23) (*am.*) *šir-ku unḳa ki(!) iššû*.

šarku Blut auch S. 1064, 20 (S. A. Smith Asurb. 2, 58). Unklar ist noch die Bedeutung und Lesung ZA 10, 11, 239; 12, 257; 13, 262.

šurrukûtu. K. 4211 Vs. 5 *šur-ru-ku-tu*, Aequivalent weggebrochen.

שרם *šarâmu* Prt. *išrim*. *iša'la šumma ḤAR-BAD u šamnu iš-ri-mu*, Bezold Cat. 1456. Vgl. auch ZA 10, 13, 260 nebst Variante.

šermu. *1 maninnu šer-mu*, Amarna B. 25 Col. I, 41 ff., 26 Col. I, 31; Col. II, 6.

šurmaḫḫu eine Priesterklasse. Sarg. Pr. 157; vgl. Ann. 418.

šarînu eine Pflanze. 79, 7—8, 19, 6 (*šam*) *ša-ra-nu* = (*šam*) *ku* ....

širinnatu. *1 ŠU ši-ri-in-na-a-tum kaspi*, Amarna B. 26 Col. I. 45.

šarnuppu ein Beamter. *ana parâsu ša* (*am.*) *ša-ar-nu-up-pu inamdinu*, IV R. 45, 45, 48, 51b.

שרף II, 1. *u-šar-ri-pu*, II R. 60, 62a.

šuruptu. *šu-ru-up-tu šarpat*, K. 168, 16 (Winckler Keilschr. 2, 28). Sp. III, 6, 9 (PSBA 1894 Dec.) *GI-BIL* = *ḳa-nu-u šu-ru-up-tu*, *GI-BIL-LAL* = *ditto ditto*.

našraptu eine Waffe. *URUDU-ŠUN-ŠIK* = *na-aš-rap-tu*, K. 8670, Col. III, 28. Vgl. K. 4362 Vs. 3a (ZA 4, 161).

שרק *šarraḳu* Dieb. *šar-ra-ḳiš ulammanu dunnamâ amêlu* wie ein Dieb behandeln sie schlecht den schwachen Menschen, ZA 10, 13, 261. Vgl. ZA 4, 11, 31 und Rm. 3, 105 Col. II, 1 (JRAS 1892, 350 ff.) *kîma šar-ra-ki-iš*.

šarḳatu ein Körperteil. *UZU-KUN-A-ŠÀ-GA* = *šar-ḳa-tum*. II R. 40, 5ef.

שרר *šarâru* Koenig werden. *ša-ar-ra aḫušu ana arkišu* sein Bruder ist nach ihm Koenig geworden, Am. L. 30, 53.

שרר *šarâru* Prt. *išrur*. *iš-ru-ru-ma niš ḳâti iršû*, Šurp. 2, 79. *še i-ša-ru-ur* das Getreide wird abnehmen,

V R. 48 Col. IV, 36. *u ṣa-ar-ru-um* und wenn alle wird (das Gold), Amarna B. 24, 49; vgl. L. 18, 27.

II, 1. *mu-šar-ri-ir ummâni nakri*, V R. 63, 32b.

IV, 2. *arkânu it-taš-ra-ar*, II R. 9, 10b.

šarru böse. *šar-ra-a-tam u lâ kînâtu išrukušu santakku* böses, nicht rechtes schenkten sie ihm fortwährend, ZA 10, 12, 257.

šerru 1) jung, klein. *talimšu še-ir-ra-am* seinen jüngsten Bruder, Nbpl. Phil. Col. III, 18. 2) Kind *niši šir-ri-ši-na ana kaspi PAL-MEŠ* die Leute werden ihre Kinder für Geld verkaufen, III R. 61, 18a. *ina šumêliša še-ir-ra našatmu tulaša ikkol* auf dem linken Arm trägt sie ein Kind, das ihre Milch trinkt, K. 2148 Col. II, 6 (ZA 9, 121). Vgl. BA 2, 428, 11.

שרש *šuršu* Wurzel, der Grundstock einer Sache. *nisiḫ šur-uš (mât) Amatti*, Sarg Cyl. 25. Danach wird auch Sarg. Ann. 40 zu lesen sein *amêl (al) Sukkai... milik limutti ša nasaḫ šur-še ma-ti(!) imtalliku* die Sukkäer ersonnen einen bösen Plan, die Wurzel des Landes auszureissen. Ebenso Berl. Asarh. Rs. 46.

šaššugu ein Baum. (*iṣ*) *ša-aš-šu-gu* auch in den Baumverzeichnis K. 165 Vs. 14. Vgl. auch Sm. 68, 5 *ša-aš-šu-[gu]* und ZA 10, 211, 4 *ša-ši-gu*.

šašal(l)u Rücken. Amarna L. 60, 5; B. 140, 5. *šârtu kakkadiša ana ša-šal-li-ša nadat* das Haar ihres Hauptes fällt bis auf den Rücken, K. 8337, 15 (ZA 9, 125); vgl. K. 2148 Col. III, 11, 22 (ib. 122).

šuššama. *I-GI-IN-ZU* = *šu-uš-ša-ma*, ZA, 9, 108.

šišnu eine Pflanze. Bu. 89, 4—26, 112, 3 (*šam*) *ši-iš-nu*.

šušannûtu. *pût sihi pakirânu (am.) arad-šarrûtu (am.) mir-banûtu u (am.) šu-ša-an-nu-tu ša ina muḫḫi (il) Nabû-silim illa'*, Dar. 212, 9.

šušrû eine Weinart. *GIŠ-GEŠTIN-ŠU-UŠ-RU* = *ŠU-u*, II R. 45, 62ef. Möglich ist auch die Lesung *šuššubu*.

šaššaru. .... *GAM-MA* = *ša-aš-ša-ru*, K. 8676 Col. IV, 11. Auch Nbk. 457, 9.

šutukku eine Rohrart. K. 4174 + 4583 Col. III, 29 f. (ergänzt durch Rm. 340) bietet folgende Gleichungen:

šu-tuk | [*GI-SUK*] | *gi-šuk-ku-u* | *šu-t[u-ku]*

šu-tuk *GI-U[H-ME]* | *gi-uh-me-mu-u* | *ditto*.

Danach ist auch wohl II R. 22, 71. *kan (am.) UH-ME* (d. i. *pušlu* zu ergänzen. V R. 51, 69b *ina šu-tuk* (*GI-SUK-LAH*) *lat r[imki]*.

šatammûtu ein priesterliches Amt. *ki ša ina panîti (am.) saklu ana (am.) ša-tam-u-ti ip-pakidu* wie man früher einen Dummkopf zum Tempelrichter bestellt hatte, K. 168 Rs. 15 (Winckler Keilschr. 2, 29). *adû (am.) ša-tam-mu-u-ti am-muḫ-ḫar*, K. 4682, 19 (ib. 40).

šutummu Vorratshaus. Auch Šurp. 2, 146 und 81, 8—30, 9 Col. II, 9 (KB, 3, 1, 120).

šitnu (?). 80, 11—12, 9, 6 (JRAS 1894, 830) *PU* mit der Aussprache *tu-ul* *šit-num*. 81, 11—13, 465 Vs. 5 *KUD* mit der Aussprache *ku-ud* = *ḫi-si-rum ša šit-nu*. Oder ist vielleicht *pisan-nu* zu lesen?

šitînu in Briefen in noch unklarer Bedeutung. *šumma issakan šumma lâ iškun mînu ša ši-ti-i-ni ana šarri bêli'a ašapara*, Bezold Cat. 1550. *mîni ši-ti-ni*, K. 650 Rs. 9, 12 (Harper Lett. n°. 128). *mînu ša ši-ti-ni ša libbi egirte annîte ina êkalli lašpur*, K. 910 Rs. 4 (ib. n°. 145). S. auch BA 2, 62. Gehört hierher vielleicht auch *ši-i-te* K. 525, 35 (S. A. Smith Asurb. 3, 30).

šatap(b)u. Sm. 896, 6 ff. führt *ša-ta-pu*, *ši-ti-ip-ti* und *la-ka-tum* in einem Paragraphen auf.

šitiptu s. o.

שתק *šatâḳu*. 83, 11—18, 1332 Col. IV, 7 [*DIR*] = *ša-ta-ḳu*.

šaturu ein Kleid. V R. 28, 6ab *ša-tu-ru* = *lam-ḫuš-šu-u*.

šitirtu. *še-tir-ti imâḫaṣu*, Dar. 273, 16.

šittu Sünde. (*itti*) *šit-tu ḳillatu ḫiṭitu lipšuru* von Verbrechen, Frevel und Sünde mögen sie lösen, King Mag. n°. 12, 78. *ši-it-tim u ḫiṭitim lâ šuluš* dass Sünde und Vergehen nicht passiere, Nrgl. Ripl. Col. II, 20. Vgl. IV R. 29*, 18b; K. 583 Rs. 3 (Harper Lett. n°. 5).

šittûtu dass. *anâku šit-tu-tu lâ epuš* ich habe Sünde begangen, King Mag. n°. 11, 16.

ת

tûzu. K. 7331 Col. II, 1 *KU . . . MAḪ* = *tu-u-zu.*

tê'u. *šadû li-te-'-ku-nu-ši*, Maql. 5, 160.

tiailu ein Baum. V R 26, 57gh ff.

תאם *tu'âmtu* Zwillingsschwester. *tu-am-ti* (*il*) *Šamaš* die Zwillingsschwester des Sonnengottes, Bezold Cat. 1335.

(*iṣ*) *dalâti ta-'-u-ma-a-te* Doppelthüren, Bezold Cat. 210.

tênu (?). *ša ana te-ni-šu iškunu*, Craig Rel. T. 11, 24.

תאר I, 2 sich verwandeln. *it-tur mâtu ana musarê* das Land hat sich in ein Gartenbeet verwandelt, BA 2, 397, 22.

taiaru. 1) *ta-ai-ar-šu amra* seht auf sein t., K. 1396, 12 (Harper Lett. n°. 185). 2) *taiaru* Fem. pl. *taiarâti* Erbarmen. *ṣulûlki rapšu ta-ai-ra-tu-ki kab*[*ta*] dein Schatten ist weit, dein Erbarmen [gross], King Mag. n°. 6, 92; vgl. 46, 6.

tîru. *ti-i-ru u n*(*m*)*anzazu liḳbû damiḳtim*, King Magic n°. 9, 15; 22, 16. *ṣabtakuma kî ti-i-ri*, ib. n°. 18, 9. K. 13583, 4 ff. wird *ti-i-ru*, *ditto ša tuk-k*[*i*], 2 Mal *ditto ša* (*il*) *KA-DI* und *ti-ir bi-ti* erwähnt. Von den Ideogrammen fast nichts erhalten. — Ein anderes *t.* s. II R. 47, 47cd.

tîrânu Erbarmen. *riši ti-ra-a-ni* fasse Erbarmen, ZA 4, 236, 30; 241, 30. Vgl. K. 13583, 10 ff. *ti-ra-nu ša LU*, *ditto ša DUBBIN-GIG*, [*di*]*tto ša NIM-BIL;* Ideogramme weggebrochen. Vgl. *šumma ti-ra-nu ina ḳaḳḳad amêli*, Bezold Cat. 566; 1246.

mutîru (*am.*) *mutir-ru pu-tu ša un-ḳu*, Bezold Cat. 1760. — *mutîrêti* Doppelthür. S. Meissner-Rost Bit-ḫill. 6 Anm.

תבא *timbûtu.* S. 578, 4 bietet *ditto* d. i. *ragamu tim-bu-ut-ti.* *ditto tim-bu-ut-ti* auch K. 12848, 3. Šurp. 3, 37, 86. In den Amarnainschriften häufig = Siegelring.

tab(*p*)*atu* Salbenbüchschen. Amarna L. 9, 44: *1* (*aban*) *tu-ba-tum ša šamni ṭâbi malû;* vgl. L. 11, 65. S. auch ib. B. n°. 25 Col. IV, 52 ff.; 26 Col. III, 29.

tubbatu. *ina tu-ub-ba-a-ti ali*, Bezold Cat. 824.

תבך IV, 2. *it-ta-at-ba-ku-ni* es hängen herab, K. 6082 Col. III, 9 (Winckler Keilschr. 2, 67).

tibku das Ausschütten. *ti-bi-ik seraš* das Ausschütten von Most, Nbk. Grot. Col. III, 15.

tabakbakku. *ṣabê ša itti alpê ana ta-bak-ba-ak-ka illiku*, Cyr. 131, 4.

tabal in den Amarnabriefen, nach Winckler «Paar» bedeutend. S. KB 5 Wörterverz. Ein anderes *tabalu* s. Amarna L. 3, 30.

tublu. *tu-ub-lu-šu* (*BIT-E-ŠID-LAL-BI*) *itta'batum*, Reisner Hymen 92b, 25.

tubalu (?). *u mišil agurru tu-ba-lu*, V R. 34 Col. III, 26, 34. Unsicher.

tubullû. K. 4174 + 4583 Col. IV, 35 . . . *lum-mar* | *KI-SAG . . . .* | . . . . . . *bu* | *tu-bu-ul-lu-u.*

tubuḳḳu. *SU-ŠU-DUR* = *tu-bu-uḳ-ḳu*, II R. 44, 73ab.

tabarru eine Art Purpur. K. 10050, 4 wird *ta-bar-*[*ru*] neben *argamânu* etc. erwähnt.

tigû. *kalû abrûtu ina ti-gi-i* (*LUB-DUB*) *izzazûni*, Reisner 109, 80. Gehört hierher auch VATh. 244 Col. II, 9 *A-MA-RU-KAM* = *la te-ig-gu-um*?

tagarinnu (?). *NIGIN* mit hineingesetztem *AZAG* mit der Aussprache *da-ag-rin* = *ta-*[*ga-rin-nu*?], 80, 11—12, 9 (JRAS 1894, 831).

tudukû Beschwörung. Šurp. 6, 51; IV R. 15*, 42b Var. S. Zimmern S. 58.

taḫû Kind. *šumma eribê ina bît amêli ta-ḫi-e innamru*, Boissier Doc. 2, 11.

teḫûtu. 83, 1—18, 1335 Col. I, 16 *DUB* mit der Aussprache *di-iḫ* = *te-ḫu-tum.*

taḫḫu (?). 83, 1—18, 1330 Col. III, 18 *DAḪ* mit der Aussprache *du-ud-da* = *taḫ-ḫu ša nûni.*

תחם *taḫûmu* Grenze. *ina elî taḫu-me ša* (*mât*) *Manai italku* sie gingen an die Grenzen von Man, Bezold Cat. 1756. (*al. birite ša ina eli ta-ḫu-u-me* die Grenzfestungen, K. 181 Rs. 8 (Harper Lett. n⁰. 197). Vgl. auch Knudtzon Geb. 19, 2 Rs. 8; 35, 8; 72, 2, Rs. 2; IV R. 47, 37b; K. 359, 14, 20 (S. A. Smith Asurb. 2, 51); K. 525, 8 (ib. 3, 30; vgl. BA 2, 60).

taḫpatu ein Kleid. *10 ŠU* (*ṣub.*) *ta-aḫ-pa-tum*, Amarna B. 26 Col. III, 26.

takkabu. II R. 33, 6a *NIGIN* mit hereingesetztem *A-LAL* = *tak-ka-bu. šumma ina tak-kab abul ali*, Bezold Cat. 1091. Vgl. auch Rm. 343, 5 (S. A. Smith Misc. T. 16.).

takburu(?). *6 mana kaspi tak-bu-[ru]*, Dar. 379, 13, 35.

tikku. Amarna B. 24, 40; 28 Col. II, 2.

תכל *taklitu. tak-li-ta-šu-nu kal ipšat*, K. 168 Vs. 14 (Winckler Keilschr. 2, 28 — Lehmann Sams XLV).

tikiltu Vertrauen. *ina šêri ti-kil-ti* unter einem günstigen Vorzeichen, BA 3, 236, 25.

nutkiltu. 2 na-at-ki-lu-a-tum ša maški, Amarna B. 26 Col. I, 21.

tukummu. tu-ku-um-ma (*AL-DI*) *allak*, IV R. 30, 12a.

tikpu. ti-ik-pi ša (*aban*) *pûli*, K. 1247, 13 (Winckler Keilschr. 2, 36). Vgl. II R. 49, 13d *ti-ik-pi*.

tuktû Rache od. ähnl. *tuk-tu-u uttâru* sie werden Rache nehmen, III R. 61, 22b. Vgl. IV R. 47, 20a; Nbd. Const. Col. II, 13 und Messerschmidt Mit. d. vorderas. Ges. 1896, 1, 43; 63, 17.

telânu. 1 ŠU te-lu-a-an-nu, Amarna B. 26 Col. IV, 7.

tallu 1) ein hölzerner Gegenstand. *anniu ša ina eli* (*iṣ*) *tal-li ša* (*il*) *Ningal*, Bezold Cat. 1930 = Craig Rel. T. 2, 2, 22; vgl. 1, 19. S. a. V R. 65 Col. II, 4, 25. 2) ein Gefäss. *liš̌âni tal-li-[ši]-na* (*aban*) *ḫulâlu karpâtišina* (*aban*) *uknu ebbu*, IV R. 29ᵃ, 1b. II R. 22, 13def. *DUB-TAL* = *tal-lu* = *na-man*...

talgiddû ein Gegenstand aus Holz. *aḫa* (*iṣ*) *tal-gid-di-e-šu* (*GIŠ-TAL-GID-DA-BI*) *ittepḫi*, Reisner Hymnen 114, 18.

talmaḫḫu ein grosses Gefäss. *DUG-TAL-MAḪ* = *ŠU-ḫu* = *kal*...., II R. 22, 15def.

tillu. ti-il-li-šu-nu ša kaspi, K. 514, 14 (S. A. Smith Asurb. 3, 59).

tulimu. ḪAR = *tu-li-mu*, II R. 25 n⁰. 4 add. (Strassm. AV 5544).

tulta Wurm. 80, 11 - 12, 9, 5 (JRAS 1894, 831 *PI* mit der Aussprache *tu-ul* = *tu-ul-tum*. V R 25 n⁰. 4 add. ....*ḪAR* = *tu-ul-tum* (Strassm. AV 5544). [*mik*]-*ka-nu tul-tum* ; *a-kir-*[*tum*], ZA 10, 202, 2. Vgl. auch *u u tu-la-a-tum*, II R 49, 5e.

taltallû ein Teil der Dattelpalme, jedenfalls der Blütenstaub. *ammeni ikkalkie epru ša nâri tal-tal-lu-u ša gišimmari* warum verzehrt euch (die Augen) der Staub des Flusses, der Blütenstaub der Palme? IV R. 29ᵃ 11b. Eventuell ist *daltallu* (= ganz klein) zu lesen.

tumagu S. S. 69 unter *nikku*.

תמה *tumamitu* Beschwörung. Šurp. 4, 59.

תמך *tamiku. a-ta-am-ma-ak-šu-nu-ti*, Maql. 4, 72.

timmu Strick. Vgl. Rm. 353, 3 ff. und auch ZA 10, 207, 2 ff.

תמר *tumurtu. šumma eribê ina bit ameli tu-mu-ur-ta-šu-nu ušêṣuni*, Boissier Doc. 1, 6.

tapalu. K. 4138 Vs. 11 *ta-pa-lu*; vom Ideogramm nur....*PA-NA* erhalten. Vgl. Šurp. 3, 37, 55.

tappaltu. ištênit tap-pal-tum, Nrgl. 25, 7.

tappissu ein Gefäss. V R. 42, 21gh.

tiṣṣulu. Rm. 345 Rs. 9 *ti-iṣ-ṣu-lu*; vom Ideogramm nur noch ...*SAR-SAR* erhalten.

tiḳû 1, 2. *ṭâbtû ša* (*am.*) *aba êkalli ina muḫ-ḫi-a te-te-ki*, K. 662, 10 (Harper Lett. n⁰. 211). Unsicher.

tiḳu. kima ti-iḳ šamê lâ manûtim, Nabpl. Phil. Col. II, 5.

תרב *tarâbu.* S. V R. 23, 18a, wo Strassmaier AV 8784 *ta-ra-[bu]* ergänzt.

turubu Staub(?). *baṣṣa u tu-ru-ba elišu išškapku-ma*, Nbd. Bez. Col. I, 36.

tarbiânu ein Beamter. (*am.*) *tar-bi-a-ni isi'a ittalkûni*, K. 616 Rs. 4 (Harper Lett. n⁰. 127).

תרה *matrû.* Amarna B. 26 Col. II, 18.

tirḫu. mârê tir-ḫi ša eniti, Maql. 6, 37. Stamm eventuell תרח.

taraḫḫu Einfassung (?), Boden (?). *ta-ra-aḫ-šu ša ḫurâṣi*, Amarna B. 26 Col. I, 29.

tarruku ein Parfüm. Rm. 367 + 83, 1—18, 461a Col. III, 7 *GIŠ-ŠIM-TAR-RU-UK* = *tar-ru-ku* (? das letzte Zeichen ist radiert und sieht jetzt mehr nach *ud* aus).

tirîmu. ṣirruššu .... ša ti-ri-i-mu kaspi, Nrgl. Col. I, 22.

tarimtu. ta-ri-im-te kaspi rabîti, V R. 33 Col. VI, 7. Stamm unsicher.

tarmazilu ein Vogel. Auch Bezold Cat. 577: *3 tar-ma-zi-li (iṣṣur)*.

tirinnatu ein Teil der Ohrringe. *2 ŠU inṣabâtu ḫurâṣi ti-ri-in-na-ti-šu-nu (aban) III-LI-PA*, Amarna B. 25 Col. III, 55, 59, 66.

תרין II, 1. *mâr šipri ša ana panišu ašpuru ul u-tar-ri-iṣ-ma ittišu ul idbub* der Bote, den ich an ihn sandte, ging nicht zu ihm und redede nicht mit ihm, K. 1107, 7 (Winckler Keilschr. 2, 18).
tirṣitu. Amarna L. 4, 15.

turâru. II R. 32, 9cd *tu-ra-a-rum* = *dar-[ru?]*.

turtu Krankheit, Pein. S. Zimmern Šurp. 58.

tartaraḫu. Amarna B. 26 Col. I, 28; Col. II, 23.

תשא *tilti* 9. S. Hilprecht Assyriaca S. 67 ff. Wohin gehört Maql. 5, 83 *ti-il-ti ûme*?

tašlu. ta-a-aš-li ḫurâṣu, Amarna B. 26 Col. I, 25.

tišaru. ša ...emû ti-ša-ri-iš Ebabbara, welches einem t. glich, Nbk. O'Connor Col. II, 1. Stamm unsicher.

tatuiâte III R. 66, 45. *(il) Ta-tu-ia-a-te*.

tetlu. S. BA 3, 280.

tatturrû. Rm. 353 Vs. 4 *ditto* (d. i. *sikkat*) *ta-at-tur-ri-e*. Auch in dem *URUDU*-Verzeichnis K. 8675 Col. IV, 14 *ta-at-tur-ru-u*. Vgl. ZA 4, 13, 12 *iššikki ta-tur-ri*.

tittu ein Baum, wohl Feige. *(iṣ) ti-it-tum*, Camb. 189, 15. *ša ti-it-tu nikkaša*, IV R. 29*, 12b. Vgl. auch Sm. 896, 16 *kannu ša ti-it-ti*.

NACHTRÄGE.

Zu S. 1a. *aialûtu* Mannheit (?). *ai-lu-ut-ki maḫrat*, ZA 10, 293, 42.

Zu S. 2a. Der Stamm אבה liegt auch vor K. 6082 Col. III, 11 (Winckler Keilschriftt. 2, 67) *ebarû ina libbi e-bi-iḫ*.

Zu S. 2b. Zu dem geographischen Begriff *ebir nâri* vgl. jetzt Glaser Mitt. d. vorderas. Ges. 1897. 3, 3.

Zu S. 3a. *ubartu*. *ina u-bar-tim* (*TE-UNU*), Reisner Hymnen 118, 54.

Zu S. 4a. אדא. In einzelnen Fällen wird in der Vulgärsprache der anlautende Halbvokal zum Ausdruck gebracht. *šarru bêli'a lû mi-di* es wisse mein Herr Koenig, K. 2889, 4 (Winckler Keilschr. 2, 14). Amarna L. 1, 17 *u-ma-an-di-ši* und *tu-man-da*, K. 17 Rs. 12 (Winckler Keilschr. 2, 27).

Zu S. 4a. *iddatu*. *id-da-at egirte ša tašpuran*[ni] . . . *naṣṣûni*, K. 176 Rs. 13 (Winckler Keilschr. 2, 12).

Zu S. 4a. *uddatu*. Wenn das und das der Fall ist, *ud-da-a-tum bîti šuati innakar*, Boissier 4, 4, 11.

Zu S. 4a. Die Bedeutung von *adunnu* als Nachmittag ist doch unsicher, weil *šimîtan* sicher Abend, nicht Mittag bedeutet.

Zu S. 5a. *aḫaršânu* ein Vogel (= *aḫarsânu*). S. 8. 41 unter *ḫarbaḳânu*.

Zu S. 6a. אכה *akûtu* Schwäche. *šumma ina murṣišu lû ḳâtsu lû šêpušu a-ku-ta illak* wenn in seiner Krankheit entweder seine Hand, oder sein Fuss schwach wird, Boissier Doc. 22, 3.

Zu S. 6a. *ikkû*. *ik-ku-u immate ibašši têpuš*, K. 939a Rs. 16 (Harper Lett. n°. 46).

Zu S. 6b. אבש *mušêkiš* ein Beamter. II R. 31, 62b

Zu S. 8a. *ellammû* auch als Epitheton Sins Bezold Cat. 206 *ana Sin el-lam-me-e ana elur*.

Zu S. 8b. *altaru*. 83, 1—18, 1335 Col. III, 462 (ergänzt durch 81, 11—13, 465) erklärt *AL-TAR* durch *al-ta-ru*, *pu-us-su-u*, *na-mu-ti*, *ra-ka-nu*.

Zu S. 10a. אמר *amâru*. [*ma*]*'dûtum ul am-ru ina libbi lâ ruddû* viel ist nicht weggenommen (?) oder hinzugesetzt, IVR. 53, 31c.

Zu S. 10b. *inguriuu*. III R. 66, 14b (*il*) *In-gu-ri-ni* !).

Zu S. 11b. *annaku* wohl eine Partikel. *annaku an-na-ka* . . . . *araṣipi*, K. 609. 10 (Harper Lett. n°. 126); vgl. K. 125, 16 (ib. n°. 196).

Zu S. 12b. *antašubbu* auch Bezold Cat. 893 *an-ta-šub-ba niṣirti* (*am.*) *AN-SIŠ-KI*.

Zu S. 13a. *uskaru* auch Nbd. 190, 5; 195, 3; Nbk. 280, 1.

Zu S. 13a. אסם *asâmu* richtig, schmuck sein. *ina pîka lû a-si-im dabâbu* in deinem Munde sei die Rede richtig, Bezold Cat. 429.

asumu. *a-su-mu ana* (*am.*) *bêl piḫâti* [illegible] *Arrapḫa a-su-mu* . . . . . K. 652, 10 (Harper Lett. n°. 151).

Zu S. 13a. *asmaru* scheint Bezold Cat. 448 auch einen Teil des Wagens zu bedeuten.

Zu S. 14b. אפש *nipišu* Machenschaft, Zauberei. *ni-pi-e-še sa âšipûtu*, K. 168, 18 Winckler Keilschr. 2, 28). *ina eli ni-pi-še*, K. 626, 7 Harper Lett. n°. 24); K. 1026, 6 (ib. n°. 118). *ni-pi-šu il*) *Sin*, Craig Rel. T. 65, 3.

Zu S. 15a. Ein anderes *eru* s. Maql. 1, 46 *anâku e-ra ḫaṣba* (*šam*) *maštakal našâku*.

Zu S. 15b. *arabû* ein Vogel auch 82, 9—18, 4159 Col. IV, 6 *UD-DU-BU-HU* = *a-ra-bu-u* (*iṣṣur*).

Zu S. 16a. ארה I, 1. *erû*. 83, 1—18, 1335 Col. II, 33 *TAR* mit der Aussprache *ku-rum* = *e-ru-u ša iṣê*, *ditto ša šammi*.

II, 1. *šuršûa nussuḫu kišatûa ur-ra-a* (*SUD-A-GA*) meine Wurzeln sind ausgerissen, meine Wälder gefällt(?), Reisner Hymnen 9, 105, 109; vgl. Delitzsch HW. 130b.

Zu S. 17a. *urulu*. ZA 10, 207, 5.

Zu S. 17b. *urṣu*. *ur-ṣu rapiš* vergrössere das u., IIIR. 66 Rs. 20e. *ur-ṣu ûmu*, IV R. 53, 35c.

Zu S. 17b. ארק, I, 3 gelb werden. *zir Pl. u šir Pl.-šu i-ta-nar-ri-ḳu* werden sein Same und seine Frucht gelb werden, Boissier Doc. 20, 18.

Zu S. 18a. אשׁ, *išâtu* vielleicht auch wie syr. ܐܫܬܐ Fieber. *Hummaḫaldašu šar Elamti ina išâti maḫiṣ* Ummanaldas, Koenig von Elam, verfiel in Fieber, Bab. Chron Col. III, 30.

Zu S. 18b. אשׁב, *ninšubu*. *LAM-LAM* = *nin-šu-bu*, K. 4349, 14 (Strassm. AV 4891).

Zu S. 19b. *išinnu* Zeit der Getreideblüte(?). *ebûru ina i-šin-ni-šu* (*PA-ŠE-BI*) *uṭabbi* die Ernte hat er zur Fruchtzeit überschwemmt, Reisner Hymnen 73, 6.

išittu. *ina lipittu i-šit-ti* (*ERIM-MA*), IV R. 27, 27b. Häufig in Reisners Hymnen 11, 20; 20, 45; 73, 21; 80, 18; 113, 23. Ob mit Brünnow auch IV R. 18, 21a [*i-šit*]-*tu* zu ergänzen sei, ist ganz unsicher.

Zu S. 20a. אשׁר, *šûšuru* niederwerfend. Vgl. IV R. 34, 30a, 35a mit 4b.

Zu S. 20b. אשׁשׁ *ašâšu* auch fangen. *iṣṣurâtum ta-šu-uš* (*IN-GA-UR-UR-RI*), Reisner Hymnen 130, 23.

Zu S. 20b. *aš-tum* (*iṣ*) *aṭari*, ZA. 10, 202, 3.

Zu S. 20b. *aštartu* in derselben Bedeutung wie Dar. 80 noch Cyr. 128, 12 *aš-tar-tum ša 8 ubânu pûtsu ita sûḳišunu*.

Zu S. 21a. *itguru* auch Reisner Hymnen 20, 45 *išit-tum šamê it-gu-ru-tum* (*GI-GI*).

Zu S. 21b. *itummu* Fischnetz. *ina i-ta-an-ni-ša* (*I-NE-TE-EN*) *ṣiḫḫirûtim*, Reisner Hymnen 106, 73.

Zu S. 21b. אתק, *šûtuḳûtu*. *ša ana šu-tu-ḳu-ti ša unḳâti*, K. 1107, 20 (Winckler Keilschr. 2, 18).

Zu S. 22b. באת. Zu *bît ḳâti* vgl. aber auch Nbd. 96, 2 mit Nbd. 158, 2.

Zu S. 23a. *bi-bi-en-du* = *silaru* und *pallukku*, ZA 10, 202, 9.

Zu S. 23b. *buku*. *uddû isḳišun maḫâru bu-ki-šu-un*, ZA 10, 292, 19.

Zu S. 24a. בכר *bakkarrû*. *ṣappi imêri bak-kar-ri ṣappi šaḫî piṣî*, IV R. 55, 7a.

Zu S. 25a. *biṣillu* Name eines Gottes. III R. 66 Rs. Col. V, 34.

Zu S. 25a. *biṣru*. ZA 10, 211, 3 .... (*iṣ*) *erini* = *bi-iṣ-ru*.

Zu S. 25b. *barru*. *šumma ana ba-ar ṣêri illik* wenn er auf freies(?) Feld geht, Bezold Cat. 1393. Darf. man syr. ܒܪܐ vergleichen?

Zu S. 26a. בשׁה *bišu* Habe auch Reisner Hymnen 84, 11 *bi-ši bîti išalalûni*.

Zu S. 28b. *gulgallatu*. *ṣalmê'a ana gul-gal-la-ti tapḳida*. Maql. 4, 32.

Zu S. 28b. גלד *galâd(t)u* in I, 1 und I, 3 in unbekannter Bedeutung Bezold Cat. 32 *šumma amêlu ana sinništi itḫima ig-lud-ma šamna illa* (?) *bullul*.

I, 3. *šumma amêlu ana sinništi lâ zakûti ginâ ig-da-na-lud ina lališu imât*, ib.

Zu S. 29a. *gipâru* bedeutet jedenfalls eine Art Baum, nicht Feld (Delitzsch). *šumma ina mušpal ali GIŠ-MI-DAK* (d. i. *gipâru*) *innamir mûtu mê-ništu immar* wenn man in der Unterstadt einen giparu-Baum sieht, wird das Land Schwächung erfahren, Boissier Doc. 31, 1. Es folgen eine Menge anderer Baumarten.

Zu S. 29b. *gariṣtu* (?). *1 eršu ga-ri-ṣa-te*, Bezold Cat. 28.

Zu S. 30a. גשׁר *gašrânu* III R. 66, 4b Name eines Gottes.

Zu S. 30a. דאב II, 1. S. S. 64b s. v. *naḫnaḫûtu*.

Zu S. 30b. דאם (?) II, 1. *u-da-'-as-si-ma*, ZA 10, 292, 12, 14.

Zu S. 31b. *damû* (?) rot werden. *šumma ina murṣišu i-da-mu* (*iṣûl*), Boissier Doc. 21, 14.

Zu S. 33a. זאב *zi'bu* als Vogel auch in dem unpublicierten Vocabular 82, 5—22, 915 Vs. 3 *NU-UM-MA-HU zi-i-bi*.

Zu S. 33b. *zuku*. (*am.*) *zu-ku ša êkulli*, K. 533, 6 (S. A. Smith Asurb. 3, 47).

Zu S. 34a. זמר *zamâru* auch rufen (?). *Humbanigaš* (*am.*) *Elamu ana riṣuti iz-mur*, Sarg. Ann. 231.

Zu S. 35a. זקק. Zu *zuķiķu* vgl. auch Jeremias Izd. 11.

Zu S. 35b. זרק *ziriķu* ein hölzerner Gegenstand. ZA 10, 218, 8 f.

Zu S. 37a. *ḫibšu*. *ikallu u ḫi-ib-šu*, III R. 66, 2d; Rs. 5e.

Zu S. 37b. *ḫaḫû* speien (?). *šumma ina murṣišu 1. 2-šu ina pâni martu i-ḫa-ḫu arkânu damu i-ḫa-ḫu* wenn er in seiner Krankheit 1—2 Mal zuerst Galle, dann Blut hustet (?). Boissier Doc. 21, 21 f.

Zu S. 41b. חרם. Bezold Cat. 266 *šumma Sin ḫa-ri-im*.

Zu S. 43a. טאב *bêl ṭâbti* bedeutet K. 1249, 23 (S. A. Smith Asurb. 3, 50) Freund und steht im Gegensatz zu *bêl dabâbi*.

Zu S. 43a. כנא II, 1 auch Reisner Hymnen 73, 6 S. S. 104 s. v. *šinnu*.

Zu S. 43a. כאל II, 2 durchmessen (?), gehen (?). [5] [6] *KAS-GID âmu ittalak iḫteridi uk-ti-il*, K. 519, 12 (Harper Lett. n°. 108). *panatûia uk-ti-lu ana* (*šad*) *Labnana illiku* Asurn. III, 70. *maširašu uk-til-la*, 1 Nbk. Col. 1, 27. Delitzsch HW 329 leitet diese Formen von כלה ab.

Zu S. 44a. *kûpu*. 82, 9—18, 4159 Col. IV, 23 *UD* (?) *ku-u-pu*. Das Duplicat Rm. 341 Vs. 4 schreibt *ku-pu*.

Zu S. 47a. כלם *taklimu*. *nâdin surķini mušaḫmiṭ tak-li-me*, Craig Rel. T. 35, 6.

Zu S. 48b. *kisûtu* eine Getreideart. (*še*) *tibnu* (*še*) *ki-su-tù*, K. 515, 15 Rs. 8 (Harper Lett. n°. 89).

Zu S. 49b. כפץ *kapâṣu* auch Knudtzon Geb. 17 Rs. 12; 33 Rs. 8.

Zu S. 50b. *kirissu* auch Amarna B. 25 Col. II, 32.

Zu S. 51b. *kiškattû*. *ina kiš-kat-te-e* (*GIŠ-KIN-TI*), VATh. 251, 25 (Abel-Winckler Chrest. 60). Daher ist auch 82, 5—22, 574, 13 *MU-UŠ-KI-IN-TI GIŠ-KIN-TI* = *kiš-kat-*[*tu-u*] zu ergänzen.

Zu S. 51b. *kitkittu*. V R. 27, 2cd scheint zu ergänzen zu sein *SU-ṬU* ... [*k*]*it-kit-*[*tum*]; dann wird *k*. *ķa*[*ti*], *gall*[*abi*], *epi*[*nni*], *as*[*i*], *paṭ*[*ri*] und [*ķan duppi*] erwähnt.

Zu S. 52a. לאב *labtu* auch K. 55 Vs. 11.

Zu S. 52b. *libu* Fett. Das häufig in den Beschwörungs-texten vorkommende Ideogramm *NI-LU* (vgl. Tallqvist Maql. 119) ist nach Craig Rel. T. 2 11, 13a *li-bu-u* zu lesen.

Zu S. 57a. מחר *miḫru* ein Baum. *šumma* (*iṣ*) *mi-iḫ-ra ikdinšu šimina la ida*, Bezold Cat. 387. Vgl. *ķan miḫri*.

Zu S. 58a. *mallaḫtu* eine Pflanze auch Bu. 89, 4—26, 112, 5.

Zu S. 60a. מרר *murru* Myrrhe, ideographisch *ŠIM-ŠIŠ*) geschrieben, auch Nbd. 413, 1; 920, 8.

Zu S. 63b. *nidugallu* auch IV R. 1, 49c *niš il*) *ditto* (d. i. *NE-DU*) *ditto* (d. i. *ni-du-gal*) *iṣṣitim lu tamitu*.

Zu S. 68a. נפץ *napîṣu*. *arki inbi i-nap-pa-aṣ*, ZA 10, 202, 5.

Zu S. 70a. *sualu* eine Krankheit auch Bezold Cat. 50 *šumma amêlu su-a-lam mariṣ*.

Zu S. 70a. *sabû'*. *libbû mê i-sa-am-bu-'*, K. 118 (Pinches Texts. 19).

Zu S. 71b. *salu*. Bezold Cat. 28: 2 *sa-li* (*mit*) *Izûte* 2 *sa-li U-SE-SAR* 2 *sa-li U-SE-EL*.

Zu S. 72b. סמח II, 1. *ana libbi aḫâmeš u-sa-am-ma-ḫu*, K. 1550, 10 (Winckler Keilschr. 2, 30). Eventuell II, 2 von שמח.

Zu S. 76a. *pukku*. 83, 1—18, 1332 Col. I, 10 [*HAL*] = *pu-uk-ku*. Ob K. 4174 + 4583 Col. IV, 32 *pu-uk-*[*ku*] zu ergänzen ist, wie das Duplicat. Rm. 340 nach meiner Abschrift bietet, oder *pu-ug-*[*lu*], wie man nach dem Zeichennamen *pu-ug-lu* erwarten sollte, bleibt abzuwarten.

Zu S. 84a. *ķalûtu*. *ķa-lu-tù ina eli kanuni isinis l.-bila*, Bezold Cat. 231.

Zu S. 88a. רגן *marganu* ein Baum, der zur Parfüm-bereitung diente. (*iṣ rik*) *mar-gan-nu*, K. 165 Rs. 14. Wohl *marganu*.

Zu S. 92b. *Šulun* ist nach Bezold Cat. 182 die Aussprache des Jochsternes; vgl. S[b] 45.

VERBESSERUNGEN.

S. 6b. Z. 30 l. Als Ideogramm f. Das Ideogramm.

S. 7a. Z. 1 l. bis f. his.

S. 7a. Z. 12 füge hinzu Unpubliciert.

S. 7a. Z. 43 l. יֵלֵךְ auch יְהַלֵּךְ f. יֵלֵךְ auch יְהַלֵּךְ.

S. 7b. Z. 37 l. *ul-lu-lu* f. *ut-lu-lu*.

S. 8a. Z. 5 Die Lesung *ku-kul*(?)-*tum* ist ganz unsicher; wahrscheinlicher ist *ur*(?)-*na*(?)-*tum*.

S. 11a. Z. 20 ff. ist wohl mit Delitzsch HW 305b besser *ud-dan-ni* zu lesen.

S. 12a. Z. 4 ff. Der dritte Stamm אכן ist zu streichen. Bezold giebt Cat. IV, XI auch an, dass Cat. 905 *tu-dan-na-an* für *tu-un-na-an* zu lesen sei.

S. 14a. Z. 36 f. l. überzeugend nacbgewiesen f. überzeugend nach gewiesen.

S. 16a. Z. 32 l. Schild f. Bogen.

S. 16a. Z. 42 l. *bîti* f. *balti*.

S. 17a. Z. 41 l. Sie f. Es.

S. 18a. Z. 12 l. ZA 4, 230 f. ZA 230.

S. 18b. Z. 24 l. Vs. f. Rs.

S. 20b. Z. 10 f. Der Artikel *ašašu* ist zu streichen. Es ist natürlich überall *a-gar-gar* zu lesen.

S. 21a. Z. 19 ff. Das Imperfectum *ibâ'* ist vielleicht doch anders zu erklären.

S. 23a. Z. 1 l. bautechnischer f. bantechnischer.

S. 25a. Z. 25 l. III II, 1 f. III, 2.

S. 27a. Z. 20 l. *ga-a-ga-mu* f. *ga-a-ga-nu*.

S. 28b. Z. 9 l. aengstlich f. aegstlich.

S. 28b. Z. 24 l. Namcu f. Name.

S. 30b. Z. 20 füge hinzu Unpubliciert.

S. 30b. Z. 30 l. dir f. der.

S. 31a. Z. 6 l. I, 3 f. II, 3.

S. 31b. Z. 31 l. eine f. ein.

S. 33b. Z. 23 f. Der Stamm von *zuḫḫu* ist wirklich צאח.

S. 34a. Z. 25 ff. Delitzsch HW 571 leitet *uzammar* nicht unwahrscheinlich von צמר ab; aber geht das auch mit Stellen wie IV R. 21[*], 9a; Nbd. Const. Col. V, 11?

S. 35b. Z. 27 ff. Anstatt *zuririttu* ist *ṣuririttu* zu schreiben.

S. 40a. Z. 42 l. einer f. eines.

S. 42b. Z. 14 l. *guzullu* f. *guzallu*.

S. 44a. Z. 16 l. kostet f. kost.

S. 46a. Z. 23 f. Statt *kakkultu* ist wohl *ḳuḳḳultu* zu lesen.

S. 47a. Z. 38 l. des f. der.

S. 47b. Z. 32 l. 367 f. 317.

S. 51b. Z. 35 l. *terdinni* f. *tertinni*.

S. 57b. Z. 27 l. eine f. ein.

S. 58a. Z. 2 l. Anspruch f. Auspruch.

S. 61b. Z. 1 l. 82 f. 2.

S. 62a. Z. 18 l. Ruhelager f. Ruhrlager.

S. 63a. Z. 13 l. *ina* f. *in*.

ib. l. 602, 19 f. 602. 9.

S. 71a. Z. 43 l. Delitzsch HW 714 statt *su*(?)-*ḫu-ur a-ga-lim*: *ti-ri-ku a-ga-lim*. Was ist richtig?

S. 71b. Z. 18 l. *nap-te-e* f. *nap-pi-e*. Vgl. dazu II R. 22, 5ab ff.

S. 79a. Z. 38 l. ein f. eine.

S. 81b. Z. 22 ist wohl *rig-mu* f. *ṣu-mu* zu lesen.

S. 83b. Z. 1 l. *šusup* f. *šuzah*.

S. 83b. Z. 39 l. Rs. f. Vs.

S. 86b. Z. 23 f. ist zu streichen.

S. 88b. Z. 15 l. *ša mar-di-it ḫar-ri*. Vgl. II R. 22, 8ab.

S. 92a. Z. 10 l. ein f. eine.

S. 92a. Z. 26. Delitzsch HW. 460a beweist, dass *šegû* in III R. 61, 25a von *šegû* Busspsalm zu trennen ist.

I

AUTOGRAPHIEN.

K. 55.

Vs.

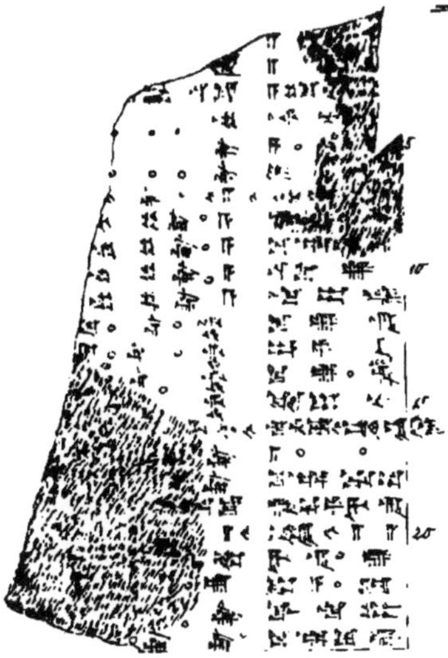

Rs.

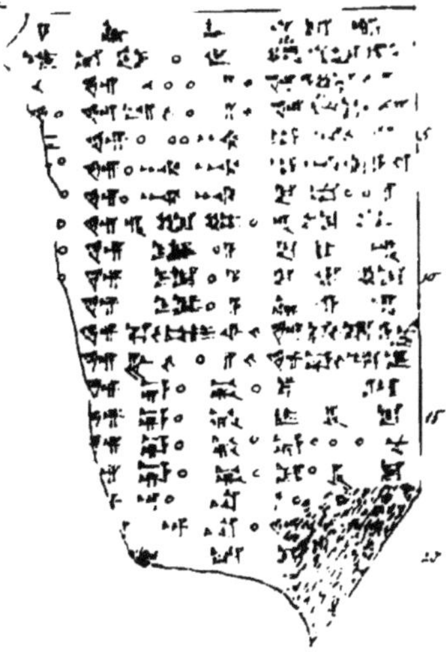

K. 165.

Vs.

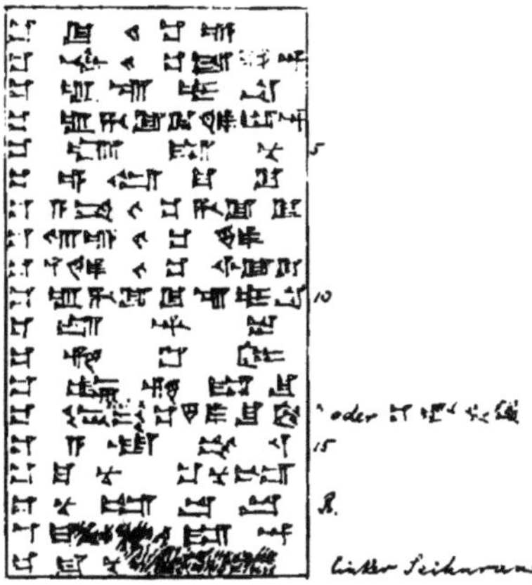

Rs.

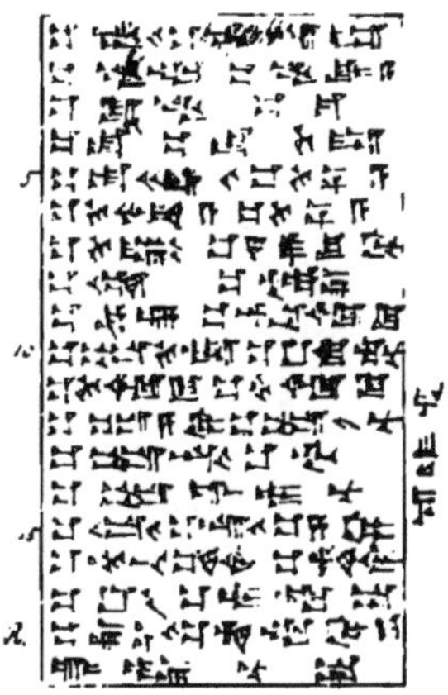

linker Seitenrand

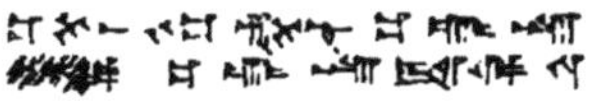

K. 2012.

Vs. vgl. ZK. 2, 360 f. Rs.

K. 2020.

Vs. Rs.

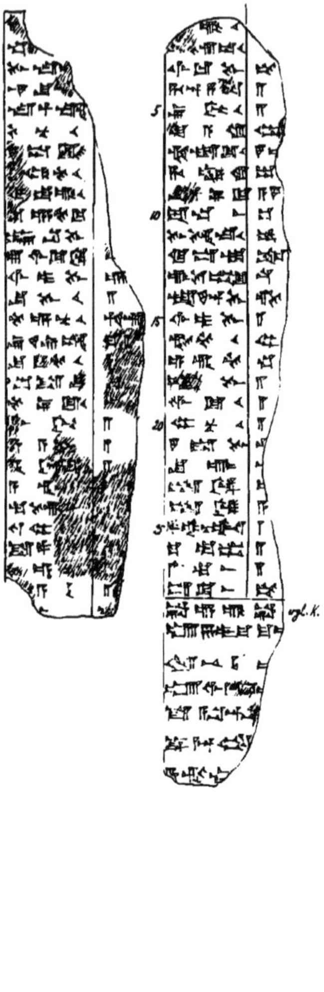

K. 2034.

Dupl. 80, 7-19, 303.

Vs.

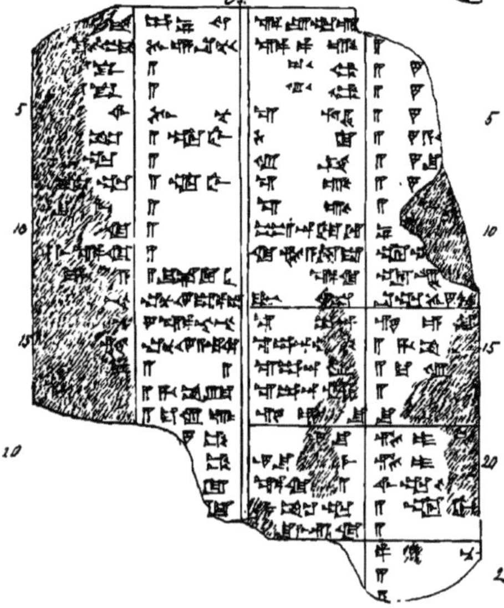

K. 2034

Rs.

Zusammengefügt mit K. 2040 (= III R. 49 no. 3).

K. 4138.

Die Rs. ist ein Duplicat zu K. 4338a Col. II.

K. 4143.

Dupl. K. 11155.

Vs.

Rs.

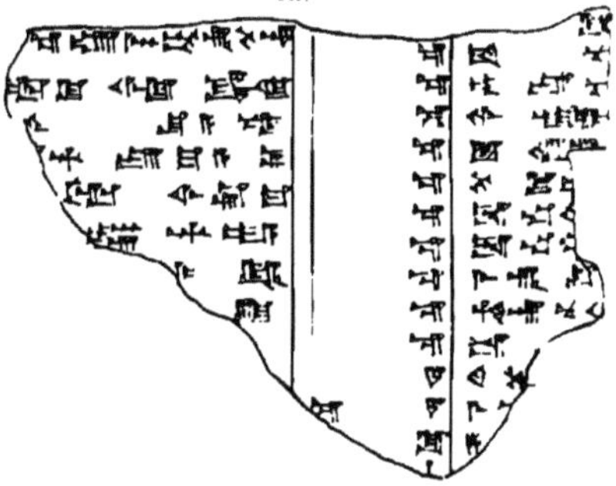

K. 4152 + 4183.

Dupl. K. 4140 b. Vgl. K. 9160; 11078; Sm. 550.

Vs.

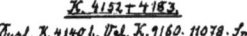

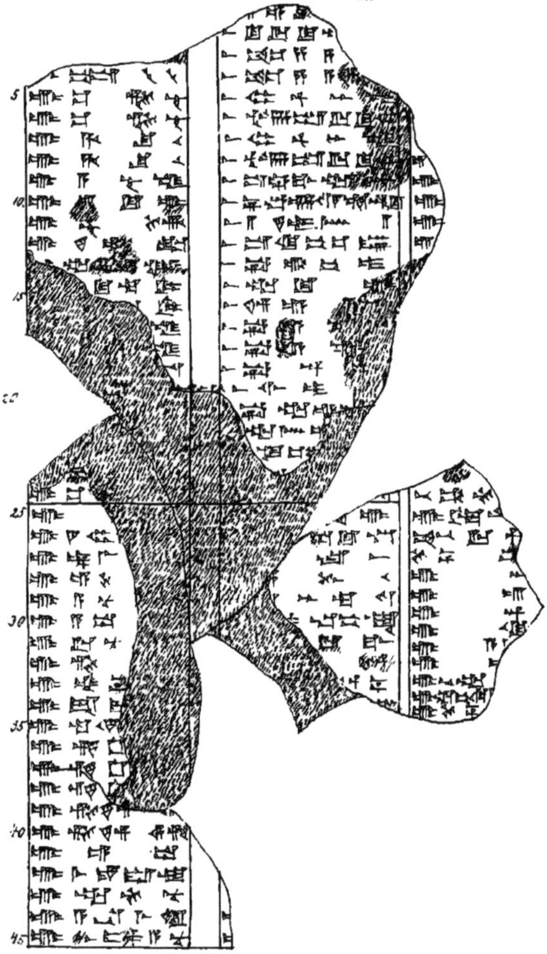

K. 4152 + 4183.

Rs.

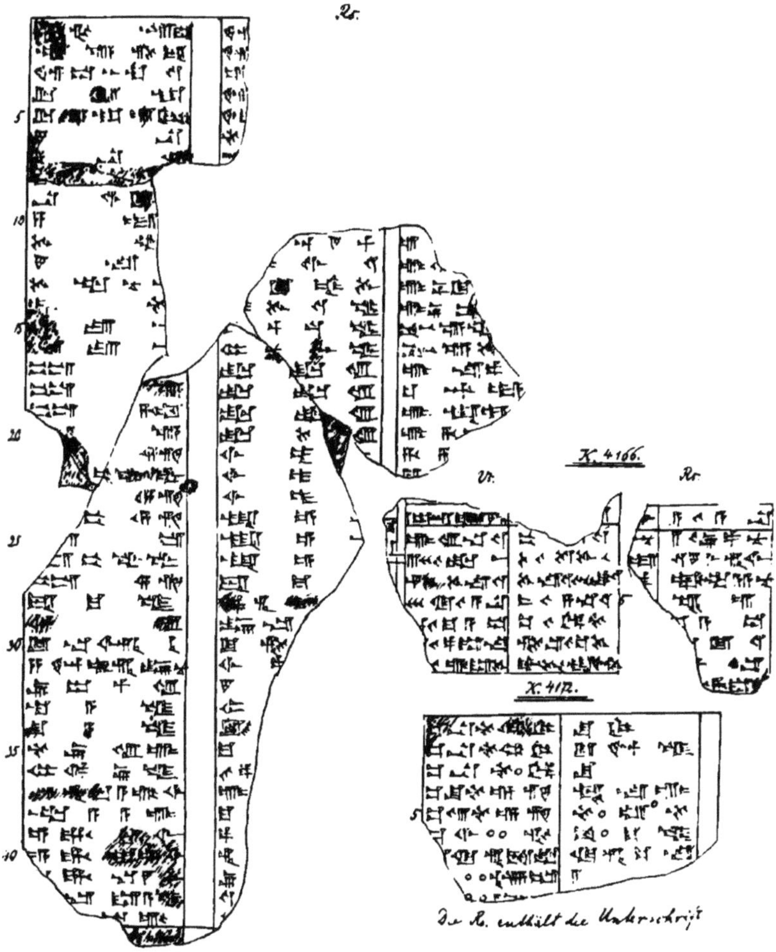

K. 4166.

Vs.

Rs.

K. 4172.

Die Rs. enthält die Unterschrift

K. 4174+4583.

Dupl. Rm. 340; 905; 82,8-16,1.

Vs.

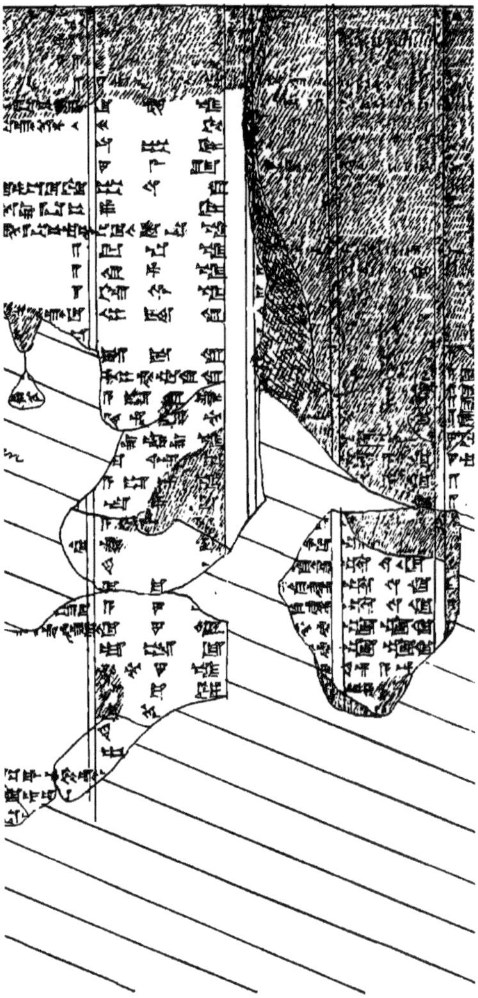

11

[illegible]

2

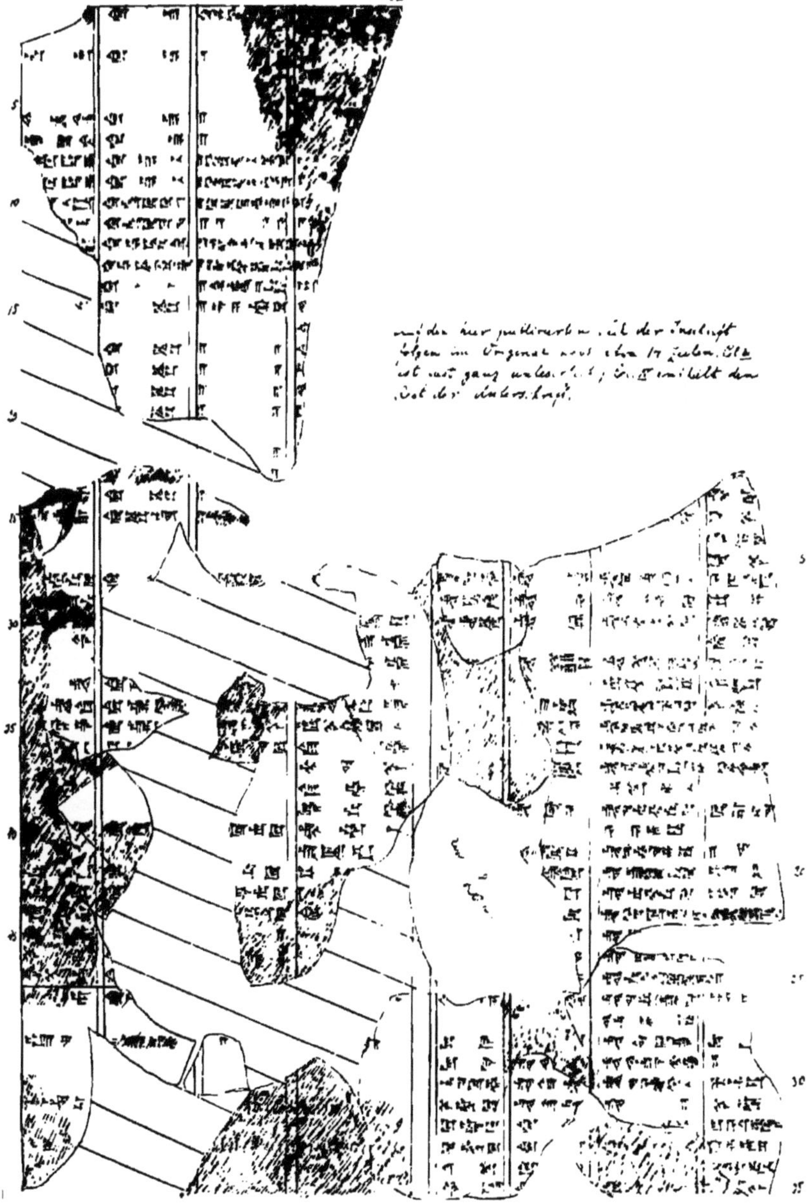

Auf den hier publizierten Teil der Inschrift folgen im Original noch etwa 14 Zeilen. Col. II ist fast ganz unleserlich; Col. III enthält den Rest der Unterschrift.

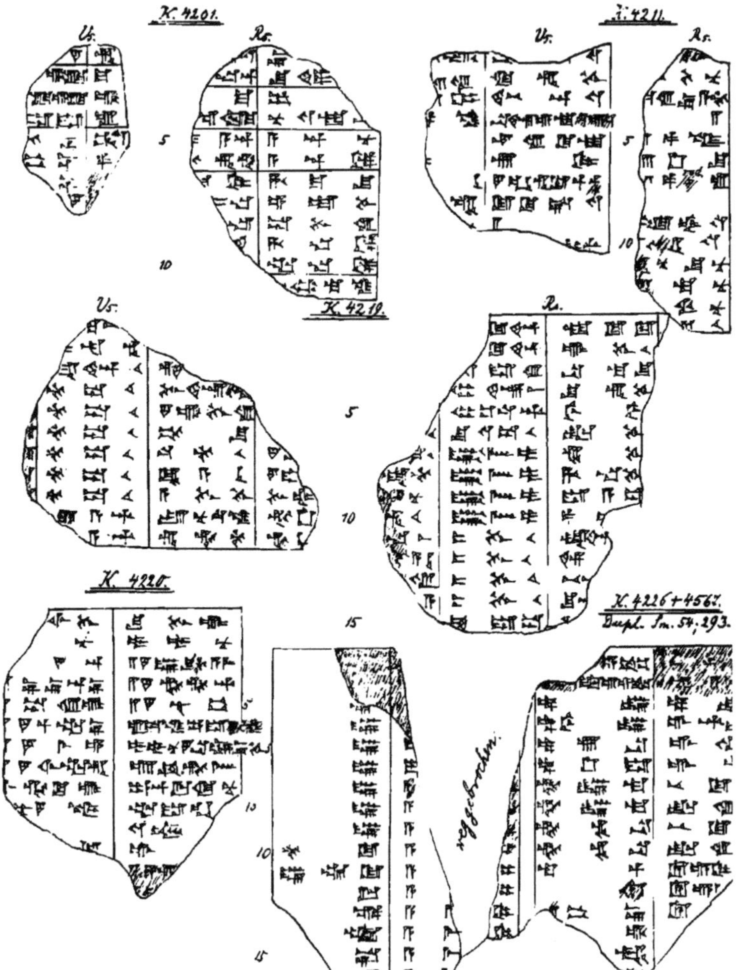
K. 4201.
Vs.
Rs.
K. 4211.
Vs.
Rs.
K. 4219.
Vs.
Rs.
K. 4220.
K. 4226+4567.
Dupl. Sm. 54; 293.
weggebrochen.

K. 4241 + 4556.

vgl. II R 22 no 1.

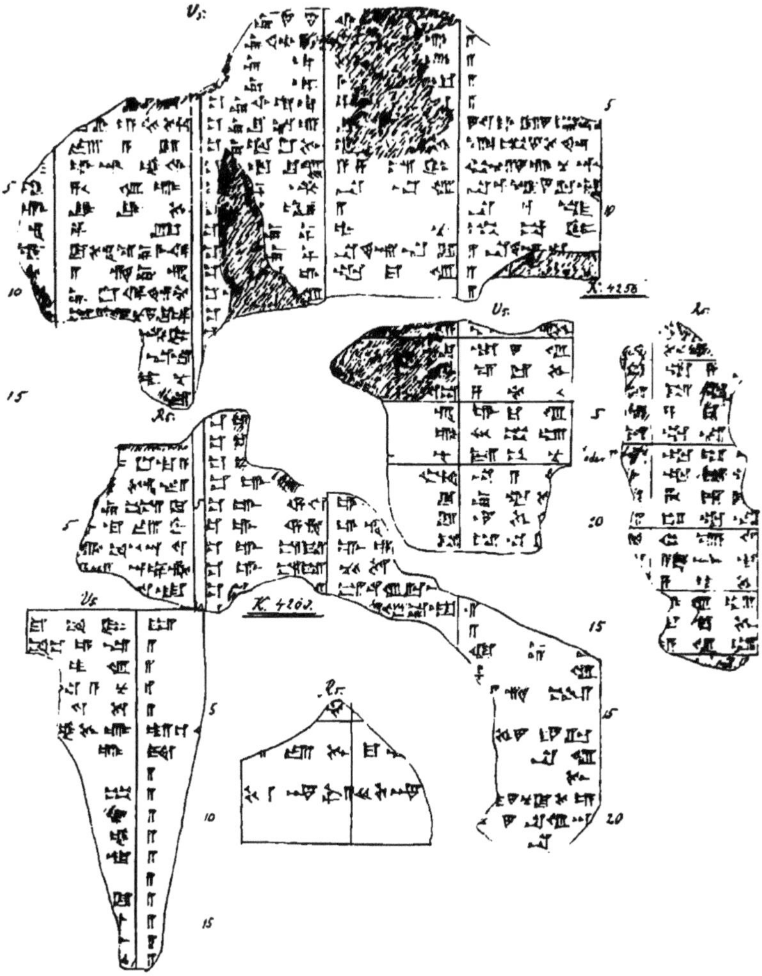

K. 4373.

Dupl. K. 10028.

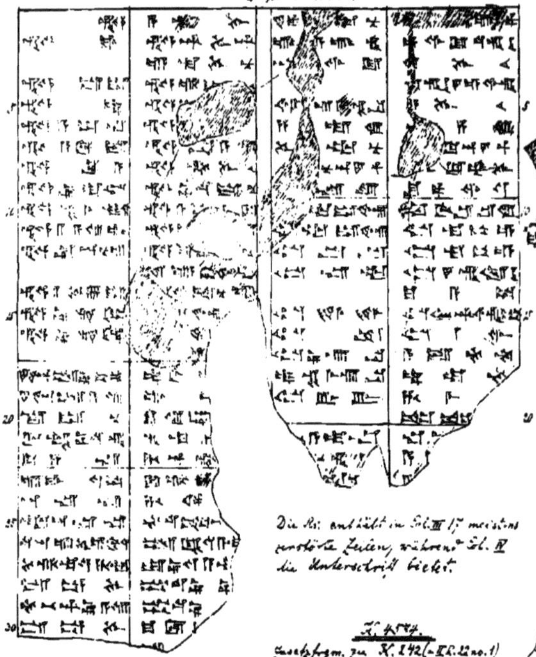

K. 4560.

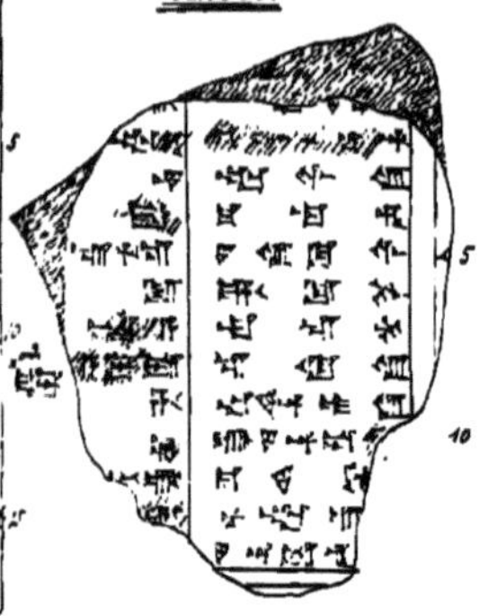

Die Rs. enthält in Col. III 17 meistens zerstörte Zeilen, während Col. IV die Unterschrift bietet.

K. 4574.

Zusatzfragm. zu K. 242 (= II R. 22 no. 1)

Vs.

Rs.

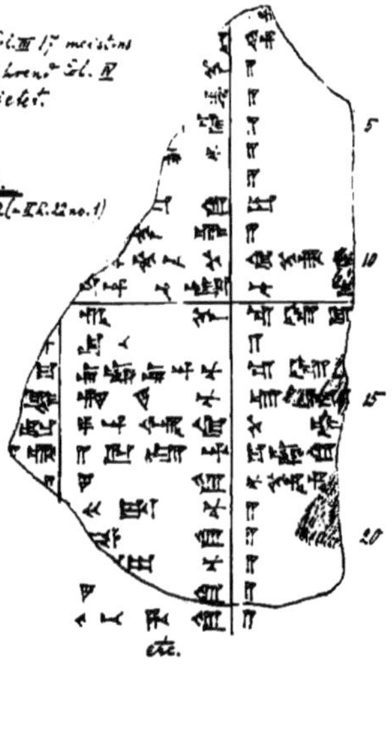

K. 4587.

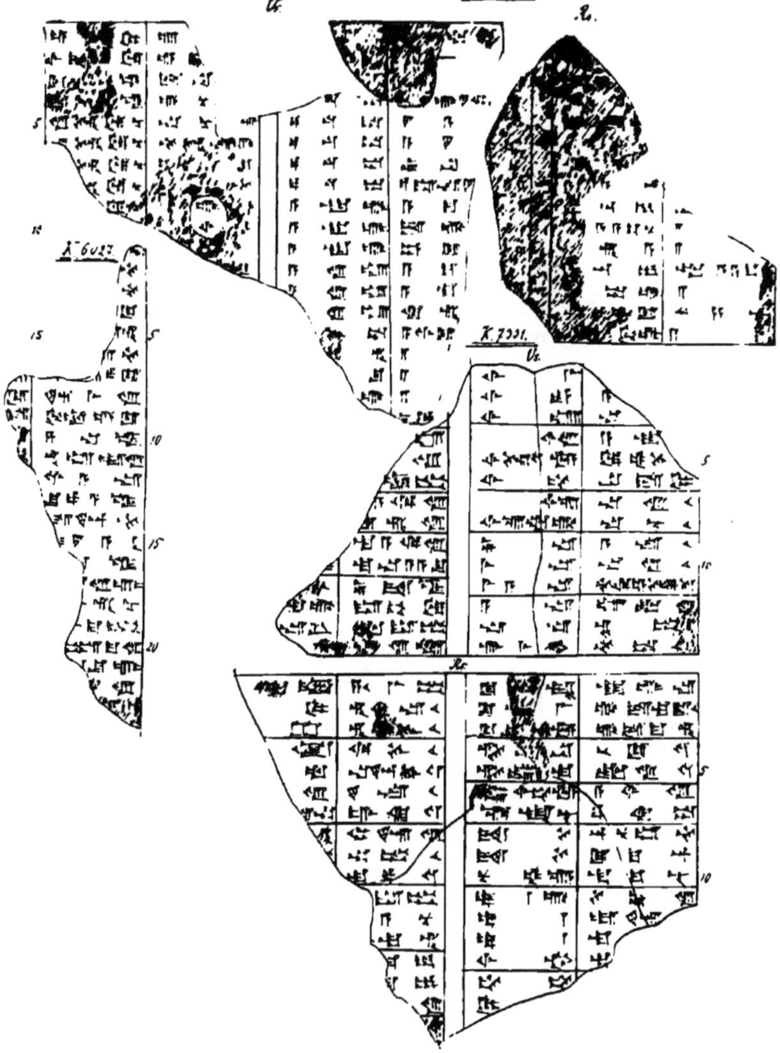

K. 8665.

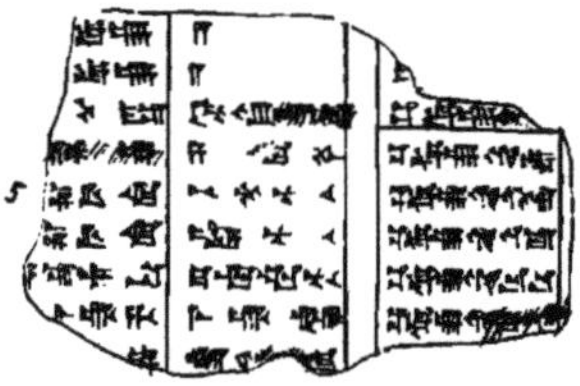

K. 8431.

K. 8245.

K. 8667.

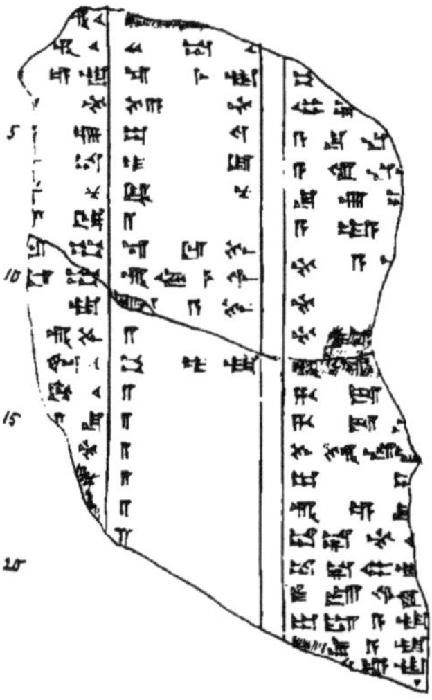

K. 13577

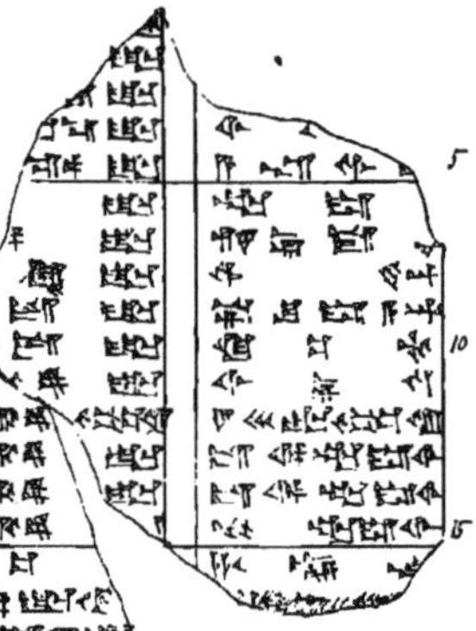

K. 8727.

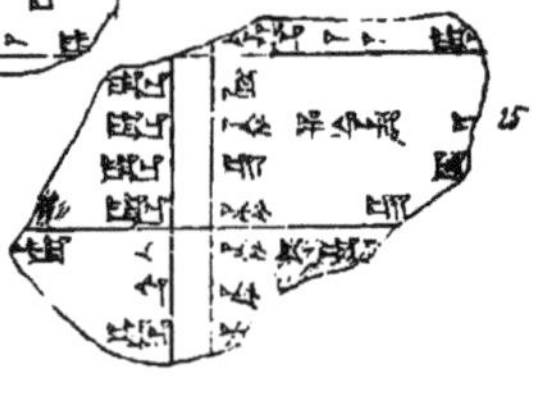

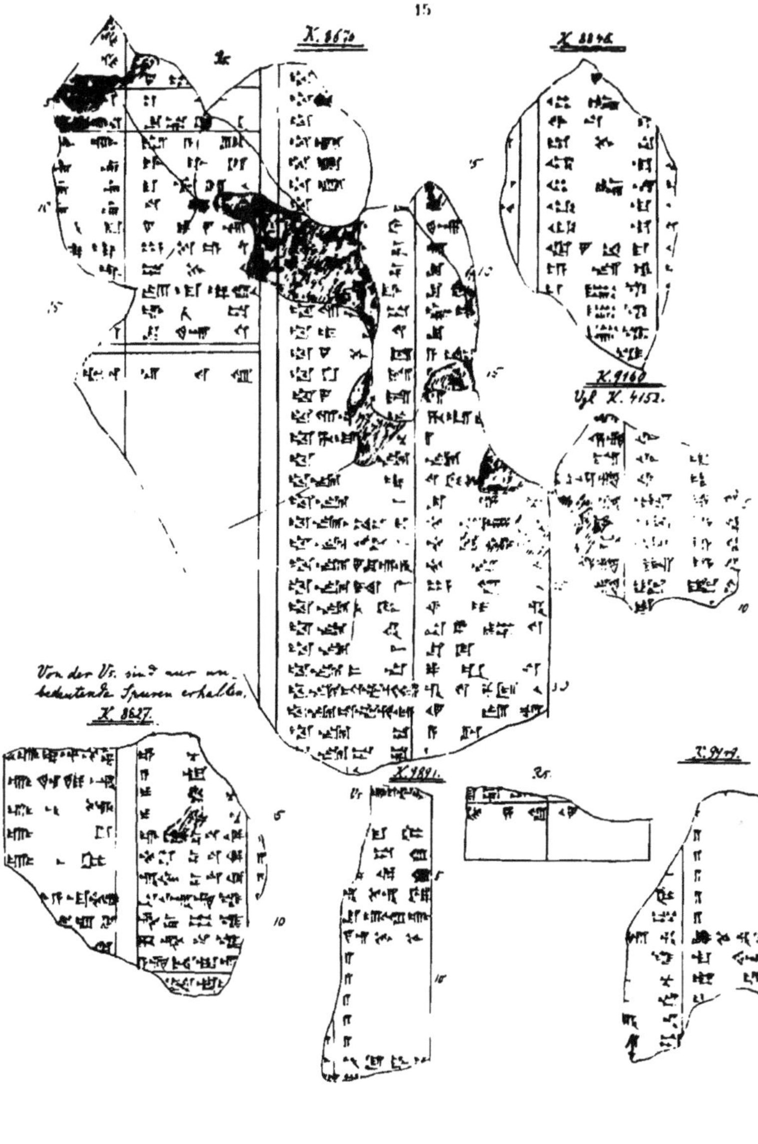
K. 8670
K. 8846
K. 9160
Vgl K. 4152.
Von der Vs. sind nur unbedeutende Spuren erhalten.
K. 8627.
K. 4891.
Vs
Rs.

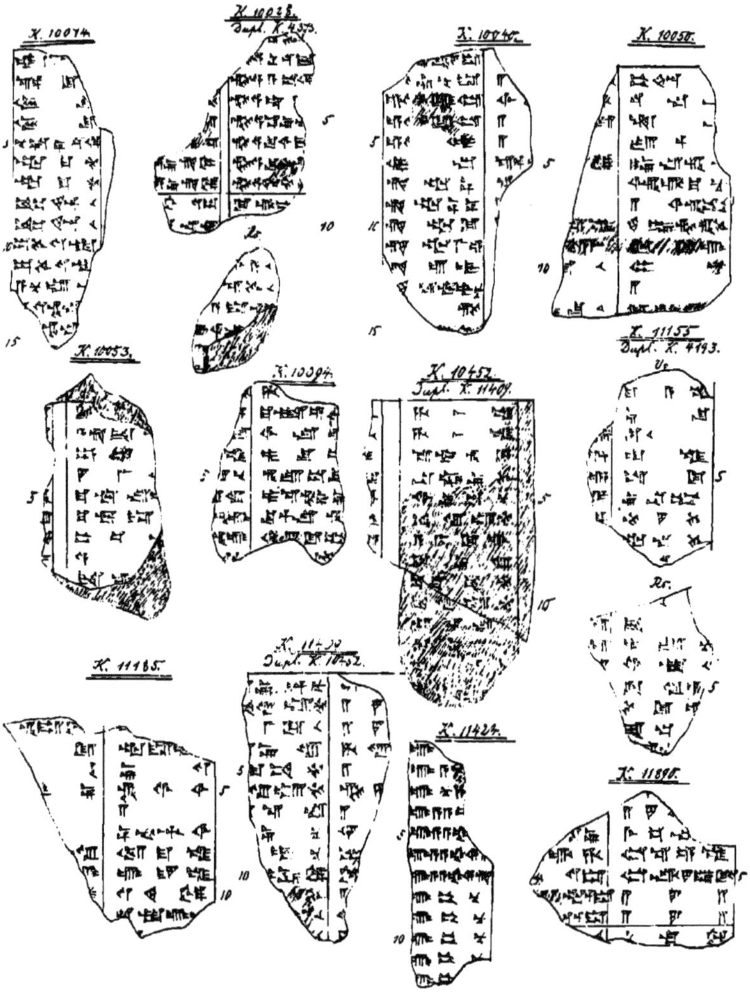
K. 10074
K. 10028.
Dupl. K. 4375.
Rs.
K. 10040.
K. 10050.
K. 10053.
K. 10094.
K. 10452.
Dupl. K. 11409.
K. 11155
Dupl. K. 4193.
Vs.
Rs.
K. 11185.
K. 11409
Dupl. K. 10452.
K. 11424.
K. 11896.

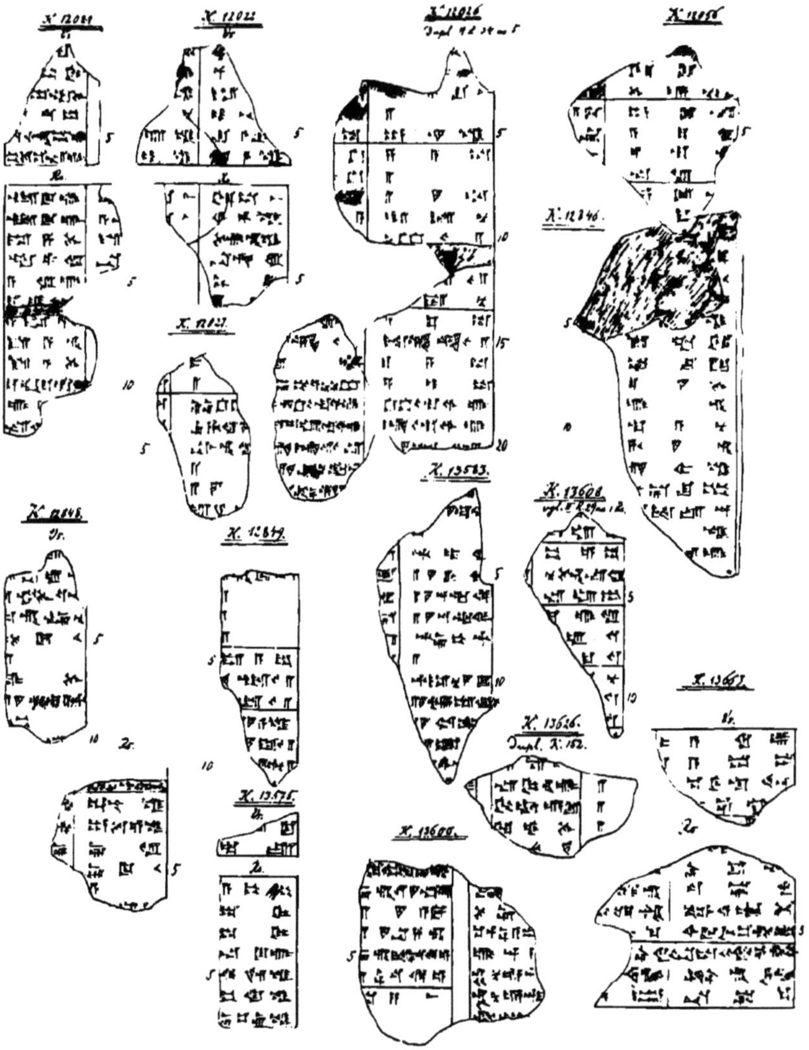
K. 12022
K. 12056
K. 12346.
K. 12848.
K. 12849.
K. 13583.
K. 13608.
K. 13626.
Dupl. K. 152.
K. 13657.
K. 13575.
K. 13600.

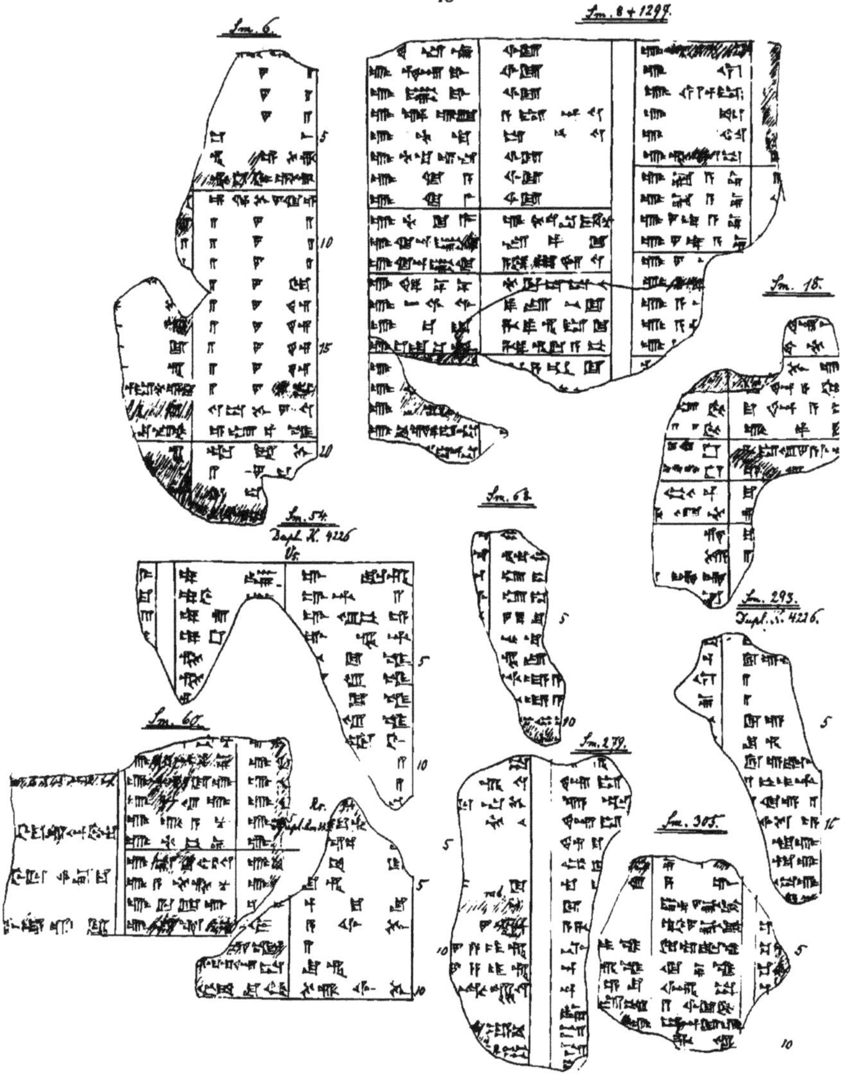
Sm. 6.
Sm. 8 + 1297.
Sm. 18.
Sm. 54.
Dupl. K. 4226
Vs.
Sm. 62.
Sm. 293.
Dupl. z. 4226.
Sm. 60.
Sm. 279.
Sm. 305.

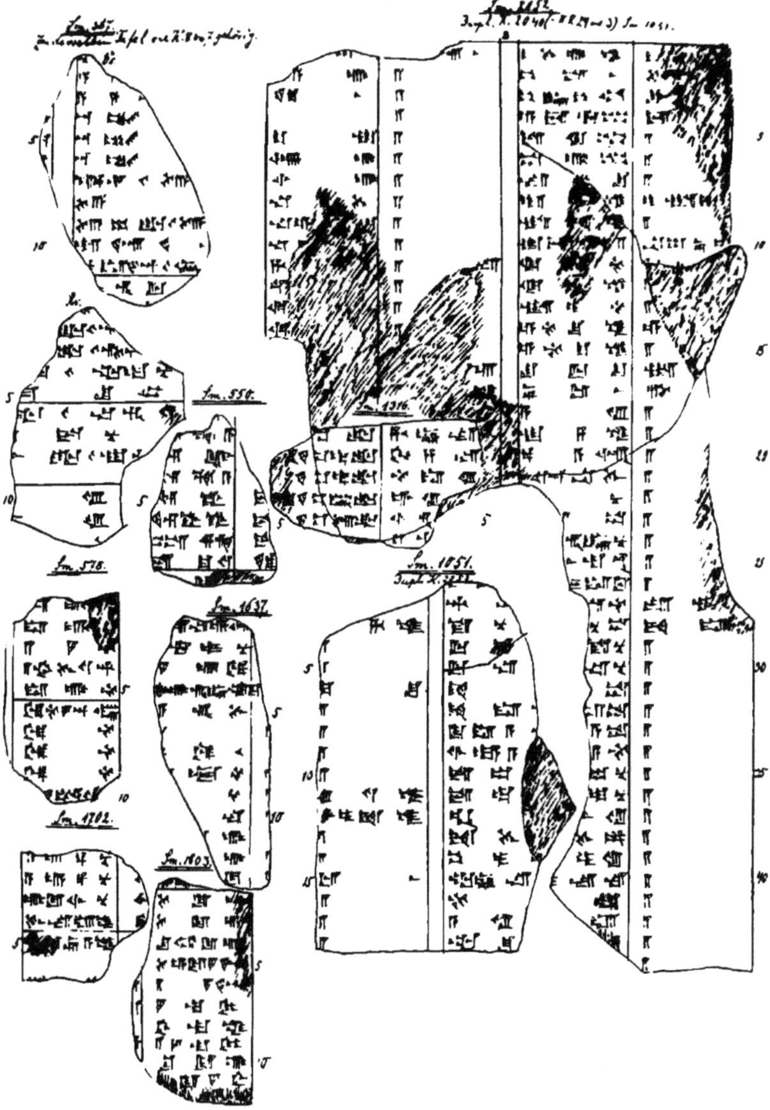
Sm. 2152
Sm. 1316.
Sm. 550.
Sm. 578.
Sm. 1637
Sm. 1051.
Sm. 1702.
Sm. 1803.

Sm. 2052.

Rs.

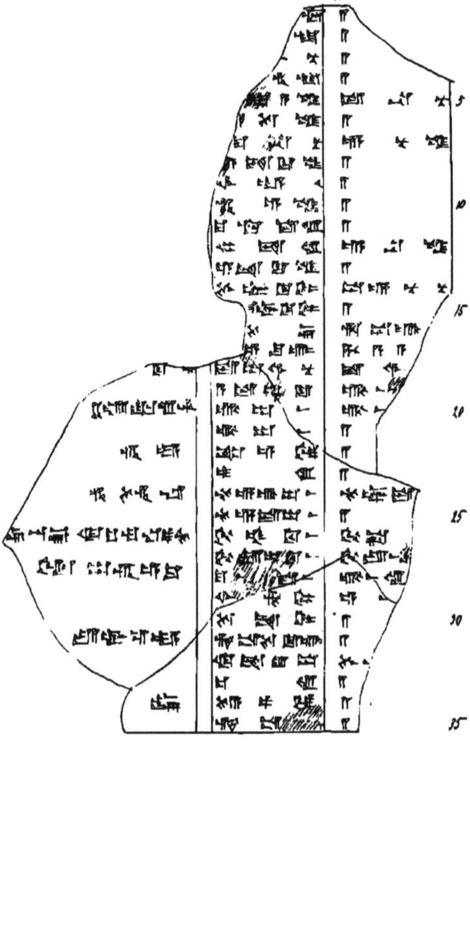

Rm. 131.

Dupl. II R. 43 no. 1.

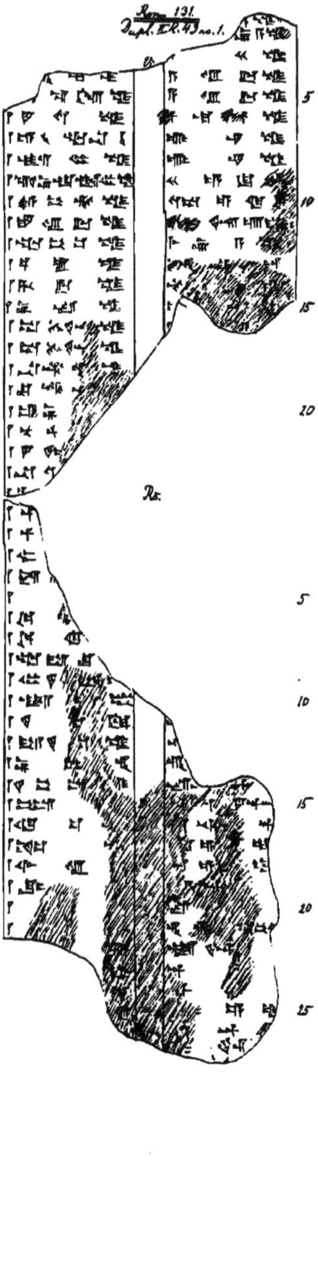

Dupl. K. 4318 (= IV R. 30 no 3).
Vs.
Rs.
Rm. 340
Dupl. K. 4174
Rm. 339.
(= IV R. 40 no 3).
Vs.
Rs.
Folgen noch 11 meist unleserliche Zeilenenden
Rm. 344.
Dupl. K. 4362.
Vs.
Rs.
Rm. 341. Vs.
Dupl. 82,9-18,4159,
83,1-18,1331.
Rs.

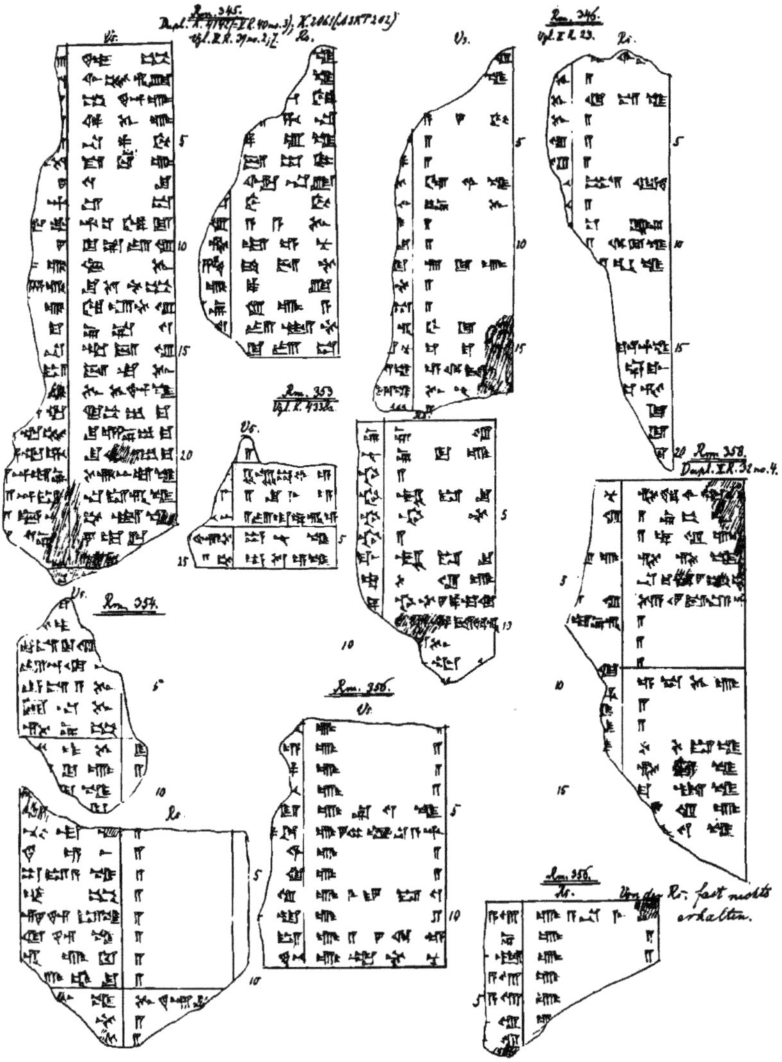
Rm. 345.
Vs.
Rs.
Rm. 346.
Vgl. II R. 23.
Vs.
Rs.
Rm. 353
Vs.
Rm. 354.
Vs.
Rs.
Rm. 356.
Vs.
Rm. 358.
Dupl. II R. 32 no. 4.
Von der Rs. fast nichts erhalten.

Ob. Rm. 367 (= II R 26 no 2) + 83,1-18,461a. Rv.

Dupl. II R. 45 no 4.

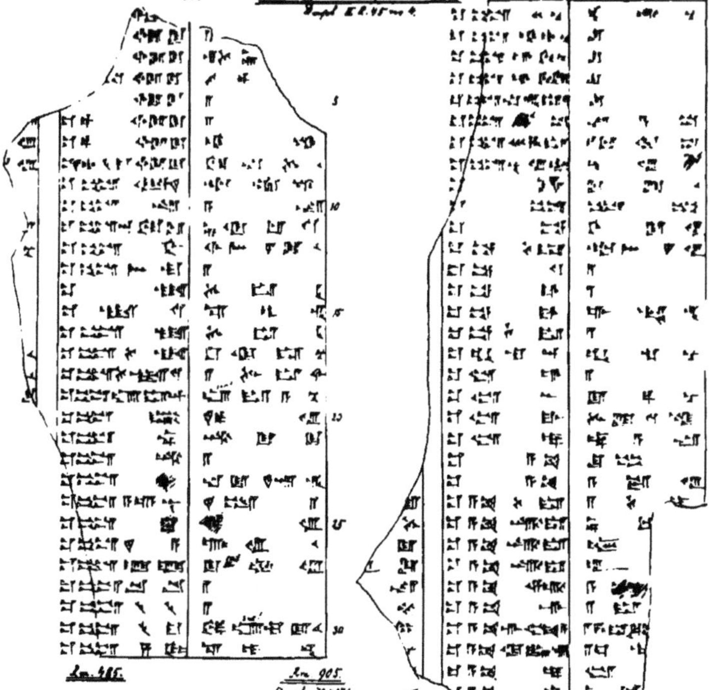

Rm. 485.

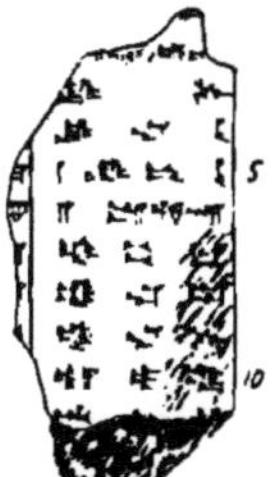

Rm. 905.

Dupl. K. 4174

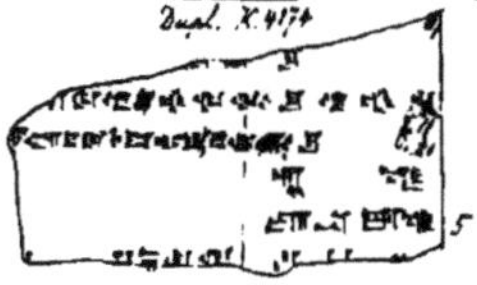

Das Rt. ist ein Dupl. zu K. 4342 (= II R. 38 no. 1)

Rm. 2, 24.

Rm. 2, 26.

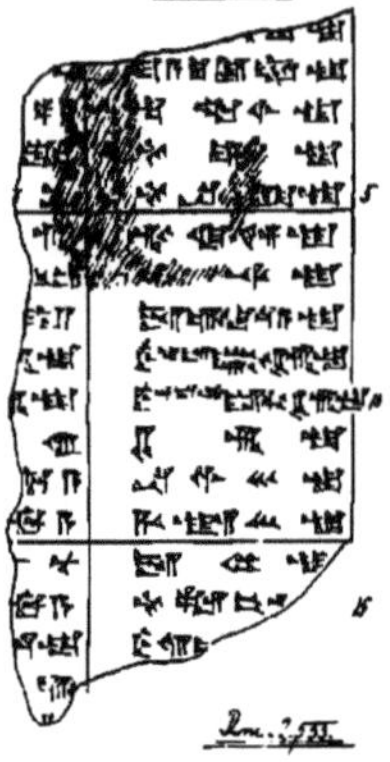

Rm. 2, 27.

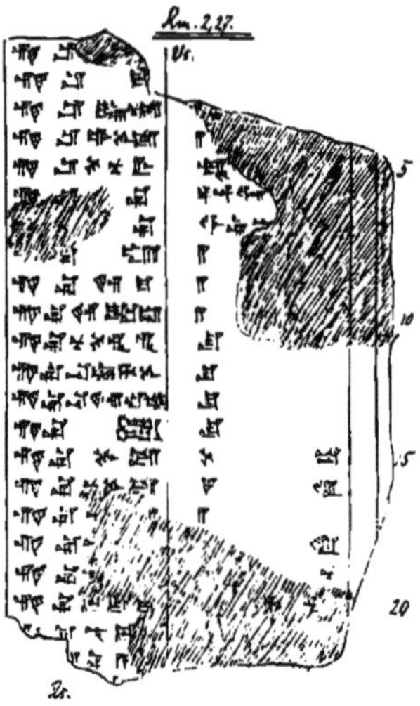

Von der andern Seite nur unbedeutende Reste erhalten.

Rm. 2, 533.

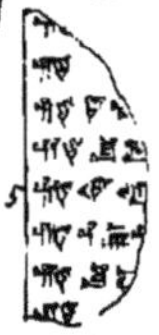

Rm. 2, 200 A.

Rm. 2, 29.

Dupl. II R. 26 no. 1, V R. 17 no. 2.

Rm. 2, 586.

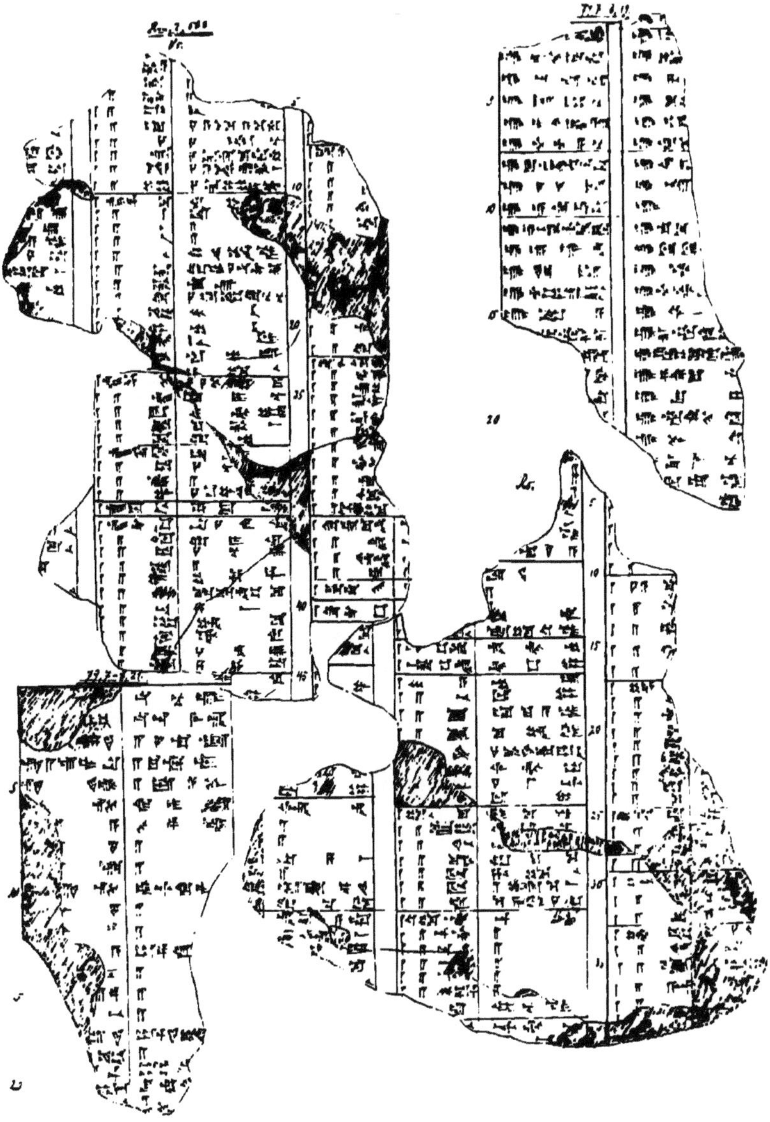

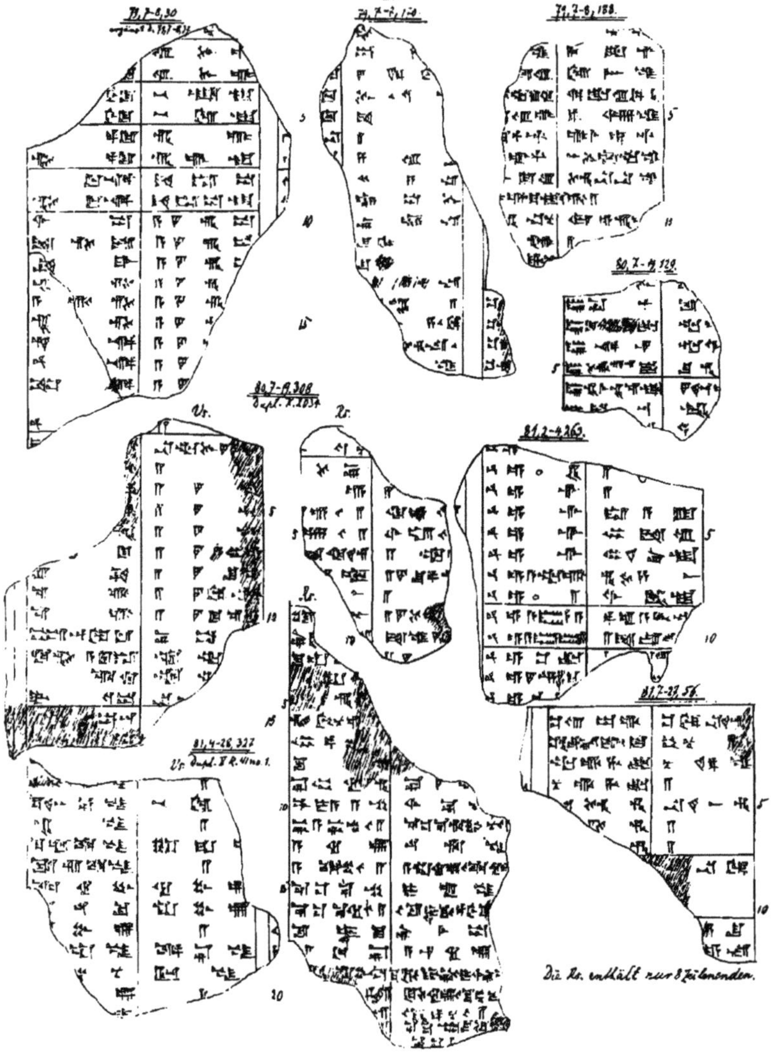
79,7-8,30
79,7-8,188
80,7-19,120
81,7-19,308
Dupl. K.2034
Vs.
Rs.
81,2-4,263
81,7-27,56
81,4-28,327
Vs. Dupl. V R. 41 no. 1.
Die Rs. enthält nur 8 Zeilenenden.

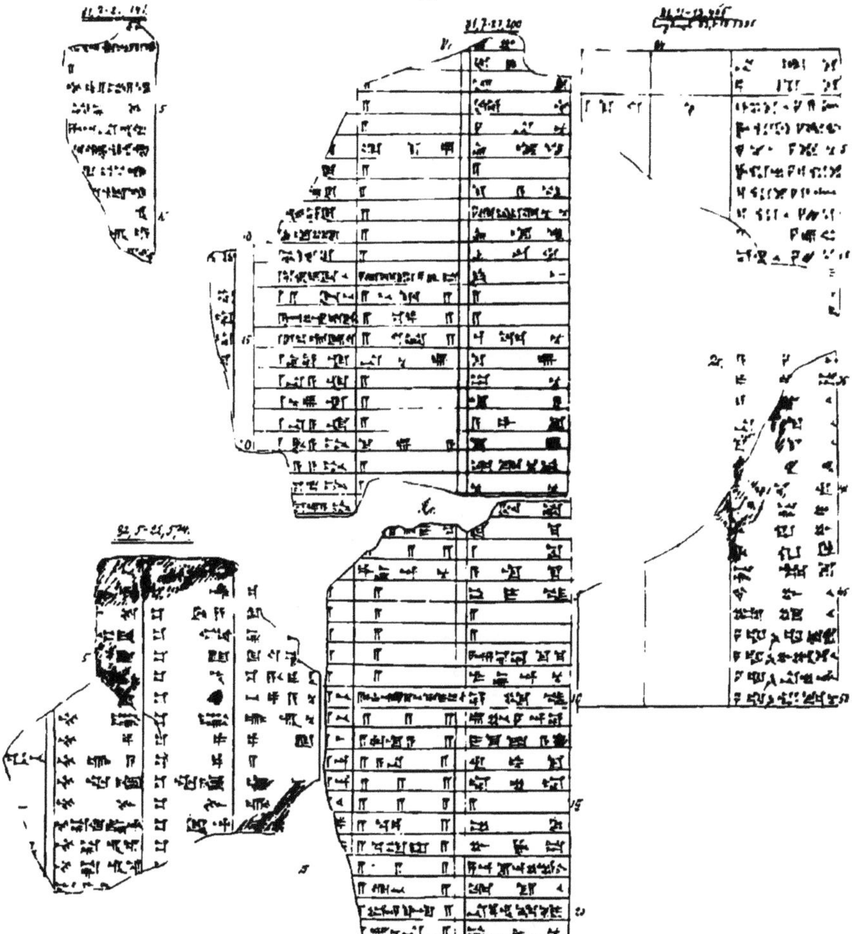

82,9-18,4159+4155.

Vs.

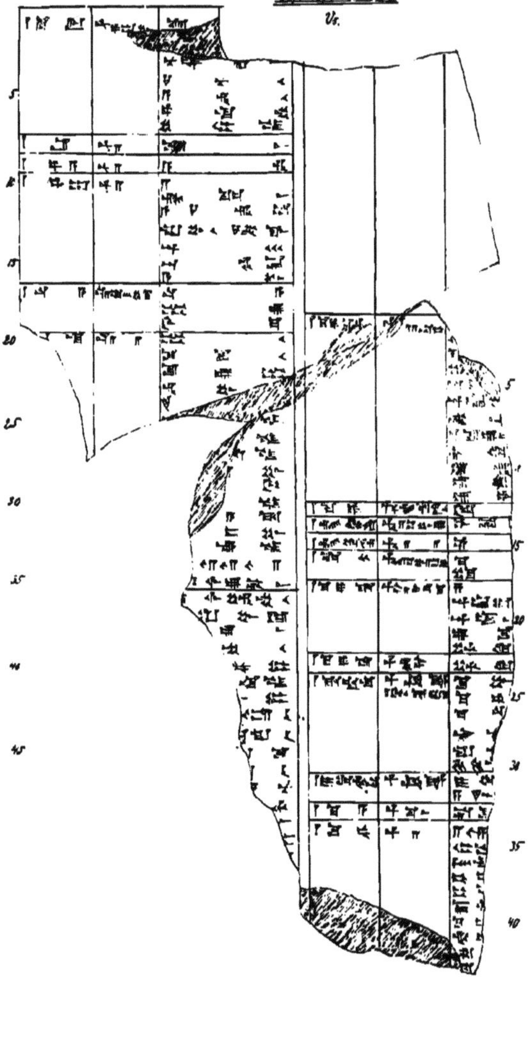

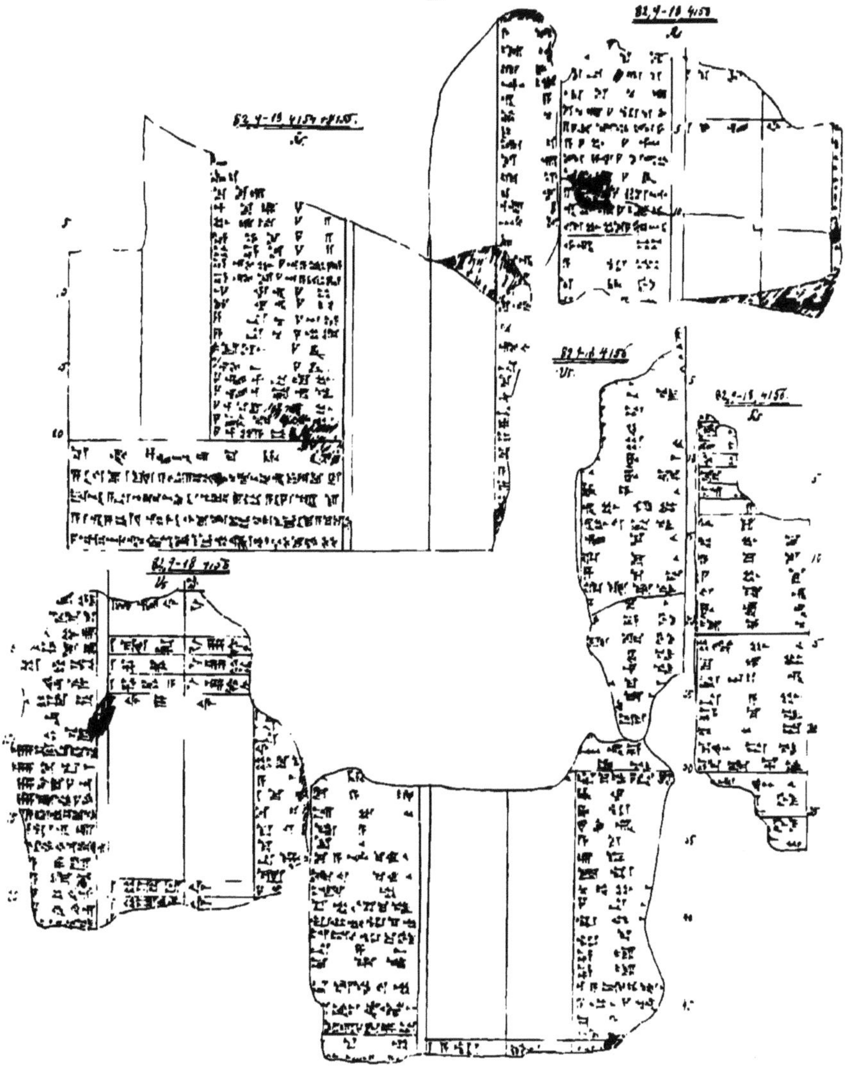

82,7-18,4159

Vs.

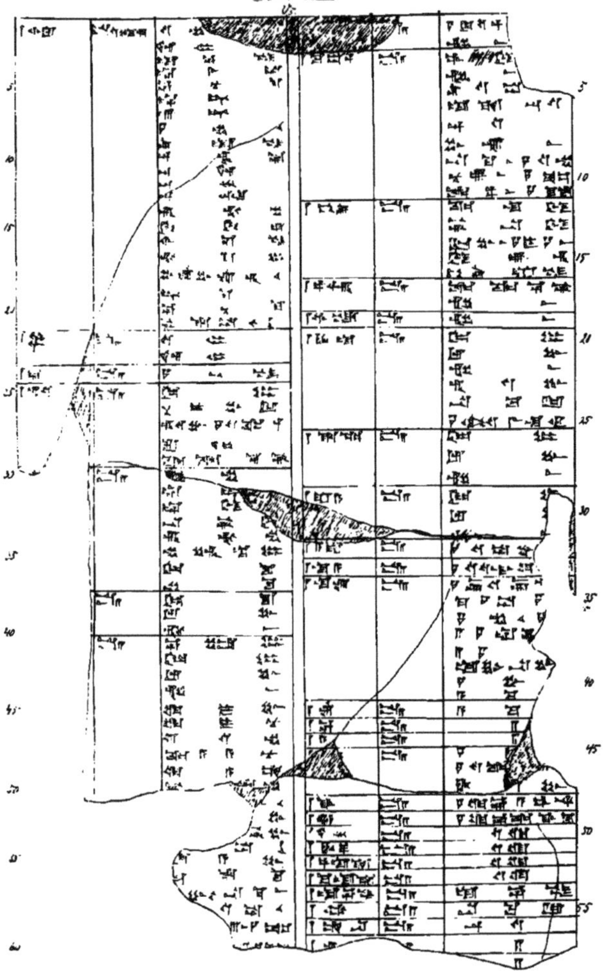

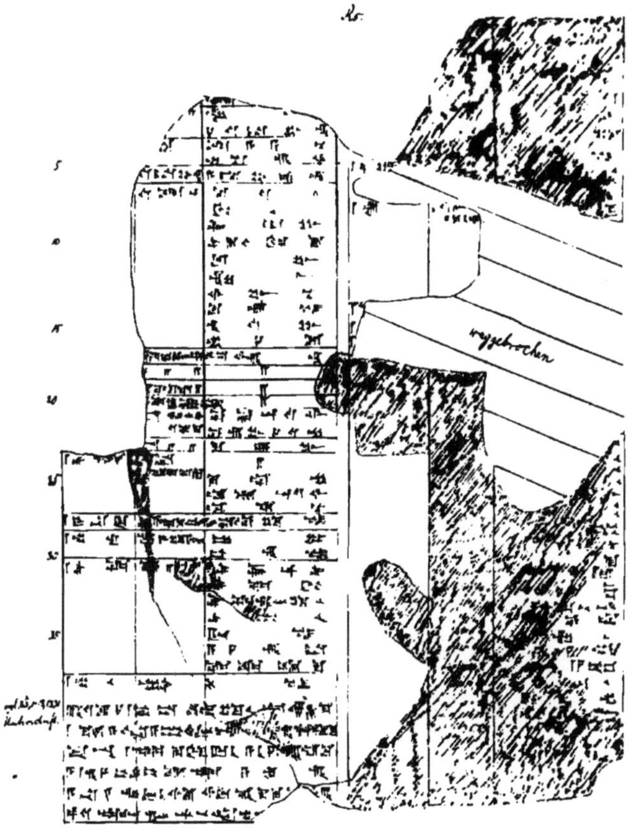
Ro.
weggebrochen

Bu. 89, 4-26, 112.

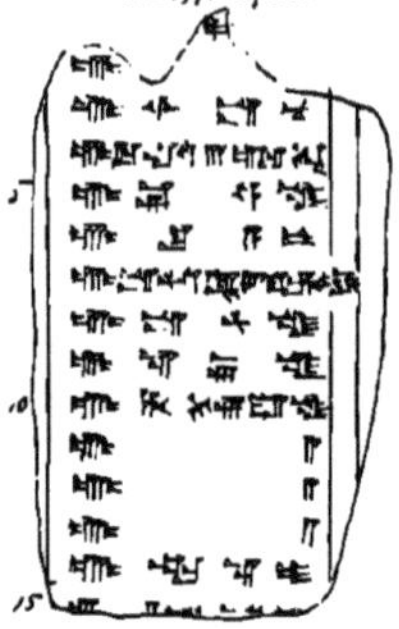

Bu. 89, 4-26, 165.

Vs.

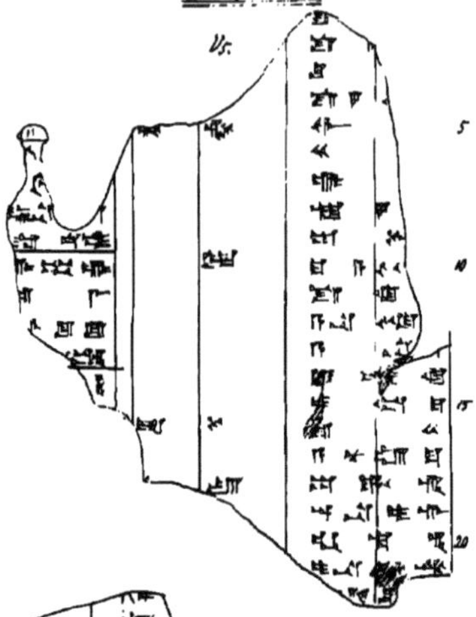

Rs.

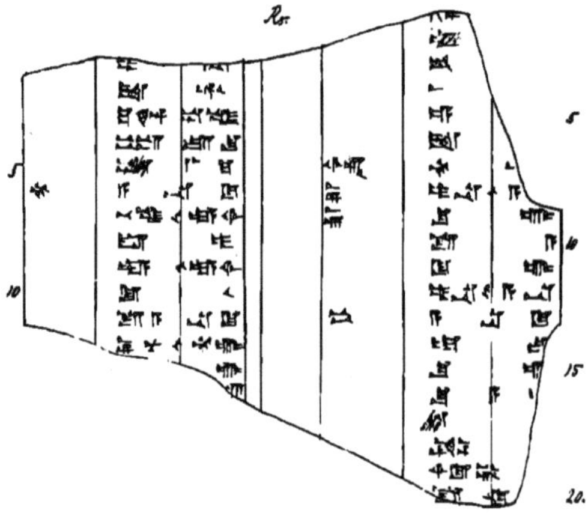